移行期の東海地域史

中世・近世・近代を架橋する

渡辺尚志［編］

勉誠出版

はじめに

I

本書は、現静岡県域をフィールドとして、中世・近世移行期と近世・近代移行期という二つの大きな転換期の様相を具体的に解明したものである。静岡県は日本列島の中央部にあって東日本と西日本をつなぐ要の位置にあり、東海道という交通の大動脈が通っていた。また、南は太平洋に面して長い海岸線を有するとともに、北は富士山・南アルプス・中央アルプスなどの高山へと連なっている。天竜川・大井川・富士川などの大河が流れ、浜名湖もある。こうした変化に富んだ個性と多様性をもつ地域の特質を多方面から分析したいというのが、本書の目的である。

第一編「移行期の伊豆漁村」では静岡県域東部（現沼津市域）の漁村（海村）を取り上げ、第二編「移行期の遠江国西部地域」では県域西部（現浜松市域を中心とする）を扱うことによって、地域の固有性と多様性に留意した論集とした。ここに本書の一つの特色があるが、本書の特色はそれだけではない。

本書では、中世・近世移行期と近世・近代移行期を集中的に取り上げている。両者はいずれも日本史の時代区分上きわめて重要な時期であるが、これまで両者は個々別々に論じられることが多かった。そこで、本書では同一地域において両者を合わせ論じることにより、中世から近代まで通した地域像の構築を目指した。本書の書名を『移行期の東海地域史』とした所以であり、ここに本書の今一つの特色があるといえる。

第一編第一・二章、第二編第四〜第六章は中世・近世移行期を対象とし（第四章はやや対象時期が早いが）、第一編第三章、第二編第八章は近世・近代移行期を対象としている。そして、第二編第七章では、二つの移行期をともに取り上げている。

第一編で対象とした伊豆半島の西側付け根部分にある漁村には、戦国期以来の文書が多数伝わっている。また、第二編で取り上げた県域西部は、戦国期には今川・武田・織田・徳川各氏の争奪戦の舞台となり、徳川家康は一時浜松城を本拠として、そこから全国政権へと歩を進めた。このように、第一・二編の対象地域は、ともに中世・近世移行期を論じるための好個の素材だといえる。

そこで、本書では、両地域の中世・近世移行期のありようを追究することに努めた。そして、それとともに、同地域が近世・近代移行期においてはいかなる変容をみせたのかという点を意識的に検討したのである。

中世・近世移行期と近世・近代移行期は、いずれも日本史の時代区分上きわめて重要な時期である。一般民衆と地域の視座に立った場合、この二つの転換期によって日本史は大きく三つに時期区分されるというのが編者の理解である。

中世・近世移行期村落論は、藤木久志・勝俣鎮夫の問題提起を受けて活性化したが、近年では研究はやや沈静化した感がある。一方、近世・近代移行期論は、西川長夫の国民国家（批判）論を受けた自由民権運動見直し論など、こちらも一時活発な議論が展開されたが、今日では近世・近代の双方を視野に入れた村落史・地域史研究は必ずしも活発とはいえない。

こうした研究史の現状は、やはり改善する必要があるだろう。そのためには、中世史・近世史・近代史の研究者が同一地域をフィールドに、両移行期をともに視野に入れた共同研究を行なうことが一つの有効な打開策であろう。本書はそうした共同研究の一つの試みである。本書の刊行が、上述した研究の鎮静化状況を打破して、地域の特質を重視しつつ、時代の枠を超えた大きな議論を起こすきっかけとなることを願っている。

II

ここで、本書の各章をごく簡単に紹介しておこう。

第一編第一章は、国人領・戦国大名領国下の土豪層の性格とその変容過程を追究したものである。本章では、伊豆半島の西岸の付け根部分に位置する口野五か村を対象として、そこにおける土豪層の存在形態とその変容過程が、上部権力や一般民衆との関係性のなかで分析されている。検討の結果、土豪層を中核的担い手とする自律的な村は、一六世紀初頭からア・プリオリに存在したのではなく、上部権力の村落支配体制の整備にともなって、土豪層が在地領主的性格を失って村役人の地位に押し下げられ、郷村の代表者としての立場を明確化する過程で成立してくるという重要な見解を導き出している。

村の自律性・主体性やその中心的な担い手としての土豪の存在を認めつつ、それが戦国初期から不変に存在するとか、それが上部権力を一方的に規定するといった静態的・一面的見解を排し、上部権力との相互規定関係を重視しつつ、土豪の性格変化をダイナミックに描くことに成功している。

第二章は、従来多くの研究者によって取り上げられてきた中世・近世移行期の内浦長浜村について若干の再考察を行なったものであり、以下の点が主張されている。①中世・近世移行期の長浜村には、変わらぬ側面が存在するとともに、緩やかな変化もみられた。中世と近世を断絶的に捉えることはできないが、一七世紀後半に至る過程で無視し得ない変化が起こったことは事実である。そして、その変化・不変化に果たした領主の役割も無視できない。以上のことは、農村も含めた村落一般の動向とも符合する。②近年では、漁村に代わって海村という表現が使われることも多いが、そこに含意されているように、漁村における生業の多様性・複合性には充分留意する必要がある。③漁村には農村とは異なる固有性があり、近年の環境史・生業史の研究成果にも学びつつ、その固有性を追究する必要がある。その際、所有論をベースにすることは一つの有効な方法である。

第三章は、長浜村の津元大川（大屋）家を対象に、近世後期から明治初期にかけての経営実態を詳細に分析している。同家は当地を代表する津元としてつとに知られているが、本章では、同家の経営においては漁業のみならず、地主経営や金融も重要な位置を占めており、近世・近代移行期にはむしろ地主経営や金融の比重が高まっていたことが明らかにされた。内浦地域の漁村においては、漁業に加えて農業・林業・商業など多様な生業が複合的に営まれていたことについてはすでに指摘されているが、津元の経営も生業複合によって成り立っていたのである。漁業は豊漁・不漁の落差が大きい生業であり、津元といえども漁業一本で暮らしていくことは容易ではなかった。

また、地主経営や金融の比重を高める津元とは反対に、近世後期から一般村民のなかに漁業に進出する動きが広がっていった。明治期における津元制度の廃止は政治・社会の変化によって一気に生じた現象というだけでなく（そうした側面があることはもちろんだが）、近世後期からそこにつながる伏線が存在したのである。近世後期からの緩やかな変化と、近代に入っての大きな転換の両者を統一的に把握する道を拓いた点でも本章の意義は大きい。

第二編に移ろう。

第四章は、研究蓄積の豊富な蒲御厨を対象に、公文層が中心となって作成した「目安」文書に着目して、文書様式を中心に詳細な検討を行なったものである。そこから、蒲御厨内の大きな地域区分である「東方」と「西方」の間には、「目安」をめぐって一定の相違が存在した可能性が浮かび上がってきた。今後は、その相違が具体的にはどのようなものなのか、またその相違はいかなる社会的実態の違いに起因しているのか、といった点の解明が課題となろう。

第五章は、遠江国西部、三河国との「境目」地域の領主であった引間飯尾氏の成立から没落までを一貫して追究したものである。そこでの分析視角は、「境目」への注目である。対立する戦国大名の間にあって、「境目」地域は不安定さを免れないが、反面で「境目」地域の領主は対立する双方の戦国大名に「両属」することによって固有の自立性を確保することができた。

それが、大名間の勢力関係が変化して、「境目」地域が一方の大名の領域内に繰り込まれると、「境目」地域はもはや「境目」ではなくなる。その結果、軍事的・政治的に安定する反面、大名の支配力が地域内に浸透してきて、領主の独自支配は制約されるようになる。「境目」地域の領主と戦国大名との関係は、こうした固有の複雑さと矛盾をはらんでおり、矛盾の顕在化の結果、飯尾氏は滅亡することになった。このような「境目」地域の領主と戦国大名との関係を動態的に描いた点に本章の意義があるといえよう。

第六章では、中世・近世移行期における遠江国引佐郡気賀宿の伝馬問屋中村家の動向が分析されている。本章では、数次の争論を経て、伝馬問屋の権益がしだいに制度的に確定していったこと、中村家は気賀宿内だけでなく、広く周辺地域の開発などにも関わっていたこと、などが明らかにされた。伝馬問屋は宿における伝馬勤めの中心として重要な役割を果たす一方、時には駄賃収入をめぐって宿住民と対立することもあった。そうした過程を経つつ、近世的な宿役人としての地位と権限がしだいに明確化していったのである。それは、一般の村における土豪の性格変化とも共通する側面をもっていた。本章からは、宿駅においても中世と近世を断絶的に捉えることはできないが、一七世紀後半に至る過程で無視し得ない変化が起こっていたことをみてとることができる。

第七章は、幕末に遠州報国隊の中心的なメンバーとなった宇布見村中村家を取り上げて、時代を中世・近世移行期まで遡りつつ、報国隊参加にいたる歴史過程を長いスパンで跡付けたものである。そこからは、①報国隊への参加の理由は幕末期あるいは一九世紀の情勢をみているだけでは理解できず、中世・近世移行期以降の中村家の村・地域における立ち位置を踏まえることではじめて十全に理解できること、②中村家には、遠江国の中間層に固有の、地域の個性に根差した由緒意識があり、それが報国隊に参加する一つの契機となったこと、などが明らかになった。

本書の課題意識にもっとも合致した研究成果である。今後は、一七世紀末から一九世紀初頭にかけての時期の動向をより丹念に解明することが求められよう。

第八章は、地方名望家金原明善の活動を地域社会との関わりのなかで追究したものである。天竜川治水事業への貢献において語られることの多い明善について、彼の活動をより総体的に明らかにするとともに、それに対する地域有力者のさまざまな対応とその背景にある事情を解明した点が重要であろう。単なる偉人伝ではなく、①地域社会のなかに明善を位置づけ、実証に基づいて等身大の明善像を描いていくこと、②当該地域には明善以外の有力者も多かったのであり、相互に多様な関係を取り結んでいた彼らの群像を明らかにすること、が必要なのである。

今後は、同じく天竜川の水害の克服を目指しながらも、地域有力者の間に明善に対する賛否両論が生じる背景について、地域の一般住民の動向を重視しつつ、さまざまな角度から追究することが課題となろう。金原明善と天竜川流域の地域社会に即して、「近世・近代転換期の地域社会と名望家」というテーマを考えることには大きな可能性がある。

以上、本書各章の概要を紹介した。本書が静岡県地域史研究の発展と、全国的な移行期研究の活性化にいくらかでも資することができれば幸いである。

渡辺尚志

目次

第一編　移行期の伊豆漁村

第一章　戦国期領域権力下における土豪層の変質と地域社会

水林　純

序論

1　研究史の傾向と課題

本章は、戦国期における伊豆半島の社会動向を、土豪層と領域権力（国人・大名）・地域社会との関係から考察しようとするものである。土豪とは、日常的に在地村落に居住しながら、領主・地主としての支配者的側面と、百姓層の代表者としての被支配者的側面とを併せ持つ中間層を指す概念であるが、近年の中世・近世史研究では、そのような土豪層が、再び、新たな視角から注目を集めるに至っている。

①中近世移行期村落論[1]（藤木久志の「自力の村」論[2]と勝俣鎮夫の村町制論[3]の影響を受けつつ、中近世移行期（一五世紀～一七世紀）の土豪が村の再生産を維持するために有した行政的・軍事的・経済的諸機能を解明しようとした議論。以下、「移行期村落

論」）や、②近世前期の土豪論(4)（村落における土豪の性格・立場——土地所有・村政運営・村請への関与——が、中世から近世への移行の中で、如何に連続ないし変化したかを問うた議論）等は、その代表的な潮流であろう。

とりわけ、移行期村落論は、従来の戦後歴史学段階の研究(5)（階級・所有論の立場から、土豪層を、土地買得・加地子集積を行う搾取階級とみることによって、彼らの村落支配者としての側面を重視した諸論考）に再考を迫り、土豪層を村落の一「器官」たる「侍」衆と位置付けるとともに、従来、土豪の領主化ないし上部権力の末端機能の指標として把握された被官化の意義を、地域の存立のための政治的交渉の遂行に求めるに至っている。(6)

上述の新たな動向は、自治的村落が発達した畿内近国を素材とする研究から生まれたものであるが、近年では、戦国大名領国の展開した東国の研究史にも影響を与えている。七〇・八〇年代の戦国大名論でも、土豪（在地小領主）研究は盛んに行われたが、その問題関心は、大名権力の権力基盤を解明し、戦国大名の歴史的性格を確定しようとする点にあった。そこでは、土豪層が、加地子・名田の階級的支配を大名から保障されることによって家臣・軍役衆へ上昇転化し、もって大名権力の基盤強化が図られたとされてきた。(7)それに対し、近年の移行期村落論を牽引する黒田基樹は、大名の在地支配機構の一環であった小代官・名主に着目し、これを従来の研究の如く、小領主に上昇転化した土豪層が村落支配を強化すべく獲得した役職と捉えるのではなく、大名の年貢・諸役収取を支えるとともに、村の再生産維持のために奉仕した村落内的存在として把握するに至っている。(8)

右の潮流は、生産関係に基づく階級間の抑圧と抵抗という対立関係を思考の基軸に据えた戦後歴史学を相対化するとともに、同時期に登場した地域社会論(9)（支配秩序を、単なる強権でなく、被支配者が支配者の統治を受容することにより成立したものとみる論）と類似の発想に立っていると思われる。そして、それは、社会構成史の理論的要請によって措定された階級関係のみでは捉えきれない地域秩序の具体像に注目することを通じて、土豪層と百姓との共同関係を豊かに描き出した点において、大きな研究史的意義を有している。

しかし、そこには、幾つかの疑問も提起される。[10]まず第一に、土豪層の動態的分析が必ずしも十分に果たされていないと思われる点を挙げたい。移行期村落論は、藤木・勝俣の理論的枠組に依拠する形で、戦国期と近世の地域社会が、共に、高度な政治性を備えた自立的村落を基盤としたと規定する点に特徴がある。したがって、そこでは、「近世の原型は、戦国期に形成されていた」という中近世連続論を前提とし、そこから演繹された形で問題が立てられる傾向が強い。ゆえに、移行期村落論においては、戦国期村落と土豪層との関係に、近世村請制村と村役人との関係が投影され、戦国期の土豪層もまた、村落内にあって、地域への奉仕を目的とした存在と規定されることになる。しかし、そこでは、村の「器官」としての土豪像が所与の前提とされるが故に、経営・所有・支配の諸側面から見た中世後期の土豪層の性格が如何なるものであったか、また、それが、戦国期・中近世移行期において如何に変容したかという問題が十分に考察されていないように思われるのである。[11]

第二の問題として、黒田は、戦国期村落が、紛争解決や再生産活動を自力で行う高度な政治的自立性を有していたとした上で、戦国大名の統治も、そうした自立的村落の存在を容認・保障するものであったと論じるが、果たしてそうなのであろうか。大名権力の軍事・政策に、地域の自律性を縮減する側面は無かったのか。

①村の「器官」としての土豪と、②村の自立・自律性を、中世後期から近世まで一貫するものとして把握する移行期村落論は、妥当な史論であるのか否か、改めて検証が必要であるように思われる。

本章は、戦国期の地域社会を、時間軸（戦国期の諸段階）・構造軸（領域権力―土豪―村落）の双方から、多面的・総体的に考察し、もって戦後歴史学の中間層論から近年の移行期村落論に至る先行諸研究の成果を批判的に再検討しようとするものである。具体的には、①土豪層の性格を、時期的変化（領域権力の支配下に入る以前と以後の両時期において、地域内における彼らの位置は、どのように変容したのか）に留意しつつ解明するとともに、②土豪・村落は、領域権力の支配期においても、なお自立・自律的存在であり続けたのかという問題を考察することを課題とする。本章は、駿河国口野地域（沼津市）を素材として、この問題の解明に取り組むこととしたい。

2　戦国期の口野地域と研究史的課題

駿河湾東端の口野地域は、戦国大名北条氏の直轄領であった近隣の伊豆国西浦（近世では内浦）と並び、多くの戦国期文書を残すことで知られる。当該地域は、リアス式海岸沿いに、獅子浜・多比・江浦・田連・尾高の五ヶ村（口野五ヶ村。近世では駿州五ヶ浦）が並列する沿海集落群であるが、傾斜の急な山裾が海岸付近まで迫るため、平地が少なく、細い路地沿いに集落が密集する、海村特有の景観を呈していた。(12) ゆえに、生業は、農産物以上に海産物に多くを依存していた。このことは、天正期の年貢納入高に反映されている。すなわち、「地方年貢」（田畠収益）が三〇貫文であったのに対し、「津方年貢」（漁獲物）が五四貫文と、貢租に占める海産物の割合が農産物のそれを大きく上回っていた。(13) そして、魚群の追い込みに適した入江や、網掛けに適した島嶼に恵まれる内浦湾・江浦湾一帯では、中世から近代に至るまで、建切網漁（魚群を大網で取り囲んだ後、その内側に付属網を廻らし、大網と付属網を曳き合わせることによって、魚群を確保する漁法）を用いたイルカ・マグロ・カツオ漁が盛んであった。(14)

さらに口野地域は、海運とも密接に結びついていた。戦国期の土豪層は、問屋を営業するとともに、江浦村に着岸する伊勢船・各種小船との商品取引をも行っていたし、(15) また、近世初期の獅子浜村は、「薪買舟弐艘役」を含む多くの船役を負担していた。(16) そのことは、穀物・燃料等の生活物資や銭貨を得るために漁獲物を市場に流通させる必要のあった海村の生業構造と、不可分の関係にあったものと見ることが出来る。(17)

このように沿海部固有の環境に強く規定された口野地域において、中世から近代に至るまで、有力家として存続したのが、獅子浜村の植松氏である。植松氏は、江戸初期には、獅子浜村の両名主の一角として村政を支える地位に立つが、(18) 同時に彼らは、漁を操業する海・浜に至る土地や、用益を確保するための山地を一体として所有し、網組に属する百姓の一部を敷地内に抱えることにより、漁業を主導する卓越した土豪でもあった。(19) 北条氏や今川氏、武田氏、国人葛山氏等の多勢力が錯綜する境目地域であった戦国期の沼津において、口野の上部権力は、葛山氏から北条氏に変遷するが、かかる領域権力の影響下にあって、植松氏と地域は如何なる関係を取り結んだのか。先学（永原慶二・上野尚美・黒田基樹・銭静怡の論考）は、この問題の解明に注力し、貴重な成果を挙げてきたが、しかし、少なからざる課題をも抱えていると思われる。以下、結論を若干先取りしつつ、論点を整理したい。

　永原は、植松氏を小領主・在村軍役衆と規定した上で、葛山氏・北条氏への植松氏の被官化は、大名の政治的支配の方針が、植松氏を通じて村落に浸透する契機をなすとともに、植松氏の村落支配者的地位（小

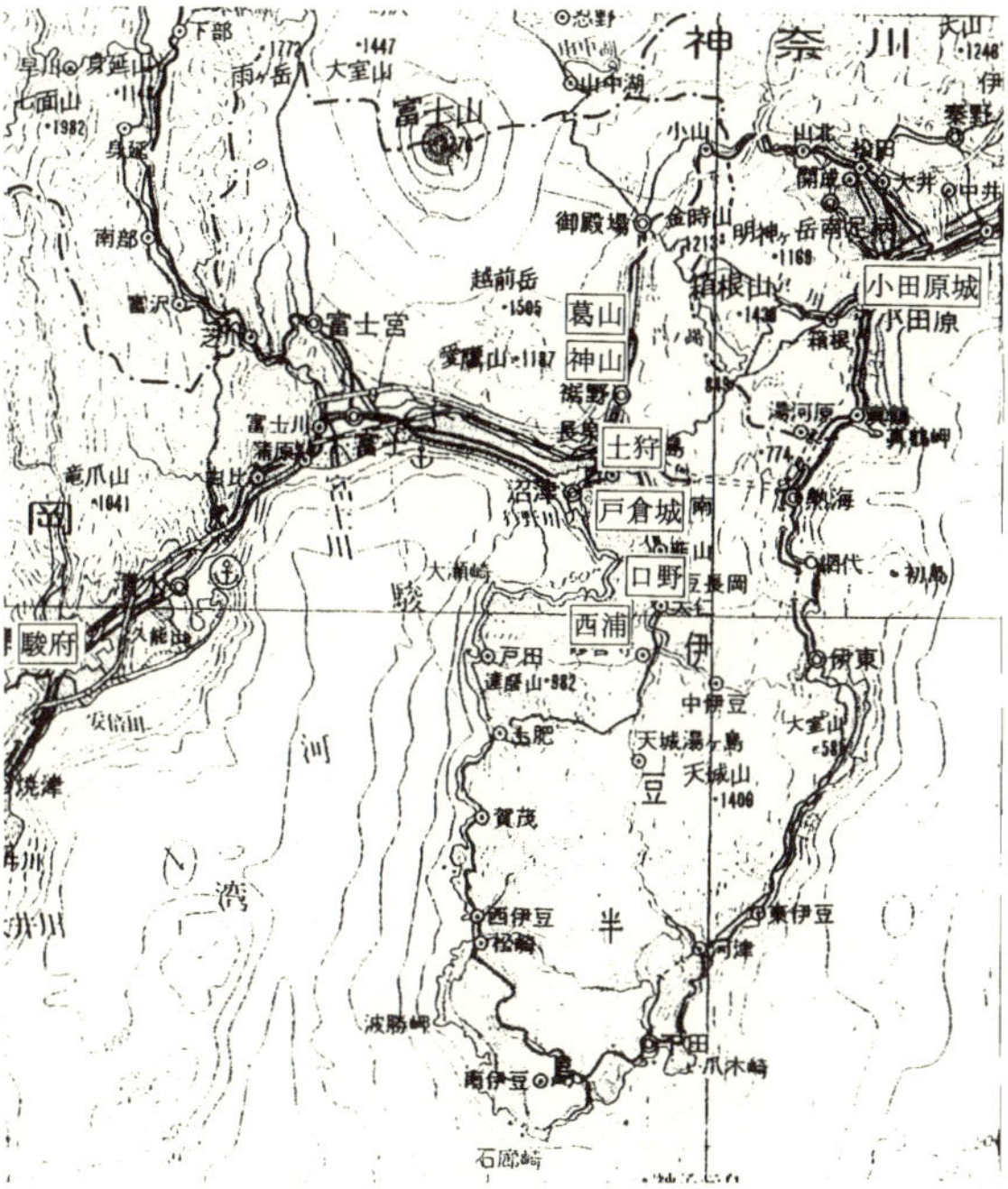

図1　伊豆半島周辺地図
（『日本国勢地図帳』国土地理院、1977年に加筆）

図2　口野・西浦図
（『日本列島二万五千分の一地図集成』第3巻、科学書院、1993年に加筆）

領主）が、代官就任により強化される要因となったと論じた。[20] 植松氏の領主的側面と、被官化を通じた大名権力の浸透の実態を解明した卓見と考える。しかし、そこでは、口野の事例が行論の一素材として扱われるに留まるため、史料解釈を含めた詳細な分析が不十分である。また、大名による植松氏の政治的編成（代官化）が、植松氏の領主的地位の強化（小領主化）に繋がったとする点には異論がある。後述の通り、戦国中期以前の植松氏は、卓越した土地・百姓支配、収取、漁場・漁船所有を展開する在地領主的存在であったが、後期には、代官就任を契機に、領主的地位の喪失と村役人的立場への移行という変容を蒙ったと思われる。

永原と異なり、村落の自立・自律性と、土豪・村落間の共同的関係を強調したのが、一九九〇年代以降の上野・黒田の論考である。上野は、土豪層の連合を中核に形成された在地秩序（交易・水運の機能を通じた地域性）が強固な自律性を持ち、在地に対する上部権力の介入が容易ならしめなかった点において、葛山氏段階から北条氏段階に至るまで在地構造は不変であったと論じた。(21) また、黒田は、大名被官や代官等、植松氏の複数の諸側面を区別する必要があるとした上で、五ヶ村との関係において植松氏の属性として重要なのは一貫して代官であったこと、植松氏は、村の再生産のために領主・大名と交渉を行っており、被官化が即「領主化」を意味するものではなかったことを論じた。(22) 上野論考については、地域の自律性を一面的に評価する余り、実態と乖離した叙述がなされている点が問題に感じられる。後述の通り、戦国後末期にかけて上部権力の地域に対する介入が強化されてゆくことは、重要な事実と考える。黒田論考については、植松氏の多様な性格を区別する必要があること、植松氏の被官化が口野の領主化に結びつくとは限らなかったことの二点は重要な指摘と考えるが、葛山氏段階と北条氏段階を同列に論じるとともに、植松氏の領主的側面を十分に分析しない点には異論がある。加えて、植松氏の村の「器官」としての側面と、村の自立性をアプリオリに前提する点にも疑問を感じる。

これに対し、銭は、植松氏の葛山氏・北条氏への被官化の目的は、村の平和ではなく、自己権益の保全にあったと主張するとともに、大名が、代官植松氏を梃子として支配体制を整備したこと、一方、植松氏は、本来的に在地に基盤を持つ存在であったため、百姓の利害を代弁することもあったと論じた。(23) 植松氏の被官化が自己権益の擁護を目的とした点、代官を橋頭堡として上部権力の支配体制が強化された点は、重要な指摘と考える。ただし、銭も、土豪層の性格の変容面は十分に詳論していないため、植松氏の代官および村の代表者としての性格が如何に形成されたのか、時期的推移に留意した分析を行う余地が残されていると考える。

以上の通り、口野地域の諸研究は共通し、戦国前中期から末期にかけて、地域および植松氏の実態に関して、動態的な分析を十分に果たしていないという課題を抱えている。本章は、かかる研究史的問題の再考を足掛かりに、前記の全体的課題に応答することを目的とする。その作業を通じ、戦国期の植松氏の態様を、権力・地域との関係から、時期的変化に留意しながら総体的に解明するとともに、近世への展望を示すことを課題としたい。史料出典については、『沼津市史史料編　古代・中世』を『沼中』と略記する。

一　戦国前中期の口野地域と土豪

本節では、戦国前中期における口野五ヶ村の地域構造と土豪の性格について考察する。当該地域に、一六世紀前半以前の史料は残存しないが、天文年間に領域支配を拡大した国人葛山氏の発給文書を通じて、戦国前期の動向を遡及的に分析することが、ある程度可能である。よって本論では、戦国前期の植松氏および口野地域の実態を解明するとともに、それが、葛山氏により、如何に変化したのかという問題をも考察することとしたい。

1　植松氏の領主的性格と被官化

植松氏は、天文一九年（一五五〇）に葛山氏のもとへ被官化した。

【史料Ａ】　葛山氏元印判状「植松文書」『沼中』三〇四号

今度尾州へ出陣ニ、具足・馬以下嗜之間、自当年千疋充可遣之、弥成其嗜可走廻者也、仍如件、

天文十九庚戌

八月廿日（「万歳」朱印）

植松藤太郎殿

植松氏と葛山氏との関係を示す初見の文書である。これによれば、当時の当主である植松藤太郎は、「尾州へ出陣」に際し、具足・馬を持参して軍役を負担したために、その反対給付として、知行一〇〇〇疋（一〇貫文）の所領を獲得した。天文年間の三河・尾張両国では、戦国大名の今川氏と織田氏との間で、西三河の領有をめぐる安城合戦が勃発していたが、葛山氏もこの時期、今川方として尾張国へ出陣していたことを推測させる史料があることから、(24)植松氏も、葛山氏への従軍を通じて参戦したと思われる。そして、葛山氏支配期の植松氏は、この他にも、①二五貫文の段銭および二五貫文の神山給田、合計五〇貫文の給分と、(25)②在所不明の三〇貫文の給地を宛行われており、(26)葛山氏への軍事奉公に対する恩賞として多くの給分・給地を得ていた。植松氏は、軍役負担と、その恩賞たる給地の獲得を通じ、葛山氏の給人としての道を歩み始めたのであった。

では、植松氏の被官化は、口野五ヶ村の動向と如何に関係していたのか。次の葛山氏元判物に注目したい。

【史料B】　葛山氏元判物「植松文書」『沼中』三一二号

口野之内尾高村事

一山屋敷之事

一百姓幷小脇者事

一納所之事

一網渡之事

一網舟之事

右、如親之右京亮時、多比村同前ニ可相計、幷五ヶ村棟別事、為給恩之内五貫文ニ相定之間、如前々可取之、町田郷左衛門ニハ、尾高増手作共拾貫文、多比村之増五貫、合拾五貫文出之也、此外者其方可被致支配、若此上令違乱者、彼増之儀召返、於自余郷左衛門ニハ可遣之条如件、

（朱割印―後印）

天文廿一壬子
四月廿七日　氏元《葛山》（花押）

植松藤太郎殿

史料の略意を示そう。葛山氏は、尾高・多比両村で実施した検地の結果を受けて、植松氏と獅子浜村の土豪町田氏に対して、両村を中心とする口野五ヶ村の権益を恩給・安堵した。具体的には、町田郷左衛門に、尾高村の検地増分・手作分の合計一〇貫文と多比村の増分五貫文の総計一五貫文を扶助し、植松氏には、以上を除いた、検地増分を含む知行地「支配」と、五ヶ村の棟別役五貫文を給恩として保障している。植松氏の「支配」と定められた「此外」は、尾高・多比両村の権益を含意すると読めるが、或いは、獅子浜・江浦・多比三ヶ村の知行分が含まれた可能性も否定できない。そして、植松氏の尾高・多比両村における権益は、山屋敷所持権と百姓・小脇者（従属的下層百姓）支配権、「納所」（年貢）収取権、網度（漁場）・漁船所有権を意味するものであった。

史料Bに関して、幾つかの先行研究（注8黒田②論文、注21銭論文）は、植松氏の、代官としての職務（葛山氏による口野支配の下支え）と代官給を定めたものと評価している。しかし、後述の通り、植松氏の代官としての活動が明確に現れるのは、永禄六年（一五六三）であり、代官が、大名権力の年貢・公事収取、軍事政策の末端機関として機能するのは、北条氏が口野支配を展開した天正年間である。史料内容を見ても、代官の職名や職務は明示

されておらず、保障された諸権益も、北条氏支配期の代官給とは性質が異なる（後述）。この点と関わり、三条目の「納所之事」を、葛山氏への年貢上納義務とする理解があるが（黒田②論文、注21銭論文、注14福田論文）、給恩宛行・安堵を基調とする史料の基本的性格に鑑みるならば、植松氏への知行宛行と解釈して良いと思われる。「納所」には、年貢納入場所および納入行為という原義から転じ、年貢自体を指す用法が存在するが、「納所」を給恩の対象とする宛行状・安堵状は、戦国期に広く見られ、葛山氏の発給文書にも例が見られる。[27]

また、史料Bを代官の職権と解すると、代官の活動は「親之右京亮時」に遡ることになる。しかし、一六世紀前半、葛山氏が植松氏を代官に任じ、口野を支配したことを示す史料は存在しない。右京亮期の葛山氏当主は、大永期に活動した氏堯と推量されるが、氏堯判物が、駿東郡北部の限られた寺社（二岡社・宝持院）にのみ伝来する事実を鑑みると、[28]当時の葛山氏が、この地から隔たる口野に実効支配を及ぼしたとは考え難い。翻って次代の氏広・氏元は、天文期より、駿東郡南部および沼津の寺社・給人に宛行状・安堵状を発給し始めており、当該期における植松氏の被官化も、葛山領の拡大と軌を一にする動向と位置付ける必要があろう。戦国前期から存続する史料Bの諸権益を、後世の代官に引き付けて理解することには慎重でありたい。[29]

では、史料Bの諸権益は、如何なる性質のものであったか。ここで注目したいのは、箇条に示される「多比村同前」の尾高村における諸権益が、「親之右京亮時」（一六世紀前半）と同様のものとされていること、棟別銭の収取権が、「前々」の如くと定められていることである。要するに、史料に示される両村ないし五ヶ村の在地支配は、植松氏が伝統的に有していた領主権であったことが推察されるのである。

この点と関わり、四・五条目に注目したい。網渡（網度）とは、建切網を掛ける漁場を指す語で、網舟は漁船を指す。戦国期における口野五ヶ村の実態は不明であるが、近隣の西浦長浜村の事例を参考にすると、中世末〜

近世における村の地先海面には、一〇帖（五ヶ所。一つの網度の権利を二帖と数えた）の網度が存在し、漁業は、村内の五つの網組によって操業され、各網組には六人の網子（漁夫）と漁船・漁具が付属していた。[30]近世では、①網組を編成・指揮して立網漁を行う津元（経営者）と呼ばれる有力家と、②網度を所有し、漁船・漁具を維持する網度持（生産手段所有者。津元以外の村民や他村民にも分割売買）とが別々の存在でありえたが、元来は、網度の所有権も、津元の地位を占める土豪層が掌握していたとされる。そして、各網組は、網度場を巡回して漁業を営んだため、漁場の所有は、網度場全体における操業権の保持をも意味していた。[31]

戦国期の植松氏に目を戻すと、同氏も後述の通り、百姓中・舟方中の指揮を通じたマグロ・イルカ漁の操業を領主に期待される、漁業経営者の側面を有していた。[32]そうするならば、史料Bの百姓・小脇者に関する権利は、建切網漁に従事する網子の労働力徴発を意味するとも推測できる。建切網漁には網船が不可欠であるため、近世にも、網度場の所有権は漁船の所有権に付随する場合が多く、よって史料Bの「網渡」・「網舟」規定も、漁撈操業権と、それに伴う漁場・漁船所持を共に保障した蓋然性が高い。このように考えると、植松氏は、網組統率と漁撈操業を主導する漁業経営と、操業に必要な漁場・漁具の所有を一体として実現するとともに、その生産過程で生じる領主的得分を収取する権能を有していたと見られる。[33]すなわち、戦国中期までの植松氏は、村落支配と収取、生業経営を行う在地領主的な存在であった可能性が高いのである。

しかるに、葛山氏への被官化は、植松氏の自律性を削減する結果をもたらした。葛山氏は、天文二一年（一五五二）に領域内で検地を実施するが、[34]給人領での検地は、新恩地宛行による知行高加増を通じて、軍役の強化をもたらしたであろう。加えて、植松氏が葛山氏の定めた支配区分を「違乱」した場合に、検地増分を没収し、他の給恩分を町田氏に扶助することが定められるなど、土豪の領主権は、上部権力の統制を受けることになった。

葛山氏による検地は、土豪層の在地支配への介入を強めるものであったと言えよう。

ただし他方で、葛山氏への服属には、土豪層の地域支配を保護する側面があったという点も重要である。天文二一年（一五五二）の時点で権益保障が行われたのは、史料Aに端を発する植松氏の軍役負担に対し、反対給付を与える必要が生じたためと推測できる。町田氏に知行が宛行われた背景については、町田氏も同様に、葛山氏に被官化して軍役を負担した可能性が考えられる。また、先学が指摘する通り、植松氏と町田氏の間には、村落支配をめぐる競合関係があった蓋然性が高いが、(35)その矛盾を調停し、自己権益を安定ならしめる上でも、葛山氏の安堵状の獲得は、一定の効力を発揮したのであろう。(36)このように、土豪層にとり、葛山氏の知行制への編入は、領主権を維持・獲得する上で、大きな意義を有したと思われる。したがって、植松氏の被官化が居住地域の村落支配に直結しなかったとする黒田の論は――葛山氏段階に関しては――、再考の余地があると考える。

加えて、葛山氏支配期を通じて、以上に見た植松氏の諸権益と口野五ヶ村の支配が否定された形跡は、管見の限りで見られないため、葛山氏の領域支配には一定の限界も存在したと思われる。次節で述べる通り、植松氏の領主的権能は、北条氏支配期に大きく変質することになるが、その前段階の葛山氏支配期においては、土豪層による口野五ヶ村の独自の支配が、なお存続したと見られる点を、重要な事実として指摘しておきたい。

2　口野五ヶ村における代官の任用

しかし、葛山氏は、地域・土豪層への介入を強化する動きを、徐々に見せ始める。それが、口野五ヶ村代官の任用である。代官の初見は、弘治三年（一五五七）の葛山氏元判物（注15）であるが、そこでは、江浦村の久住氏に、問屋営業と商取引を行う条件として、「代官かた」への礼銭を「前々」の如く支払うべきことを命じている。

したがって、代官は、弘治年間以前に設置された可能性が高いのであるが、代官の活動が明確に現れるのは永禄期のことである。そして、その代官に任用されたのが、植松氏であった(37)。

【史料C―a】　葛山氏元印判状「植松文書」『沼中』三六五号

其浦へいるか見え来にをいてハ、すなはち出合かりこむへし、疎略いたすにより、内浦へかりこまさるよし有其聞条、甚以曲事也、向後ハ北・南の百姓いつれも出合、あひかせきかりこむへし、其うへかせきの分としてハ、をの〳〵中へあミ走(壱ヵ)てうのふんわけとるへし、此上代官・上使・百姓等下知をそむき、如在いたすにをいてハ、過怠を可申付之状如件、

(永禄六年)井(亥)　　　(葛山氏元「万歳」朱印)

四月三日

師子浜北・南

百姓中

これによれば、当時の獅子浜村は南北に分割され、各々に百姓中が組織されていたことが知られるが、ここでは、その百姓中に対し、イルカが沖合に回遊してきた際に、すぐさま内浦（江浦湾）へ追い込み捕獲すべきこと、漁獲物得分に関しては、双方の百姓中が、網一帖分を取得すべきことが命じられている。そして、代官と上使・百姓中が、葛山氏の下知に背いた場合は、彼らが罪科を受けるべきとされている。すなわち、代官には、上使・百姓中と同様に、漁撈操業を監督する役割が期待されたのであった。百姓中宛てのため、全体的に仮名書の平易

な文章であるが、口野全村に対する詳細な法令が、同年における次の史料である。

【史料C—b】　葛山氏元判物「植松文書」『沼中』三六七号

（端裏書）「五ヶ村へ立物仕置之御朱印」

定条々

一江豚於立之者、不寄大小如前々三ヶ一出置事

一諸色之立物之儀、是も同前爾三ヶ一出置之間、如前々水之上にて可請取、但彼三ヶ一之儀者、至其時上使之被官ニ為算可致所務事

一小代官もらいの事、両人是も如前々出置事

右条々、永無相違可致所務、縦雖有横合之申様、前々筋目を以判形を遣之上者、一切不可及許容、然上者上使次ニ百姓中厳加下知可致抺、其儀就無沙汰者、雖有判形不可相立者也、仍如件、

永禄六癸亥年

七月二日　（葛山）氏元（花押）

植松右京亮殿

ここでは、五ヶ村の近海で水揚げされた漁獲物の内、植松氏が、「三ヶ一」を取得すべきこと、小代官（植松氏より下位の又代官ヵ）の得分は、先例に従い取得すべきことが定められている。そして、その際に「上使之被官」

に量を算用させること、「横合」の無きよう監督すべきことが命じられるとともに、植松氏には、上使と同様、百姓中に対する下知の下達と、「挊」(漁撈)への従事の責務が任されたのであった。(38)

ここで、右京亮に「出置」かれた「三ヶ一」は、「前々」の如きものであり、所務への「横合」は、「前々筋目」に従い禁じたとされる。すなわち、この給分は、植松氏の伝統的権益に由来するものであったと推測されるのであるが、葛山氏は、「三ヶ一」の取得量を厳守させるとともに、得分をめぐる在地勢力の競合を調停したのであった。史料Bの如く、葛山氏の発給文書は、地域紛争の解決を契機として発給される受益者の権利文書としての性格が強いが、史料C―bの趣旨が、植松氏の権益保護と、その得分への「横合」の禁止にある点を鑑みると、この裁許も、自身の地位を保守せんとした植松氏の訴訟によって下された可能性が高い。一方的な強権発動とは異なる、文書授受のかかる「当事者主義」は、葛山氏権力の一特質を成していたと考えられる。

しかし、一方で、史料Cが、葛山氏の政策的意図を全く反映していないと見ることもまた、困難と考える。aが、葛山氏の権限において、イルカ漁の操業を厳しく義務付けていることを見るならば、葛山氏はこの時点で、在地の取分を除いた漁獲物を取得する意向を強めた可能性があると推測されるからである。ここで、「疎略」と表現される漁撈怠慢が問題視されている点、葛山氏得分が定量的に明示されていない点から見て、当時、葛山氏の方針に対する在地の抵抗がなお頑強であるとともに、葛山氏権力は、未だ不安定なものであったと推測することもできるが、そのためにこそ、葛山氏は、土豪・百姓の監督に注力したのであろう。永禄期には、葛山氏が、在地勢力の自律性を制約する形で、漁撈活動に干渉するようになったと推定される。次に、以上を踏まえ、葛山氏の支配体制をさらに追究すべく、上使・百姓中の機能に注目することにしたい。

【史料D】　葛山氏元印判状「植松文書」『沼中』三八三号

（折返奥端書）
「前代之御印判
　葛山殿様之時ノ御陣夫之御判」
　　口野村陣夫五人
　　　此渡方
壱人　江浦植松小次郎
壱人　尾高同右京亮
壱人　獅子浜
　　　三ヶ二町田甚十郎
　　　三ヶ一橋本内ミ
壱人　田飛小者衆
壱人　田連富永河内守
　以上
右、此分可相渡之由従去春申付処、以半分之積可相渡之由候而、于今令難渋、甚以曲事也、急度如此書立可
渡之、猶令無沙汰者、可及質物者也、仍如件、
（永禄九年）寅　（「万歳」朱印）
　十二月七日
　　五ヶ村百姓中

幷両上使

口野五ヶ村への陣夫役賦課に係る下知である。これによれば、葛山氏の軍役衆と思われる土豪に対し、村から陣夫を徴発すること（町田陣十郎と橋本内ミは銭納）が命じられたが、土豪または百姓が、負担を半分にして欲しいと「難渋」した。そこで上使は、葛山氏から、夫役の無沙汰が発覚した際に人身・物品を質物として差し押さえるべきとの警告を受けている。また、宛所の百姓中が、上使と共に葛山氏の命令を受ける客体である点も注目される。ここから、支配の業務を現地で執行することを期待されたのは上使・百姓中であったことが推測されよう。(39) 上使の実態と、上使・代官・百姓中各々の役割分担については史料的制約のため不明とせざるを得ないが、上使は、口野に下向した葛山氏の派遣役人であろうか。加えて、右史料が植松文書の内の一通である点を考慮すると、植松氏は、充所の「五ヶ村百姓中」の代表として本文書を受給した可能性が高い。

以上の考察から、永禄期は、戦国期口野五ヶ村における重要な画期と評価できると考える。すなわち、植松氏が五ヶ村に有した領主権は、葛山氏段階においても、上部権力の保障を通じて存続したことを先述したが、他方で、この時期における代官・上使という新たな職掌の出現は、植松氏の領主支配を核とした地域構造を変容させる一起点をなしたと思われるのである。(40) 従来、植松氏の支配下にあったと思われる百姓衆に対し、葛山氏の命令的秩序が及ぶようになった点、植松氏が、代官・百姓中の一員として、上使とともに葛山氏の在地支配機構の一翼を担うに至った点において、永禄期は、植松氏の性格が変質する大きな画期と位置付けられよう。そして、そのことは、戦国後期（北条氏段階）における植松氏の動向の歴史的起点と評価できるものであった。

二　北条氏支配期の口野地域と土豪

本節では、北条氏支配下の口野五ヶ村の分析を通じ、戦国後期における植松氏の実像に迫りたい。

1　植松氏の領主的側面の変質

植松氏は、永禄一〇年代の初頭に葛山氏から離反し、戦国大名北条氏へ服属する。植松氏が北条氏へ寝返ったのは、葛山氏元が橋本氏に植松右京亮跡職を新給恩として宛行った（注26）永禄一二年（一五六九）二月以前のことであると思われるが、前年の一二月一四日には、口野五ヶ村に北条氏禁制（注37）が発給されており、北条氏の口野進出が、漸次進行していたことが窺える。植松氏の北条氏被官化を示す初見史料である永禄一二年（一五六九）の北条家印判状（注25）によれば、植松氏は、二五貫文の段銭と二五貫文の神山（御殿場市）の給地を、「葛山一札」の筋目に任せて安堵されていた。他方、史料Aで葛山氏から給付された給地を、植松氏が継続して知行した形跡は見られず(41)、葛山氏から橋本源左衛門尉に宛行われた先述の植松右京亮跡も、北条氏時代に橋本外記へ引き続き安堵されたため(42)、植松氏の知行は回復されなかった。北条氏時代の植松氏所領には、葛山氏時代からの連続面と断絶面の双方が存在したと言える。では、植松氏の給人領主権は如何なる影響を被ったのか。

【史料E】　**北条氏光着到定書「植松文書」『沼中』四九四号**

改定着倒（到）之事

一四拾貫五百十文、此内卅七貫文土狩にて出、

三貫五百十文神山にて出、

此着到

一本　大小旗持、皮笠・具足

一本　指物持、同

一本　鑓、二間々中柄、同

一騎　馬上、甲大立物・面肪・手蓋・具足・馬鎧金

一人　歩者、皮笠・具足

以上五人

右、従来御調儀、如此可走廻候、為軍法間、就無沙汰者、可被召放知行者也、仍而如件、

(天正元年)
酉
(「桐圭」朱印)

七月九日

植松右京亮殿

伊豆戸倉城の城将、北条氏光の発給した改定着到状である。冒頭によれば、植松氏は、土狩（駿東郡）の三七貫文を含む四〇貫五一〇文の給地を宛行われた。この時点で着到状が改められたのは、元亀三年（一五七二）の北条氏康死去に伴う氏政への代替りに際して、領国規模で軍役着到の見直しが進められたためと推測される。(43)ここでは、貫高の加増によって、旗持・指物持・鑓持・騎兵・歩兵の計五人の徴発が命じられるとともに、その衣装・装備についても、詳細な指定がなされている。そして、この命令は「軍法」と称され、人数・武具の無沙汰

が発覚した場合には、所付の給地を没収することが命じられている。この軍役賦課は、内容・量的規定の精緻さと罪科処分の厳格さの点において、前代の葛山氏時代よりも、質量両面に渡って強化されたと言うことができる。北条氏は、軍事基盤を強化する意図から、植松氏の給人領主権に強力に介入するようになったのである。
では、前節で検討した口野五ヶ村における植松氏の領主としての立場は、如何なる変容を遂げたのか。

【史料F】　北条家印判状「植松文書」『沼中』四二七号

五ヶ村年貢之事、間宮御扶持ニ被下候、如御国置、米をは百姓計之可相渡、自元間宮催促いたし候共、両代官かたへ可致催促候、かりそめにももたひ以下不可致之也、仍如件、

（虎」朱印）
巳《（永禄一二年）》
九月十六日　　山角刑《（定勝）》部左衛門尉
奉之
五ヶ村
両代官
百姓中

五ヶ村年貢を、間宮氏に扶持することを定めた印判状である。すなわち、口野五ヶ村の知行権は、この時点で間宮氏の手に帰したのであった。また、ここでは、①年貢米は、百姓が算用すべきこと、②間宮氏は、百姓中に直接年貢を催促せずに、両代官へ催促すべきこと、③間宮氏・両代官・百姓中の間に、饗応関係（「もたひ」）が

あってはならないことが命じられている。(44)ここで、植松氏は、従来の五ヶ村における領主的得分の収取権を喪失するとともに、在地支配機構の一環（代官）として給人支配を支える基盤に位置付けられたと推察される。

元亀三年（一五七二）に、植松氏の不満を回避する懐柔策の意味からか、彼に対し、「百姓共仕付」と「立物」（漁撈の操業）に「走廻」ることを条件に、漁獲物上納に対する褒賞と五ヶ村年貢の内の五貫文を給付することが決められたが、(45)これも、北条氏支配下の限定的な得分に過ぎなかった。加えて、葛山氏時代まで植松氏が伝統的に取得してきた棟別銭（史料B）も、天正四年（一五七六）には、北条氏当主がその果実を手にした。(46)当該期の動向として、――本貫の口野五ヶ村でなく――葛山氏から植松右京亮へ恩給された五〇貫文の給田・段銭（注25）が、同佐渡守に「本領」として安堵された事実は、植松氏の立場の変容を考える上で示唆的である。(47)

右の通り、北条氏は、植松氏の給人領主権に介入するのみならず、口野五ヶ村における同氏の支配にも大きな影響を及ぼしたと考えられる。元亀二年（一五七二）に、口野の領主は、間宮氏から北条氏光へとすぐさま転換するが、(48)葛山氏段階から北条氏段階への移行は、植松氏の在地領主的性格の解消として達成されたのであった。そして、それに伴い植松氏は、大名権力を下支えする代官としての性格を、さらに強めてゆくことになるのである。

2　北条氏支配期における代官植松氏の動向

では、北条氏の下位に位置付けられた植松氏は、代官として、如何なる役割を担ったのか。葛山氏時代の口野五ヶ村に設置された代官という職掌が上部権力の末端機能を果たしたことは前述したが、北条氏段階に入ると、代官の職務が、葛山氏段階のそれとは比較にならぬ程、具体的かつ明瞭なものへと進化を遂げることとなった。

Ⅰ　年貢上納の請負

当該期には、大名権力の年貢・公事収取体系が、史料上に明確に現れるようになるが、代官の職権には、その上納義務も含まれていた。次節で検討するため、ここでの引用は避けるが、植松氏が年貢納入を果たしていたことを示す史料が、天正四年（一五七六）および天正八年（一五八〇）の北条氏光印判状である。(49)天正四年印判状は、口野五ヶ村における年貢・公事の減免を認めたもので、これによれば、五ヶ村には、地方年貢三〇貫文（一〇貫文に減免）のほか、公事として、懸鯛一四〇枚（七〇枚に減免）と、那賀郷から小田原への「りうし」(50)が、賦課されていた。宛所の植松佐渡守と百姓中は、その上納を義務付けられている。

次に津方年貢を見ると、葛山氏期に植松氏の得分であった五ヶ村の水揚「三ヶ一」は、北条氏段階にも、植松右京丞（右京亮）と百姓中の控除分として承認された一方、「立物」操業も厳格に命じられていた。(51)そして、天正八年印判状の段階には、北条氏光の漁獲得分が、五四貫文の年貢として――詫言を受けて三六貫文に減免――、定量化されたが、ここでも上納を担わされたのは、植松佐渡守と、獅子浜村を除く四ヶ村百姓中であった。

Ⅱ　漁撈操業の統率

葛山氏段階に続き、当該期にも、漁業秩序の維持が求められた。氏光が口野支配を開始した翌年の元亀三年（一五七二）には、植松右京亮に対し、獅子浜村・五ヶ村での「立物」を命じる印判状が矢継ぎ早に発給された。(52)

【史料Ｇ】　北条氏光印判状「植松文書」『沼中』四八六号

口野五ヶ村立物之掟

一しひ海鹿其外立物、就見来者、五里十里成共、舟共乗出可狩入事
一網船朝者六ツを傍爾、晩者日之没を切而、船共乗組、無油断立物可守事
一此度改而立物為奉行与菊地被遣之間、彼者申様ニ万端可走廻、奉行人之背下知、不出舟を、或乗組致油断
　之旨、奉行人於申上者、可為曲事事
右、背三ヶ条付者、代官・百姓可遂成敗之間、能々守書付、奉行人之請指引、可走廻者也、仍如件、
申（元亀三年）（「桐圭」朱印）
七月廿三日
植松右京亮殿
五ヶ村百姓・舟方中

右の史料は、北条氏光が、植松右京亮と口野五ヶ村百姓・舟方中に対し、漁撈操業に係る事柄を命じたものである。一・二条目では、マグロ・「海鹿」（イルカないしアシカ）が回遊してきた際に、漁船を組織して捕獲すべきこと、朝六ツから日没まで漁業に励むことが命じられており、この部分は、史料Cにおける葛山氏の水産方針を基本的に踏襲したものと考えられる。注目すべきは、三条目である。ここでは、北条氏から派遣された立物奉行菊地氏による監督制度を新たに導入するとともに、代官・百姓中・舟方中が、奉行の下知に対する違反や漁業の怠慢を犯した場合に、彼らを「曲事」として処罰すべきことが決定されている。こうした命令系統・罪科規定が整備された点に、北条氏支配期の新たな特色を見て取ることが出来よう。

Ⅲ　海運の統制・管理

口野五ヶ村が、海運との強い結びつきを有していた点は前記したが、戦国後期には、それに対する北条氏の統制・介入も強まってくる。その初見となる元亀二年（一五七一）の北条氏光印判状（注48）は、獅子浜村百姓の退転による役の無沙汰に対処すべく、船を調査した上で改めて役を申し付けるべきこと、五ヶ村に出入りする船を調査し、煙硝・鉛・鉄砲を積載していた場合、報告すべきことの二点を植松氏に指示している。

後者はとりわけ、軍事政策上の命令であることが明らかであるが、それは、北条氏当主の意向を受けたものであった。植松文書には、天正元年（一五七三）および同二年（一五七四）の虎印判状が伝存するが、前者は、①五ヶ村の船に関して、乗船者を入念に調査した上で、問題の無い者に限り乗船を許すべきこと（「虎印判」で許可）、②他国船が着岸した際、乗組員と荷物を差し押さえ、注進すべきこと、③商売を口実として敵地へ逐電した者は、直ぐに披露すべきことを、後者は、元亀二年（一五七一）の甲相一和を受けて到来したと思われる武田氏の手判を示した上で、その判を持参する駿州船のみの入港を許可し、敵地からの侵入者や不審人物を見つけた際には、船を差し押さえて報告すべきことを、それぞれ命じている。(53)いずれも、北条氏光の通称である「四郎」を宛所としているが、植松文書に伝来する点からみて、氏光を通じて植松氏に命令が下達されたと解される。

かかる軍事上の植松氏の役割は、後の時期に至り、さらに重要なものとなる。天正六年（一五七八）に甲相同盟が崩壊すると、沼津の三枚橋城をめぐる北条・武田両軍の交戦が開始され、同九年（一五八一）には、伊豆沖で両水軍が海戦を行うに至るが、(54)この時期の植松氏は、北条氏から新船建造を強く要求されている。天正六年の北条氏光印判状では、獅子浜村で新規に造った舫艇船二艘に関しては、役銭賦課を免除することが命じられているし、(55)天正九年にも、植松佐渡守は、氏光より造船の無沙汰を戒められるとともに、諸役免除を反対給付とした新船建造を求められていた。(56)植松氏に、軍船を調達する能力が期待された結果と言えよう。

3　植松氏と大名権力――研究史批判

以上の通り、北条氏支配下の植松氏は、漁撈操業に加え、年貢・公事上納や海運統制、軍船建造等、幅広い職務を期待され、かつ、それを実現したと思われる。さらに、当該期には、北条氏の立物奉行を頂点に据えた支配機構も整備されており、大名の命令的秩序は、それを通じ、地域により一層、浸透する構造を呈したのである。

翻って研究史を紐解くと、土豪層の有する交易・水運機能が在地秩序の自律性を高め、大名権力の介入を容易とさせなかったとする上野論考が存する。しかし、本節の検討を顧みるに、この理解は成立しがたいと思われる。(57)北条氏は、植松氏を梃子として、国郡境目相論の前線における流通拠点を、むしろ積極的に掌握せんとしていたと言わざるを得ない。私見を補強する事実を、一つ指摘しておきたい。口野地域が、伊勢船等の往来の盛んな場所であったことは前記したが、永禄四年（一五六一）に北条氏は、「伊勢廻船中・問屋中」から兵粮を買い付けるとともに、その兵粮を津端へ廻送することを決定していた。(58)さらに、天正二年（一五七四）には、大名の許可（「御印判」）無く他国へ運搬されかけた兵粮が五ヶ村で接収されるとともに、植松右京亮へ「出置」かれ、代官の管理下に渡ることとなった。(59)この事例と、前述した植松氏の海運統制機能を併せて考えるならば、太平洋海運との結びつきの強かった口野五ヶ村は、武器・兵粮等の軍需物資の集散地であるとともに、造船技術を集約する拠点でもあったと思われる。したがって、当該地域は、北条氏の軍事基盤を強化させる諸条件を備えていた一方、人・物資の敵方への流出という危険を伴う場でもあったのであり、そのために北条氏は、植松氏を利用する形で五ヶ村の管理・統制に注力したのであろう。このように、口野五ヶ村が持つ交易・水運の機能は、在地秩序の自律性を高めるものではなく、むしろ、大名権力の介入を招来する呼び水になったと考えられる。

他方で、先学には、植松氏の被官化が、彼の小領主的側面および村落共同体支配層としての立場を強化したと見る永原の説がある。植松氏の領主的権能が、代官就任を通じて、擁護・強化されたと見る理解と思われるが、この点にも疑問が提起される。天正三年（一五七五）北条氏光印判状では、同年より、五ヶ村の津方年貢の内五貫文が、代官給として植松氏に下行されることが決定されており、これは、元亀三年（一五七二）に給付された五貫文年貢（注45）の系譜を引くものと推察される。[60] しかし、それは、北条氏光の年貢の限定的な控除に過ぎず、当時の年貢・公事が、北条氏の収取体系に組織された点は、既に述べた通りである。

確かに、元亀・天正年間には、獅子浜村のイワシ漁場[61]（「獅子浜五ヶ所の鰯庭」）やその得分（「鰯もらい」[62]）等、近世にも見られる漁業権益が「前々の如く」植松氏に安堵されていることから、[63] 彼の網元としての卓越した地位を安定化させる上で、大名による保障に強い期待が寄せられたであろうことは想像に難くない。大名の権威を後ろ盾にすることを通じて、植松氏の村内における発言力は増したであろうし、土地所持・百姓支配に関わる同氏の実質的な特権が、その後も強固に残存した可能性は否定できない（注19長谷川論文を参照）。

しかし、天正五年（一五七七）の北条氏光印判状（後掲史料H）では、北条氏への披露を遂げずに「七百節之鰹」を収取する行為が「召放」の対象となること（植松氏は、「前々」の権益のために赦免）、漁獲物・塩役収取の現場における「非分之沙汰」が「重科」の対象となることが植松佐渡守に命じられており、植松氏の権限が厳格に規制された点も見逃せない。黒田も示唆する通り、軍役衆や代官、津元等、複数の性格を備えた植松氏の得分・職権は、各々の属性に応じて多様に存在したが、それらを共に、領主化の一階梯と捉えることは妥当と思われない。彼の口野における村落共同体支配の権益は、従来と同様の形で守られたのではなく、大名の監督下で、代官給ないし津元的特権として保障されたと言えよう。領国下の植松氏の権力・権威は、自律的領主としてのそれではなく、北条氏の下僚としてのそれ、すなわち、北条氏の権力・権威そのものであったと考えられる。

三　北条氏支配期の植松氏と村落・百姓

北条氏権力は、口野の領域支配を達成するとともに、土豪層の自律性を縮減し、彼らに支配の請負業務を担わせたのであった。では、その動きを受け、植松氏と在地社会との関係が如何に変容したのであろうか。

1　代官と百姓中

序論の通り、近年は、黒田・銭両氏が、植松氏が持つ村の代表者・奉仕者としての性格に光を当てつつある。しかし、そこでは、植松氏のかかる性格が如何に形成されたのかという問題が十分に詳論されていない。また、黒田は、戦国期の口野五ヶ村が自力の主体として政治的自立を果したために、植松氏は、村を政治的・経済的に代表しえたとするが、ここでも、村の自立と村の「器官」たる土豪像が、「自力の村」論に依拠しつつ演繹されるに留まり、論証は十分になされていない。先学の欠を補うためにも、土豪と在地との関係を再考する余地が残されていると言える。植松氏が、村を代表し、対領主交渉を行い始めるのは天正年間のことであるが、植松氏と村落との関係を探る上で、この時期の意義に言及した論考は管見に入らない。しかし、植松氏の地域内における位置を確定するためには、戦国後期に口野を領有した北条氏の政策にも目を向けつつ、当該期の歴史的位置を追究することが肝要である。以下、既往の北条氏研究の成果にも学びつつ、この問題の考察を深めたい。

まず、注目すべきは、五ヶ村ないし獅子浜村の支配全般に関わる命令を下達した北条氏光印判状の宛所が、しばしば、植松氏（＝両代官）と百姓中の連記となっていることである。史料Fや史料Gは、その典型例であるが、後者の史料に「背三ヶ条付者、代官・百姓可遂成敗」とある通り、代官・百姓中が大名法に違反した際には、彼らを処罰する旨を通達する場合が少なくなかった。このように北条氏光期は、大名領国の在地支配機構が確立する中で、代官・百姓中が一体として、上部権力への奉仕を求められた画期であったと言える。それは、また、次の史料に見られるように、植松氏と百姓との関係を再編せんとする試みでもあった。

【史料H】　北条氏光印判状「植松文書」『沼中』五二九号

一七百節之鰹、近年為不遂披露取来間、可召放雖覚悟候、自前々取来者之事ニ候間、改而被下之候、如古来定可取之事
一四板二艘之役、可為如先印判之事
一棟別五間役同断
一獅子浜ゆわしもらい之儀は、如自余之村之可取之、百姓於無納得ハ、努々不可取之事
一其方居屋敷可為如近年之事
一多比之村塩役、無非分百姓渡次第、如古来之可取事
　以上
右、定置所おろかニ致覚悟、非分之沙汰於致之ハ、聞出、可処重科者也、仍如件、
丁丑（天正五年）（「桐圭」朱印）
菊地
奉

八月廿三日　　真田

植松佐渡守殿

四・六条目に注目したい。前者は、「獅子浜ゆわしもらい」について、百姓が納得しない場合は収取してはならないことを、後者は、多比村塩役について、非分無く、百姓の「渡次第」に従って取得すべきことを植松氏に命じている。すなわち、百姓の反発を惹起する「非分之沙汰」は、処罰の対象とされたのであった。

この規定は、北条氏の領国支配全体の方針に拠るものであったと思われる。北条領国では、永禄期から天正末期まで、小代官と呼ばれる役人が在地支配機構の職制として機能するが、彼らは、御領所および給人領における年貢・公事徴収に携わる役職であった。小代官の設置理由に関しては、次に挙げる二通の北条氏印判状が参考となる。すなわち、①相模国東郡田名郷への棟別銭賦課につき、永禄九年（一五六六）に指示された「小代官被加指、其故者、其郷之是非者、地頭・代官之前ニ有之候間、相定分銭厳密ニ調候様ニ百姓ニ力を合、堅申付、如日限可致皆済者也」(64)との命令、②同年の大道寺資親領、伊豆国田方郡丹那郷へ出された「大道寺依致様退轉之是非可有之候、急度諸百姓召返可加助成、向後、相定處、公方役・傳馬等就致無法者、小代官可被處罪科者也」(65)との命令、これである。要するに、小代官は、百姓と協力して棟別銭や伝馬役、「公方役」を皆済するとともに、給人の「致様」により退転した百姓を召返して扶助する実務を期待されたのであった(66)。

かかる小代官の役割は、口野地域の代官の機能と、多くの点で類似する。北条領国で広く「公方役」徴収を担った「代官」には、給人や北条氏からの派遣役人が就任しており、近隣の西浦も、在地性の希薄な北条氏派遣代官の支配を受けていた。一方、同じ「代官」とは言え、在地性の強い土豪である植松氏は、西浦長浜村の大川氏の如く、在地に密着して年貢徴収や奉行・代官による非分の防止を行った「郷村の小代官」に近い性格を有していたと思われる。(67) そこで、植松氏と地域の関係をさらに追究すべく、天正期の諸史料の分析を深めたい。

2　「村の代表者」植松氏の形成と大名

【史料一一a】　**北条氏光印判状「植松文書」『沼中』五二五号**

五ヶ村百姓詫言依申上御赦免之条々、

一卅貫文之地方之高辻、拾貫文ニ定納被仰付候、此上日損・水損有之共、其沙汰有間敷事

一懸鯛半分御赦免、残而半分之辻七十枚、毎月無未進納可申候、若未進有之ハ、壱枚之未進三枚宛を以可召上候、然ニ彼懸鯛故、自然船退転なと〻重而申上候者、右之地方之御免可被破事

一従那賀之郷小田原へ之りうし御赦免候、自然被仰付候者、公物可被下間、可走廻事

一亥年土狩御蔵米御借用申、利息之儀者、船津手代ニ御紀明之上可被仰付事

以上

右、如此御赦免之上、於自今以後無無沙汰可走廻候、若就無沙汰者、此度御赦免之条々可被召上者也、仍如件、

（天正四年）丙子　十二月廿九日　（「桐圭」朱印）

植松佐渡守殿

五ヶ村百姓中

【史料一―b】　北条氏光印判状「植松文書」『沼中』五六二号

（端裏、後筆）「四ヶ村三ヶ年御赦免御印判」

四ヶ村へ御赦免之辻

四貫五百四十四文　尾高
四貫七百五十文　田連
六貫廿文　多比
弐貫六百八十六文　江浦

以上拾八貫文

右、四ヶ村之百姓退転之由御詫言申上間、津方之年貢五十四貫文之内三ヶ一之分、当年従辰歳来午歳迄、三ヶ年令赦免候、立物相稼可走廻候、如此御赦免之上、於自今以後、郷中退転之由御詫言申上ニ付てハ、名主・百姓可処重過者也、仍如件、

（天正八年）庚辰二月廿五日（「桐圭」朱印）

植松佐渡守殿
百姓中

史料一―a（以下、a）では、植松佐渡守と五ヶ村百姓中に対し、地方年貢と懸鯛等の「走廻」が命じられており、植松氏が、年貢・公事の上納を義務付けられていたことが判明する。そして、ここでは、地方年貢と懸鯛

が、五ヶ村百姓の「詫言」を受けて半分に赦免されているが、宛所に、百姓中との連記で植松佐渡守の名が見える事実は、減免交渉に際して、利害を同じくした植松氏と百姓中とが協力した可能性を示唆するものとして注目されよう。その推測を補強するのが、史料Ⅰ―b（以下、b）である。ここでは、獅子浜村を除く四ヶ村百姓の嘆願を受けて、津方年貢の「三ヶ一」を赦免するとともに、赦免の後に詫言を行うことを禁じているが、再度の詫言がなされた場合に、「名主」と呼ばれる存在を、百姓と共に「重過」に処すべき旨を定めている点は、改めて注目に値する。宛所が、aと同じく植松佐渡守と百姓中の併記とされていることに鑑みれば、bの「名主」は植松佐渡守を、「百姓」は百姓中を指すと推察されよう。要するに、この時点での植松氏は、代官と名主を兼職するとともに、北条氏光から、百姓中と共に減免交渉を行う主体と認識されていたのである。

近世の植松氏が、獅子浜村の名主に就いたことは既述したが、bでは、名主の植松佐渡守が、四ヶ村（aでは五ヶ村）の主導者と位置付けられており、戦国期の名主は、小村単位ではなく、口野という郷単位で設置されていたことがわかる。これは、年貢・諸役請負の枠組として郷が広く用いられた北条領国の実態を反映した現象であろう。(68) すなわち、口野においても、北条氏時代には五ヶ村を基盤とする村請制が確立し、名主は、その責任者に位置付けられたのであった。戦国期の口野五ヶ村で、史料上に名主が見えるのはbと天正元年（一五七三）北条家印判状（注54、四九五号）のみであるため、名主設置期は、天正年間に近い時と見て良い。

では、こうした名主は、如何なる存在であったのか。そこで、従来の戦国大名研究の成果を参照すると、北条領国における郷村の名主は、前記の小代官と同じく、年貢・公事を村から調え、給人ないし御領所の代官へ納入する責務を負う一方、有力百姓として「百姓中」に基盤を持ち、郷村を代表する存在でもあったとされる。(69) 黒田基樹も示唆する通り、北条領国では、郷村経営の役割を担う名主層の動向が見られる。例を挙げると、武蔵国入間郡大井郷の名主職に「仰付」られていた覽野庄左衛門尉・新井帯刀・小林源左衛門尉・新井九郎左衛門尉の四人衆は、北条宗哲より、荒地を開発し、「奉公之忠勤」に励むように命じられていた。(70) また、具体的な場所は不明であるが、天正一八年（一五九〇）、右衛門尉なる郷村有力者の欠落に伴い、「郷中之者」と右衛門尉被官が在所を「引明」けた際には、北条氏房が、「百姓・被官」を「罷帰」して「此度之普請」に「走廻」るとともに、「鍬先」（開墾・耕作）のために、「作敷をも可仕付」きよう、名主・百姓中らに命じている。(71)

この点に関して注目されるのが、北条氏の在地支配政策である。北条氏は、在地有力者による田畠・不作地開発を許可・保護するとともに、年貢・公事の免除を見返りとして、名主・百姓中に逃亡百姓の人返を命じるなど、在地の再開発と欠落百姓の還住を領国の基本政策と位置付けていた。(72) この政策的基調は、村の復興と村における自身の発言力の強化を目指した開発主導者と、耕地の増加・安定化による年貢の確保を志向した大名とが、共に百姓の招致と土地の再開発を必要としたことによって実現されたと言われるが、その動きと連動する形で、名主に代表される在地有力者は、郷村経営を担う村の代表者としての性格を強めたものと思われる。

右に見た北条領国全体の動向を念頭に置き、再び口野五ヶ村に目を戻すと、植松氏も、北条氏光から、「百姓共仕付」（村への定着）を通じて、「立物」を遂行するという郷村経営の役割を求められるとともに（注45）、「百姓退転」という地域の生存の危機（大名にとり、村落荒廃に伴う収取の危機）に際しては、百姓中を主導して対領主交渉を行うなど（史料1―b）、村の代表者としての性格を体現していた。領国下の植松氏が、村内において如何なる役割を果たしたのか――村役人の一般的な機能としては、年貢の立替や米銭の融通が想起されよう――という点については不明な点も多いが、同氏が、大名による支配の末端を担うのみならず、――しかし、それと不可分の関係として――百姓の利害を代表する側面をも有したことは事実と見て良かろう。

そこで再び問題となるのは、天正年間に、植松氏の村の代表者としての性格が顕在化した理由である。このことに関する直接の社会的要因としては、bの「百姓退転」文言から判明するように、当該期に、西浦・田方等、伊豆半島の広域で頻発していた百姓の欠落・退転に際し、植松氏の対領主交渉の能力が、村の存立のために必要とされたことを想定できる。しかし、気象災害（風・水・旱損）や大地震・飢饉を原因とする退転・年貢未進は、既に、一六世紀前半から永禄末年にかけて北条領国で広く頻発しており、戦国前期に北条氏の直轄領に組込まれた西浦長浜村では、早くも天文一九年（一五五〇）に、百姓退転に応じた借銭・借米赦免が実施されていた。(73) したがって、慢性的困窮状況のみから植松氏の性格変化を論じるのは妥当ではないと思われる。

私は、北条氏の領国支配体制の形成という土豪層にとっての「外圧」によって、土豪層の性格が変化せざるを得なかったという点を重視すべきと考える。稲葉継陽は、近世に村役人に就任する戦国期関東の名主家の多くが、北条氏・給人の発給する個人宛・「百姓中」宛の印判状を所蔵しているとの事実に注目しているが、(74) 植松文書でも、植松氏と百姓中を宛所とする五点の下達文書は、全て元亀・天正年間と、北条氏支配が安定化する時期に集中している。(75) 戦国中期以前の植松氏は、既述の通り、五ヶ村で自律的な領主支配を行使する存在であったがために、百姓の利害を代表し、対領主交渉を行う可能性が、そもそも地域構造上に存在しなかったと推測されるが、北条氏支配期は、そうした在り方が変容する重要な画期となったと考えられるのである。

本論の考察を整理しつつ述べると、北条氏支配期には、代官・百姓中が在地支配機構として整備され、百姓と一体となり支配の末端業務を遂行することが植松氏の死命を決する課題となったために、植松氏は、百姓を支配する領主から、百姓と共に大名の支配を受容し、かつ、支える代官へと、自身の性格を変質させたと思われる。そして、植松氏は、領主の監督下で代官・津元としての特権を保障されたのであるが、そこでも、植松氏の権限行使は、百姓の反対を惹起しない範囲でのみ許されたのであった。北条領国では、「国中諸郡退転」への対応策として「諸郷公事赦免」を定めた天文一九年（一五五〇）の〝税制改革令〟によって、百姓の困窮を招く給人・代官の過度な公事賦課は禁止されることになるが、(76)五ヶ村でも、かかる北条氏の収取政策が、土豪層と百姓との関係を大きく規定していたと言える。加えて植松氏は、名主として百姓管轄・郷村経営の責務をも負ったことにより、村落の困窮に際して、村の利害を代弁して対領主交渉を行うことを余儀なくされたのであろう。こうした動向は、年貢・公事収取と軍事活動を安定ならしめんとする大名の領国支配によりもたらされたものであったが、北条氏の在地掌握政策は、植松氏を、郷村の一員として在地に密着せしめる要因となったと思われる。

以上の通り、植松氏の村の代表者としての性格は、植松氏が、大名の支配体制と撫民政策の橋頭堡に位置付けられたことによってもたらされた、優れて戦国末期の歴史的所産であったと言えよう。(77)

結語

戦国期の植松氏を、権力および地域との関係から考察してきた。史料的制約ゆえの推論を重ねた部分もあるが、植松氏の歴史的過程は、在地領主的立場から、支配の末端と郷村の代表を担う代官・名主的立場への移行という変容を基礎とするものであった。無論、本研究は一地域のケーススタディに過ぎないため、この事例をもって、多様な個性を持つ土豪層の在り方を一挙に論じられるわけではないが、本章で解明した戦国期における植松氏の変容過程は、中近世移行論を考察する上での興味深い論点を多く提供すると思われる。

植松文書を通覧して注目されるのは、中世文書の全てが葛山氏・北条氏等による判物や印判状、書状であり、それ以前には、権力からの発給文書や自家の発給文書の案文・写、帳簿・証文の類が全く残されていない点である。(78)すなわち、植松氏は、——口野への定着期とイエの形成期が何時かという問題を措くとしても——戦国中期までに、非文書主義の時代を長く経験したのであった。このことは、一面では、戦国期権力に包摂される以前の土豪層の追究を困難にするのであるが、反面でそれは、植松氏の領主・津元としての権益が、元来は権力や文書による保障を必要とせず、住民間の心意的・人格的関係によってのみ守られる慣習的権利であったという事実を、暗に示すものであるように思われる。しかし、そのような在り方は、葛山氏と北条氏の進入を通じて変容したのであった。植松氏の展開は、①自律的な地域支配を展開した戦国前期、②領主支配が存続しつつも、権力の下僚化が過渡的に実現された葛山氏支配期、③口野の領主的地位を喪失し、代官・名主として支配請負と郷村経営に携わることによってのみ権益を維持しえた北条氏支配期の、三段階に描くことができよう。

上記の限りにおいて、植松氏の動向を、領主化ではなく村役人化と捉えた黒田基樹の所論は妥当なものである。(79)しかし、植松氏の変容は、口野五ヶ村が紛争解決・再生産活動の主体としての「自力」を獲得した結果、土豪層が村の「器官」に埋没したというような、在地社会の自生的発展によるものとは考えない。また、上野の述べる、土豪を中心とする在地秩序が権力の干渉を峻拒する自律性を有したとする事実も存在しなかったと言わざるを得ない。確かに、戦国期の口野では、村（郷）を単位とする自治が確立したし（村請）、植松氏にも村の代表者たる一面が存在した。しかし、これは、大名による課税・政策の介入を拒み、領国支配それ自体に対抗するものではなく、あくまで権力の需要を充足する中間団体であることを前提とした上で、大名の徳政を通じて住民の利害調整を図るものに過ぎなかった。そして、それは、軍事問題の先鋭化を背景に領国の求心的統合を課題とした戦国大名の支配を受容することによりもたらされた、「戦争の時代」の歴史的所産であったと言えよう。

地域の視座から、戦国期社会の全体構造を論究するとともに、それとの関係から、土豪層の主要な運動方向を考察しようとする巨視的な視角は、多くの先学に共通するものであり、私も、その姿勢に多くを学びえた。しかし、他方でそれらは、小領主や代官、村の「器官」等、植松氏の諸側面の一面を強調した結果、権力との関係の変遷や、地域構造の時期的変化を含めた動態的な分析を十分ならしめられない問題をも抱えたと考える。本章が、かかる研究史的課題の再考の試みとして理解されるならば、筆者の任は、多少なりとも果たされたように思われる。

最後に、中近世移行論に関わる展望と課題を述べて結びとする。植松氏の戦国期から近世への移行は、北条領国における軍役衆・給人・代官としての性格の解消と、獅子浜村の名主への就任という道筋で描くことが出来るが、近年の漁村史研究は、一七世紀を中心とする中近世移行期の土豪層の実態を、詳細に明らかにしつつある。渡辺尚志は、内浦長浜村を事例として、①土豪大川氏が、領主との被官関係の途絶や、戦争における暴力発動の機会の消滅を経て、百姓身分化・村役人化を経験したこと、②同氏が、村方騒動を通じて村役人特権を喪失するとともに、村落内秩序に包摂され、村人の代表へと性格を変化させたことを解明している(80)。

土豪の村人化という図式で理解される右の動向は、伊豆海村の中近世移行を考察する上で示唆に富むものである。戦国期の植松氏は、大名の年貢・公事収取体系の一環たる代官の側面（支配側）と、百姓の代表として村の再生産を確保する責務を担う名主（被支配側）の側面とを併せ持つ一方で――尤も、戦国期では、代官と名主の性格的相違が明瞭でないため、両者の機能は未分化であった可能性も高い――、給人として神山・土狩の給地支配をも行うなど、多面的な性格を有した。こうした領主・代官と百姓の代表者、兵と農の未分離な在り方は、戦国期に固有の構造と評価できよう。ただし、戦国期権力下の土豪が、村役人の職務に従事し、被支配身分の利害を代表する動きを見せ始める事態は、近世社会への道筋を考える上で重要と見なければならない。

元より、本章では、上部権力の法令・発給文書に依拠した考察が中心となったために、地域社会内部の構造──政策基調と運用実態の合致ないし齟齬に関する諸相──の分析を、未だ十分に果たし得てはいない。植松氏の経営・所有・支配、および同氏と地域住民との関係の変容過程に関しては、近世地方文書の精緻な分析を通じて、初めてその実態をより詳細に解明することが出来よう。現在の海村史研究は、中世から近世までを含めた総体的な移行期論を描くには、未だ至っていない。しかし、「戦争の時代」から幕藩制下の「平和」の時代への移行の中、戦国期の土豪層の態様が、如何に連続し、あるいは変容したのかという問題は、今後の研究になお必要とされる「古くて新しい」問いである。残された研究史的課題をこのように展望し、ひとまず擱筆したい。

注

（1）稲葉継陽「村の侍身分と兵農分離」『戦国時代の荘園制と村落』（校倉書房、一九九八年、初出一九九三年）、長谷川裕子『中近世移行期における村の生存と土豪』（校倉書房、二〇〇九年）。

（2）藤木久志『村と領主の戦国世界』（東京大学出版会、一九九七年）は、戦国期の村落を「自力の村」と捉え、これを、自然災害や戦乱によって引き起こされた慢性的飢饉状況に対処すべく、民衆が「生命維持装置」として創り出した社会集団であるとした。

（3）勝俣鎮夫『戦国時代論』（岩波書店、一九九六年）は、戦国期に登場した、高い政治力を持つ村・町の成立に着目し、この村・町を国制上の基礎構造に位置付けた国家体制を「村町制」と規定した。

（4）渡辺尚志「村の世界」（『近世の村落と地域社会』塙書房、二〇〇七年、初出二〇〇四年）、小酒井大悟「開発からみる関東村落の近世化」（『関東近世史研究』第七四号、二〇一三年）。

（5）一九六〇～七〇年代の中間層論は、戦国期の階級的諸矛盾を追究する社会構成史的観点から、土豪層の階層規定に関心を集中させていた。①土豪層の上部権力への被官化を重視し、これを、加地子（剰余）の買得集積・収取の保障を目的としたものと見る小領主論と、②土豪層の加地子収取を地主的搾取とみて、これが彼らの集団的連合により安定化したと見る地主論が、その代表である。①小領主論については、黒川直則「十五・十六世紀の農民問題」（『日本史研究』第七一号、一九六四年）、大山喬平「室町末戦国初期の権力と農民」（『日本史研究』第七九号、一九六五年）を、②地主論については、峰岸純夫「室町・戦国時代の階級構成」（『日本中世の社会構成・階級と身分』校倉書房、二〇一〇年、初出一九六六年）、藤木久志「戦国期社会における中間層の動向」（『戦国社会史論』東京大学出版会、一九七四年、初出一九七〇年）を参照。

（6）久留島典子「中世後期の「村請制」について」（『歴史評論』第四八八号、一九九〇年）、前掲注1稲葉論文。

（7）有光友学「戦国大名今川氏の歴史的性格」（『日本史研究』第一三八号、一九七四年）、勝俣鎮夫「戦国大名検地に関する一考察」（『戦国法成立史論』東京大学出版会、一九七九年、初出一九七六年）、永原慶二「大名領国制下の農民支配原則」（『戦国期の政治経済構造』岩波書店、一九九七年、初出一九七六年）、池享「戦国大名の権力基盤」（『大名領国制の研究』校倉書房、一九九五年、初出一九八二年）。

（8）黒田基樹「北条領国における郷村と小代官」（『中近世移行期の大名権力と村落』校倉書房、二〇〇三年、初出一九九六年）〈黒田①論文〉、同「大名被官土豪層への視点」（同前書、初出一九九八年）〈黒田②論文〉、同「大名被官土豪層の歴史的性格」（同前書、初出二〇〇一年）〈黒田③論文〉。

（9）歴史学研究会編「小特集　シンポジウム　日本中世の地域社会」（『歴史学研究』第六七四号、一九九五年）。

（10）前掲注8黒田②・③論文。以下の移行期村落論の論評にあたっては、主に黒田の右論考を念頭に置いて論述する。

（11）戦国期の土豪層が持つ独自の利害（家の存続・発展、地域における地位の向上、領主との対抗、領主階級への上昇転化など）を重視する見解としては、池上裕子「中近世移行期を考える」（『日本中近世移行期論』校倉書房、二〇一二年、初出二〇〇九年）、池享「中近世移行期における地域社会と中間層」（『戦国期の地域社会と権力』吉川弘文館、二〇一〇年、初出一九九九年）などが挙げられる。

（12）『沼津市史通史編　原始・古代・中世』五八九頁。

（13）史料Ｉ－ｂでは、津方年貢五四貫文の内一八貫文が赦免されており、天正四年（一五七六）一二月二九日付の史料Ｉ－ａでは、地方年貢三〇貫文の内二〇貫文が赦免されている。

（14）静岡県漁業組合取締所編『静岡県水産誌』（静岡県漁業組合取締所、一八九四年）、福田英一「戦国期駿河湾に

おける漁業生産と漁獲物の上納」（『中央史学』第一八号、一九九五年）、中村羊一郎「沼津市内浦及び西伊豆町田子におけるイルカ追込み漁について」（『静岡産業大学情報学部研究紀要』第一四号、二〇一二年）。

（15）弘治三年（一五五七）三月二四日葛山氏元判物（「久住文書」『沼中』三三四号）。国人葛山氏が、江浦村の土豪楠見善左衛門尉に対して、着岸船との取引権と問屋営業権を認可した史料である。

（16）寛永一三年（一六三六）九月一〇日御指出之事（「獅子浜植松家文書」『沼津市史史料編　漁村』一〇〇号）。この史料によれば、獅子浜村は、薪買舟役の他に、「本船七艘役」・「ほてい舟壱艘役」・「新船七艘役」・「見取舟拾艘役」を負担していたとされる。

（17）黒田基樹「伊豆西浦三津村の構造」（『戦国期領域権力と地域社会』岩田書院、二〇〇九年、初出二〇〇五年）は、戦国期の西浦において、漁業を生業とした重寺・小海・長浜各村が、流通業・商業の盛んな三津村を窓口として、漁獲物の移出と生活物資の移入を行ったことを解明している。

（18）植松七右衛門・増田善右衛門連署証文写（町田家文書「本能寺由緒書書上帳」所収、池上裕子編『中世近世移行期における土豪と村落に関する研究』（科学研究費補助金研究成果報告書、二〇〇五年）史料編二〇二号）によれば、（植松）「七右衛門」と（増田）「善右衛門」が、獅子浜村庄屋、すなわち名主であったことが判明する。

（19）長谷川裕子「居住形態にみる土豪と村」（前掲注2長谷川著書、初出二〇〇五年）。

（20）前掲注7永原論文。

（21）「戦国期伊豆における土豪層と後北条氏」（『沼津市史研究』第六号、一九九六年）。

（22）前掲注8黒田②論文。

（23）「戦国大名北条氏の口野地域支配」（『戦国期の村落と領主制支配』一橋大学審査博士学位論文、二〇一二年）。

（24）永禄五年（一五六二）八月五日の葛山氏元朱印状（「武藤文書」『戦国遺文後北条氏編』一八五〇号、以下、『戦北』と略記）によれば、氏元は、以前に「苅屋」（刈谷市）・「笠寺」（名古屋市）へ出陣した際、駿河国神山宿（御殿場市）における相論を裁定したという。史料Aと時期を同じくする可能性がある。

（25）北条家印判状（「植松文書」『沼中』四一七号）。これは、永禄一一年（一五六八）、北条氏が植松右京亮に対して、五〇貫文の給分を「葛山一札」の筋目に任せて安堵した文書である。したがって、この給恩は、元来は葛山氏から給付されたものであったことが判明する。

(26) 葛山氏元判物（「橋本文書」『沼中』四〇二号）。葛山氏元が、橋本源左衛門尉に対して、「別而走廻」への反対給付として、植松右京亮の跡職三〇貫文を与えたものである。
(27) 葛山氏元が、神山の武藤氏に政所給二貫文を安堵した判物（『小山町史第一巻原始古代中世資料編』四六八号）では、武藤氏の得分が「納所」と表現されている。
(28) 前掲注27『小山町史』四五三号、四五四号、四五六号、四五七号。
(29) 有光友学「葛山氏の態様と位置」（『戦国大名今川氏と葛山氏』吉川弘文館、二〇一三年、初出一九八六年）を参照。
(30) 慶長五年（一六〇〇）長濱村網度十帖之覚書（「大川家文書」『日本常民生活資料叢書』第一五巻（豆州内浦漁民史料）四二号、以下、『常民』と略記）によれば、長浜村には、一〇帖の網度が存在した。
(31) 渡辺尚志「海辺の村の近世」（『中央史学』第三八号、二〇一五年）。
(32) 史料C—a、史料G。
(33) 福田は、史料Bは、漁場・漁船の所有ではなく、漁業紛争の調停権を安堵したものとするが（前掲注14福田論文四二頁）、十分な根拠が示されていないため、疑問である。
(34) 前掲注29有光論文。
(35) 前掲注7永原論文、前掲注21銭論文。この点と関わり、永禄一二年（一五六九）に葛山氏元が、橋本源左衛門尉への給恩として、植松右京亮跡三〇貫文を宛行った事例（前掲注26）が注目される。黒田は、植松氏と橋本氏・町田氏との間の競合関係は、領主化をめぐるものではなく、近世にも一般に見られた、村落主導権をめぐる対立であったとするが（黒田②論文一八〇頁）、被官化を通じて土豪が獲得したのは、口野支配や給地に関わる権限であるため、村政主導権をめぐる近世村役人の動向一般に解消できるものではないと考える。
(36) 黒田は、多比村の諸権益は、先代植松右京亮の時期に葛山氏から安堵されたと推測するが（黒田②論文一七三頁）、右京亮期に、植松氏と葛山氏が接触していたことを示す史料は現存しない。植松氏の権益は、藤太郎の代に、彼の申請を受けて初めて保証された蓋然性が高いと考える。
(37) 前掲注26史料では、植松右京亮跡の内、「内浦代官」が、橋本氏への給恩から除外されており、植松氏が代官であったことがわかる。また、「増田文書」の永禄一一年（一五六八）北条家禁制（『沼中』三八九号）の宛所が

「両代官」とされていることから、増田氏も代官であったと思われる。植松文書には、獅子浜村支配に関わる文書が多く伝来しており、代官の職務として同村の管轄が重視されたことがわかる。植松・増田両氏が江戸時代に同村名主に就任した点から見て、戦国期の代官は、近世村役人の重要な歴史的前提になったのであろう。

(38) 銭は、史料C－b傍線部を、百姓中が年貢・公事銭の上納を怠らないように下知を下達することを、植松氏に命じたものとする（前掲注21銭論文四四頁）。しかし、史料中に年貢・公事上納の規定は見られない。植松氏の権益に対する「横合」の禁止を百姓中に下達するように命じた文と見るのが、自然な解釈と思われる。

(39) 福田は、史料Dの上使の職務を、夫役の徴発と、植松氏等の給人方への陣夫の引き渡しとするが（前掲注14福田論文四四頁）、史料Dにおける収取の主体は、給人ではなく葛山氏であると考えられる。

(40) 事例は異なるが、伝馬役をめぐる神山宿の相論を調停した永禄五年（一五六二）の葛山氏元朱印状（前掲注24）も、役負担を難渋する者の処罰を神山代官の武藤新左衛門尉に命じている。これが、葛山氏による公役賦課の動きと、葛山氏権力下の代官が、駿東郡に出現する初見と見て良い。口野の事例と併せて考えると、永禄期は、葛山氏の在地支配体制上、代官の職務が確立する歴史的画期であった蓋然性が高く、興味深い。

(41) 『沼中』は、後掲注42の給地と史料Aの給地を同一のものと解釈するが（四〇二頁）、両者の貫高は、各々三〇貫文および一〇貫文と相違するため、従えない。永禄一二年（一五六九）に、葛山氏に一度改替された給地が、改めて北条氏によって橋本氏に安堵された背景としては、当該期に、沼津地域における葛山氏の領域支配が衰退したために（前掲注29有光論文参照）、葛山氏元の宛行状が空手形に終わった可能性が考えられる。

(42) 元亀元年（一五七〇）六月一五日北条家印判状（「橋本文書」『沼中』四四七号）。この三〇余貫文の所付は大平である。元は植松右京亮の給分とされており、貫高も近似するため、前掲注26の給地と同一であろう。北条氏は、同月六日に、「植松右京亮給田」の改めを外記に命じている（北条家印判状「橋本文書」『沼中』四四六号）。

(43) 黒田基樹編『北条氏年表』（高志書院、二〇一三年）によると、同年には、岩付衆道祖土図書助ら多くの給人に対して、改定着到状が一斉交付されている。

(44) 「もたひ」（甕）は、水・酒を入れる容器を指す（『日本国語大辞典』）。派生的語義は不明であるが、ここでは、転じて酒席での接待を含意したものと捉えたい。なお、北条氏光支配に移行するまでの数年間、間宮氏が口野を実効支配した形跡は無く、彼の権利は、年貢取得にほぼ限定されていたと思われる。史料Fに関して言えば、年貢算用・徴収および饗応儀礼の場における給人・百姓間の接触を厳しく禁じている点が注目される。大名は、間宮氏の支配権を在地との関係において大きく制約するとともに、その請負業務を植松氏に担わせることで、両氏の自律性を共に縮減するという、二重の政治的課題を達成したと思われる。

(45) 北条氏光印判状（「植松文書」『沼中』四九二号）。

(46) 北条氏光印判状（「植松文書」『沼中』五二三号）。ここでは、口野五ヶ村に対する「国棟別」賦課に際して、植松佐渡守とその被官の屋敷五間分の棟別銭が、赦免の対象とされている。

(47) 北条氏光印判状（「植松文書」『沼中』五七七号）。

(48) 元亀二年（一五七一）北条氏光印判状（「植松文書」『沼中』四六二号）が、北条氏光発給文書の初見である。

(49) 史料Ⅰ―a、史料Ⅰ―b。

(50) 「立使」とも書く。沼津地域の戦国期文書に散見される語であり、船舶の運送に係る夫役であることが、明らかにされている（佐脇栄智「後北条氏の船方役と船役と網度役と」『後北条氏の基礎研究』吉川弘文館、一九七六年、菊地浩幸「戦国期沿海地域に関する一考察」『沼津市史研究』第一三号、二〇〇四年）。

(51) 北条氏光印判状（「植松文書」『沼中』四九一号）。ただし、ここでは、史料C―bのように五ヶ村全体ではなく、獅子浜村に限って、立物「三ヶ一」が「指引」として控除されている。

(52) 史料G、北条氏光印判状（「植松文書」『沼中』四九一号）、北条氏光印判状（「植松文書」『沼中』四九二号）。

(53) 北条家印判状（「植松文書」『沼中』四九五号、五〇八号）。同文の印判状が西浦江梨の鈴木家に伝来していることから（『沼中』四九六号、五〇七号）、これは、伊豆広域を対象とした海事政策であったと見られる。

(54) 則竹雄一「戦国期駿豆境界地域の大名権力と民衆」（『戦国大名領国の権力構造』吉川弘文館、二〇〇五年、初出一九九九年）。

(55) 北条氏光印判状（「植松文書」『沼中』五三八号）。

(56) 北条氏光印判状（「植松文書」『沼中』五八四号）。

(57) また、黒田は、植松氏の被官化が、同氏および大名の在地支配を深化させたと見た永原を批判する。被官化は、土豪および大名の在地支配に繋がるものではなく、大名の軍事政策の意義を持つものであるのに対し、土豪代官による大名の在地支配は、年貢・公事増徴の意義を持つものであるため、両者を峻別する必要があるとの理解である（黒田②論文一八〇頁）。だが、詰るところ、植松氏の被官化と代官化は共に、大名への帰属に基づく軌を一にした現象であり、それを通じて大名は、軍事・収取面での在地掌握を確実に深化させた。植松氏の被官化が大名の在地支配に繋がらなかったとの理解は、口野については実態と齟齬するのではないか。

(58)　北条家朱印状（「大湊町振興会所蔵文書」『小田原市史　史料編Ⅱ・Ⅲ』四七四号）。本史料に関し、永原慶二「小田原北条氏の兵糧米調達」（『おだわら――歴史と文化』第四号、一九九〇年）を参照。

(59)　北条家印判状（「植松文書」『沼中』五〇五号）。

(60)　「植松文書」『沼中』五一三号。銭は、史料Bで葛山氏から給恩として保障された棟別役五貫文を代官給と推定した上で、北条氏段階の代官給五貫文を棟別役の継承分であるとする（前掲注21銭論文四五頁）。しかし、前述の通り、本章では、史料Bの給恩を代官給と見る立場はとらない。また、天正年間において、（津方）年貢から控除される代官給五貫文と、棟別役の免除分「五間」（北条氏光印判状「植松文書」『沼中』五二三号）は、明確に別建てに位置付けられていることから考えて、両者の間に関係は無いと思われる。

(61)　北条氏光印判状（「植松文書」『沼中』五二〇号）。

(62)　北条氏光印判状（「植松文書」『沼中』四九三号）。また、天正五年（一五七七）の史料Hでも、獅子浜村の「ゆわしもらい」が自余の村の如く安堵されているほか、多比村の塩役取得が認められた。

(63)　一七世紀の内浦（西浦）長浜村の津元層（大川姓）は、領主への上納分を差し引いた漁獲分を漁撈関係者に分配する一方、自身も、「ゑびすもらい」・「内もらい」という得分を取得した（前掲注31渡辺論文）。

(64)　北条家朱印状（「陶山静彦氏所蔵江成文書」『戦北』九六九号）。

(65)　北条家朱印状写（「川口文書」『戦北』九三八号）。

(66)　小代官の性格については、勝守すみ子「後北条氏御領所（直轄地）の研究」（『史潮』第六九号、一九五九年）や下山治久「後北条氏の郷村支配と小代官」（『藤沢市史研究』第八号、一九七六年）のほか、近年の黒田基樹「北条領国における「小代官」と「名主」」（『戦国大名北条氏の領国支配』岩田書院、一九九五年、初出一九九三年）および黒田①論文が詳細に検討しており、本章でも参照した。

(67)　「郷村の小代官」については、銭静怡「戦国大名北条氏の西浦地域支配」（『沼津市史研究』第一八号、二〇〇九年）を参照。代官の概要に関しては、前掲注66黒田論文を参照。

(68)　前掲注11池上論文。
(69)　前掲注7永原論文、前掲注66黒田論文。
(70)　天正七年（一五七九）十二月十四日北条宗哲朱印状（「新井喜久治氏所蔵文書」『戦北』二一一九号）。
(71)　北条氏房朱印状写「武州文書所収足立郡彌五郎所蔵文書」（『戦北』三六八九号）。
(72)　小和田哲男「後北条氏領国における農民逃亡」（『後北条氏研究』吉川弘文館、一九八三年、初出一九七五年）、池上裕子「武蔵における開発とその主導者」（『戦国時代社会構造の研究』校倉書房、一九九九年、初出一九九一年）。
(73)　藤木久志「海村の退転」（池上裕子編『中近世移行期の土豪と村落』岩田書院、二〇〇五年）。
(74)　稲葉継陽「村の再開発と名主」（前掲注2稲葉著書、初出一九九七年）。
(75)　史料G、前掲注51史料、史料I、北条氏光印判状（「植松文書」『沼中』五五八号）。参考表の注②を参照。
(76)　佐脇栄智「後北条氏の税制改革について」（『後北条氏の基礎研究』吉川弘文館、一九七六年）。北条氏は、天文一九年（一五五〇）四月朔日付の虎印判状を、相模国田名郷、西浦長浜等の各郷百姓中へ下すが、そこでは、地頭が、百姓の「迷惑」に及ぶ公事を賦課した際には、「御庭」へ上訴すべきとの指示がなされている。西浦の事例に関しては、『常民』（第一五巻、八号）を参照。
(77)　ただし、地域防衛や生業経営、富の分配など、民衆の生命保護・再生産のための活動において、植松氏の力量が、中世末以前から重要な意義を果たしていた可能性は否定できないため、植松氏が、住民の利害から遊離した階級的抑圧者としての性格のみを本来的に有したとは考えない。その意味で、植松氏が一貫して「村の代表者」の側面を有した可能性を想定することも可能であろう。ただし、本章の課題は、被支配層を政治的に代表する村役人的地位が、上部権力との関係から、如何に体制化されたのかという問題の解明にあった。
(78)　これは、西浦・口野の中世文書に広く共通する特徴と言える。現存史料の概況は、黒田基樹「沼津市内浦地区所在の文書史料について」（前掲注18池上編、科研報告書）、同書所収編年史料目録を参照。
(79)　黒田②・③論文。
(80)　前掲注31渡辺論文。

附記　本章は、日本学術振興会二〇一五年度科学研究費補助金（特別研究員奨励費）による研究成果の一部である。

内容摘記	出典
「尾州へ出陣」につき、知行1000疋を宛行。	304
口野内尾高・多比両村の権益を安堵。	312
「内浦」におけるイルカ漁実施と、漁業得分の取得量の厳守を指示。	365
口野五ヶ村内の「立物」に係る権益を安堵。	367
陣夫5人を厳格に徴発すべき旨を指示。	383
「葛山一札」に従い、神山の知行ほか50貫文を安堵。	417
間宮氏に対する年貢納入の方法を指示。	427
口野五ヶ村における船改役・船改・禁漁に関する指示。	462
口野五ヶ村の「立物」に係る3箇条の掟を制定。	486
獅子浜村における「立物」の実施を指示。	491
口野五ヶ村年貢の内の5貫文を扶助。	492
口野五ヶ村の「鰯もらい」を安堵。	493
植松右京亮の着到を改定。	494
口野五ヶ村に出入りする船・人を取り締まるべき旨の法度。	495
口野五ヶ村より陣夫を徴発すべき旨を指示。	497
北条氏が差し押さえた兵粮104俵を「出置」く旨を通達。	505
北条氏が没収した兵粮104俵を与一郎に渡すべき旨を指示。	506
「駿州船」は、武田氏の船手判を持参すべき旨を指示。	508
口野五ヶ村における津方年貢の内の5貫文を、代官給として宛行。	513
植松氏の建造した新船に対して、諸役を免許。	514
獅子浜村内の5ヶ所の「鰯庭」を安堵。	520
「かつこ船」一艘に賦課される役銭を、当年より赦免。	521
植松氏被官「籾山」の負担していた船役銭を、右京助(亮)に申付ける旨を通達。	522
口野五ヶ村における棟別役の内の5貫文分を赦免。	523
百姓の詫言により、口野五ヶ村の年貢・公事減免を定める4箇条の掟を制定。	525
口野五ヶ村の津元得分の収取に関する指示。	529
獅子浜村で建造された舫艇船二艘に賦課される役銭を免許。	538
長浜城の城番に就いた梶原景宗に対して夫役1人を負担すべき旨を指示。	558
百姓の詫言により、津方年貢の3分の1を、当年より3年間に渡り赦免。	562
神山の給地および段銭の50貫文を、「本領」と称して安堵。	577
獅子浜村において、新船の建造に「走廻」るべき旨を指示。	584

参考表　「植松文書」中世分編年目録

No.	年月日	文書名	署判	宛所
1	天文19・8・20	葛山氏元印判状	(「万歳」朱印)	植松藤太郎殿
2	天文21・4・27	葛山氏元判物	氏元(花押)	植松藤太郎殿
3	(永禄6)・4・3	葛山氏元印判状	(「万歳」朱印)	獅子浜南・北百姓中
4	永禄6・7・2	葛山氏元判物	氏元(花押)	植松右京亮殿
5	(永禄9)・12・7	葛山氏元印判状	(「万歳」朱印)	五ヶ村百姓中、并両上使
6	(永禄12)・閏5・14	北条家印判状	(「虎」朱印)	植松右京亮
7	(永禄12)・9・16	北条家印判状	山角刑部左衛門尉奉之(「虎」朱印)	五ヶ村両代官、百姓中
8	(元亀2)・4・晦日	北条氏光印判状	真田奉之(「桐圭」朱印)	植松右京助殿
⑨	(元亀3)・7・23	北条氏光印判状	(「桐圭」朱印)	植松右京亮殿、 五ヶ村百姓・舟方中
⑩	(元亀3)・12・12	北条氏光印判状	菊地奉之(「桐圭」朱印)	植松右京亮殿、 獅子浜村百姓中
11	(元亀3)・12・12	北条氏光印判状	菊地奉之(「桐圭」朱印)	植松右京亮殿
12	(天正元年)・2・朔日	北条氏光印判状	二宮織部丞奉(「桐圭」朱印)	植松右京亮殿
13	(天正元年)・7・9	北条氏光着到定書	(「桐圭」朱印)	植松右京亮殿
14	(天正元年)・7・16	北条家印判状	幸田大蔵丞奉之(「虎」朱印)	四郎殿
15	(天正元年)・7・17	北条氏光印判状	(「桐圭」朱印)	植松右京亮殿
16	(天正2)・6・23	北条家印判状	清水奉之(「虎」朱印)	植松右京亮殿
17	(天正2)・7・4	北条氏光印判状	二宮奉(「桐圭」朱印)	植松右京亮殿
18	(天正2)・7・10	北条家印判状	(「虎」朱印)	四郎殿
19	(天正3)・3・2	北条氏光印判状	珍阿ミ奉(「桐圭」朱印)	植松右京亮殿
20	(天正3)・3・2	北条氏光印判状	珍阿ミ奉(「桐圭」朱印)	植松右京亮殿
21	(天正4)・卯月・10	北条氏光印判状	(「桐圭」朱印)	植松右京亮殿
22	(天正4)・卯月・10	北条氏光印判状	(「桐圭」朱印)	植松右京助殿
23	(天正4)・卯月・10	北条氏光印判状	(「桐圭」朱印)	植松右京助殿
24	(天正4)・7・4	北条氏光印判状	(「桐圭」朱印)	植松佐渡守殿
㉕	(天正4)・12・29	北条氏光印判状	(「桐圭」朱印)	五ヶ村　植松佐渡守殿、 百姓中
26	(天正5)・8・23	北条氏光印判状	菊地・真田奉(「桐圭」朱印)	植松佐渡守殿
27	(天正6)・11・23	北条氏光印判状	深沢奉(「桐圭」朱印)	—
㉘	(天正7)・12・19	北条氏光印判状	(「桐圭」朱印)	植松佐渡守殿、 五ヶ村百姓中
㉙	(天正8)・2・25	北条氏光印判状	(「桐圭」朱印)	植松佐渡守殿、百姓中
30	(天正8)・12・21	北条氏光印判状	柳下奉(「桐圭」朱印)	植松佐渡守殿
31	(天正9)・6・3	北条氏光印判状	柳下奉(「桐圭」朱印)	植松佐渡守殿

注
①出典および文書名は、全て『沼津市史　史料編　古代・中世』に拠り、「出典」項目には本書記載の史料番号のみを付した。
②植松氏および百姓中を宛所とする文書については、Noを丸で囲った。
③「桐圭」朱印が北条氏光の印判であることは、黒田基樹「北条氏堯と北条氏光――「桐圭」朱印の使用者をめぐって」(『戦国大名北条氏の領国支配』岩田書院、1995年。初出1988年)によって明らかにされており、現在の通説となっているが、本章でもこの理解に従った。

第二章　海辺の村の一七世紀
――伊豆国君沢郡長浜村を事例として

渡辺尚志

はじめに

本章は、中世・近世移行期（分析の中心は一七世紀）における漁村（海村）――具体的には伊豆国君沢郡内浦長浜村（現静岡県沼津市）――の動向について検討するものである。私は、これまで三十数年間ずっと村落史研究を続けて来たが、その対象は農村がほとんどで、漁村について立ち入った検討を行なったことはなかった。しかし、漁村には農村とは異なる固有の特質と歴史があり、したがって独自の分析が求められる。

近年では、環境史の観点から、漁村と漁業に新たな光を当てた研究成果も現れている。(1) また、長浜村に関しては、中世・近世移行期村落論を発展させる立場から、福田英一・長谷川裕子・中村只吾各氏によって重要な成果が出されている。(2) こうした成果に学びつつ、また私自身の反省もふまえて、本章では、一七世紀における漁村の変容に関して若干の分析を行ないたい。

はじめに、対象地域の概要を述べておこう。長浜村は、伊豆半島の西岸、半島の付け根に位置する内浦湾に面した漁村である。支配は幕領（三島代官所支配）、村高は正保二年（一六四五）に四三石五斗三升五合、戸数は一七世紀を通じて三〇戸前後で、ほとんどの百姓は漁業を主体にしつつ、農業などを兼営していた。

同村の漁業は、地先の海面にある五か所の漁場（これを網度場《あんどば》もしくは網度という）で行なわれた。漁業の中心は立網漁（建切網漁）で、これは定置網の一種である立網を用いて、湾内に回遊してきたイルカ・マグロ・カツオなどを囲い込んで捕獲する漁法である。立網漁は、村内の五つの網組によって行なわれた。各網組にはそれぞれ六人の網子《あんご》（漁夫）が所属し――五つの網組で合計三〇人――、役割分担しつつ協力して漁にあたった。各網組には、一艘ずつの網舟と小舟・網・綱などの漁具が付属していた。

この網組は津元《つもと》（村君）といわれる土豪層が主導した。長浜村の津元は、大川姓を名乗る大屋・北方・大上の三家（一時、大屋家の隠居兵庫家を加えて四家）に限られていた。各網組は、五か所の網度場を数日交代で廻りつつ――網組ごとの漁獲高の公平を期すため――、魚群が見えたらその時点でそれぞれの持場になっている網度場に出漁したのである。他に、釣漁や、小規模な網漁も行なわれていた。

網度場の所有権（一つの網度場の権利を二帖と数える）を持つ者は網度持《あんどもち》と呼ばれ、網度場に賦課される小物成である浮役（毎年定額）や舟・網などの維持費を負担する代わりに、漁獲物の収益権を有した――網子にも漁獲物の一部が分配された――。網度場の権利は、元来は津元が所有していたと思われるが（津元＝網度持）、その後網度場の所有権のみが得分権化（株化）し、二帖の網度が半帖や四分の一帖などと分割して譲渡・売買されるようになった。(3) 同様に、網舟の所有権も分割売買された。そのため、立網漁をめぐる権利関係・所有関係は複雑化していった。

幕府は、漁業に対して、前述した浮役の他に、立網漁が行なわれるたびに、魚の水揚げ量から一定部分を必要経費として控除した残りの三分の一を上納させた（「立物三分一」）。「立物三分一」を上納した残りを、網度持と網子で分配したのである。釣漁の場合は、漁獲量の一〇分の一を納めさせた（「釣漁十分一」）。さらに、舟にかかる舟役もあった。

以下、本章では、まず漁業をめぐる所有関係をおさえたうえで（第一節）、一七世紀の長浜村で起こった村方騒動を素材として、当該期村落構造の特質とその変容について検討する。第二節では慶安二年（一六四九）の村方騒動を、第三節では寛文期のそれを取り上げる。なお、対象時期は、一七世紀初頭から、村方騒動が一段落する寛文年間までとする。

一　漁業をめぐる所有関係

1　先行研究の概観

まず、漁業における所有の問題を扱った先行研究を概観しておこう。初めに、羽原又吉の漁場総有説を取り上げる(4)。漁場総有説では、漁場の占有利用は、古くは浦方居住民の全員によって平等に行なわれていたと考え、江戸時代以降（ときとしてそれ以前から）営利主義的個人経済がしだいに発達した結果、漁場占有利用権が特定個人、特定階層に帰属するようになったり、権利の持ち分の間に差異が生ずるようになったりすると考える。

羽原は、長浜村に関しては次のようにいう(5)。

「およそ網度株のもつ最も顕著な特徴は、それが二つの相対立する、すなわち公的な部落社会的総有財産と私的な個人的私有財産との矛盾せる二性格（要素）が肯定と否定の統一体としてその本質をなしているということである」（三一二頁）。「結局において部落にある幾つかの網度場は、「一体として全部落の共同利用の対象物」」であり（三二一頁）、「「総網度場の利用収益は各網組＝津元及び網子＝本来の全部落住民が一団として平等に享受すべきである」という部落的総有思想」（三六六頁）が存在していた。立網漁業における部落的総有性の共同所有観念の主張者は網子仲間であり、個人主義的私有財産制の思想の主張者は津元団体であった。

網度場開発の原初的形態においては、部落総有的生産機構が本質をなしていた。それが、戦国末期から徳川初期にかけては、「個人的覚醒乃至個人主義的私有財産化の半面が著しく強化され、その反面である部落的村落的共同体的要素がほとんどこれに没入されていた」（三一三頁）。ただし、「網度株が中世的要素から脱離して純粋の私有財産株の性格を発揮してくればくるほど、その対立的要素である部落的総有的の性格もまた目立ってくる」（三一九頁）。

一九世紀には、共同体的総有生活面の強力なる進出がみられたが、その一方でそれと対立する個人主義的経済生活面もいっそう発展してきた。明治維新によって、立網漁に関しては、「その物的人的生産手段の社会総有制の下に（以上部落総有の面）利用収益の分配を株式化する個人主義的自由経済（以上個人主義の面）を以て統制せんとするもの」（三七二頁）となった。「かくてこの地方の立網漁すなわち大網漁業の網度場はほとんど各浦を通じて当該部落の総有となり、一定条件の下に全漁民はすべて平等の利用収益権を獲得し得る機構となったのである。従って斯業に対する従来の私有財産的支配形態は部落総有的支配形態に飛躍したとはいえ、同時にそれは身分的独占から金力的独占への移行であったことを看過してはならない」（三七四頁）。

こうした羽原の主張を批判して、総百姓共有漁場説を唱えたのが二野瓶徳夫である。(6)二野瓶の主張は、次のようなものである。

①漁場総有説のいうごとく、古くは漁場が典型的な総有であったというのであれば、古い形態を濃厚に残している後進地域ほど、漁場総有の形態が一般的であるはずなのに、事実はその逆であり、名子主や長百姓がその漁場占有利用権を持っているのが一般である。

実際には、中世的な名主土豪層の支配力がくずれ、直接生産者の独立が広範なほど、総有説のいう総有形態に近い総百姓共有漁場の広範な展開がみられる。近世に残存した中世の名主土豪層の漁場占有利用権は、しだいに総百姓共有漁場の方向へと発展している。

総百姓共有漁場といっても、浦方居住民全員の漁場というのではなく、領主に対する年貢負担者である総百姓のものである。総百姓相互間の漁場占有利用関係も、夫役負担、正租負担の度合いに関連して、それぞれの持ち分には差がみられた。この点からも、漁場総有説には疑問がある。

②漁場の経済的価値の大小と、漁場位置の固定性の大小、換言すれば、漁場占有利用における排他独占性の大小とによって、それぞれの漁場を二区分し、それらを組み合わせることで、漁場を四種類に分類できる。すなわち、第一、経済的価値が高く、位置固定・排他独占的占有利用の必要性が高い漁場、第二、経済的価値が高く、位置固定・排他独占的占有利用の必要性が低い漁場、第三、経済的価値が低く、位置固定・排他独占的占有利用の必要性が高い漁場、第四、経済的価値が低く、位置固定・排他独占的占有利用の必要性が低い漁場、である。

③第一類型の漁場に対しては、領主・浦方ともに関心が高かった。この類型の漁場は、後進地域を例外とすれば、多くが総百姓共有漁場（村中入会漁場・総百姓入会漁場・村持漁場など）であった。第一類型の漁場においては、幕藩体制のもとで、広範な直接生産者層が独立し、それが領主支配の基礎となるにおよび、その占有利用権が総百姓共有の方向へと発展した。総百姓共有漁場は広範な直接生産者（本百姓）の独立を支配の基礎とした幕藩体制のもとで成立し、一般化しえたものである。

④総百姓共有漁場には、大別して三つの形態がみられる。第一形態は、その漁場の占有利用権が百姓株と結合し、一人前の百姓、すなわち加子役などの夫役負担を一人前にしている百姓は、すべて平等の占有利用権を分有するかたちである。第二形態は、漁場の占有利用権がそれぞれの百姓の持高と結合し、それぞれの持高に応じ、それに比例した漁場占有利用権を総百姓の間で分有するものである。第三の形態は、総百姓共有漁場の占有利用権が個々の百姓に明確に分有されておらず、その占有利用権を村で持つ形態である。

⑤漁場は山野の場合よりも私的な占有利用権がはるかに生まれにくいものである。その原因は、生産の場である漁場が移動回遊する魚介類を捕獲する不安定な、分割しにくい水域であり、さらにそこでの生産過程において、共同管理・共同労働・共同経営などを不可欠とする面が少なくなかったから、漁場の占有利用関係には共同の規制が強く持ち込まれざるをえなかったためである。したがって、本百姓層で共有する漁場占有利用権についても、本百姓相互間の関係では持ち分の分化以上に出ないし、持ち分の売買も自由ではなく、村内の売買のみに限られ、村外にわたることは禁じられているのが一般であった。

⑥漁場の占有利用権は漁業調整上の必要から、一般に耕地や山林も領主から安堵されているという以上に領主の関与を受け、許可を受けなければならない余地をもっていた。しかし普通の場合には、漁場の占有利用権

は無年限に漁民に安堵されていたが、後進地域においては、実際に漁場の占有利用権を、領主が漁民から奪取したり、あるいは、それの直接把握を強化したりする場合もあった。

⑦漁業生産発展にともなう漁民層の階層分化によって、本百姓層は、漁場占有利用権の持ち分が大きく、土地所有も大きい少数の上層と、漁場占有利用権の持ち分も土地所有もともに小さい多数の中下層に分かれた。さらにその下には、転落した本百姓、新しい分家などによって水呑層が形成された。

⑧長浜村では、文禄検地において多数の直接生産者の独立がみられたにもかかわらず、大網漁場の占有利用権は、近世においては総百姓の共有とはならず、総百姓共有漁場が実現したのは明治一〇年代のことであった。

以上のような内容をもつ総百姓共有漁場説は長い間大きな影響力を発揮したが、その後以下にあげる三つの方向から新たな研究が進展している。

第一は、定兼学に代表される、村の漁場所持機能を重視する説である。[7] 定兼は、次のようにいう。

①漁場総有説と総百姓共有漁場説の二者択一ではなく、漁場は幕藩領主の海上領有が漁村や漁民に分有されているのであり、漁民―村―領主の漁場に関与する諸権利の重層性としてみていかねばならない（「重層的分有の論理」）。[8] 海の所有は、幕藩領主による漁村支配構造のあり方（上からの編成）と、諸漁村における漁業生産構造の実態（下からの編成）に規定されている。

②村と村連合には漁場所持機能があり、個々の漁民の漁業株による操業権の行使は、村の漁場所持を前提としている。国境相論などによって、漁場所持機能が単独の村で保持できない事態になったときには、村連合で漁場の確保に努めている。村連合内部において、各村間や漁民間の漁場利用に階層性があっても、外部からの侵入に

対しては村々が連合して対処している。ここから、日常から潜在的に村連合の漁場所持機能下に各村の漁場所持機能が存在したことがわかる。

③村の漁場は、単に漁民だけでなく、それ以外も含み、村の構成員全体にとっての漁場であった。近世中後期には、村の漁場所持機能がより強固になるとともに、村構成員の漁場所持機能も強固になっていった。

片岡智は、土地と地先海面との一体化、および海村による地先海面領有（「村抱え」）を重視し、地先海面は土地の延長と観念され、その土地に関係する限り、村に地先海面用益権があると考えられていた、と述べている。(9)

また、渡部聡一は、備中国小田郡真鍋島を対象として、①漁業税の負担によって漁場を与えられていた主体は漁民個人ではなく村であり、村が漁場を所持していたこと、②漁業を担う網仲間は「村中」の内部組織として、村の指導層でもある網元によって構成されていたが、網仲間と村とは一体性を有していたこと、を明らかにしている。(10)

第二の新潮流は、後藤雅知の説である。(11)後藤は、二野瓶徳夫と定兼学の説を次のように批判する。「二野瓶氏は個別研究が少ない段階で、研究が比較的進んでいた漁業先進地域（総百姓共有漁場・村中入会漁場が成立した地域）の事例を基軸に、全国的体系を打ち出したため、多くの地域が漁業後進地域としてこの議論から切り捨てられた。またその分析視角が、漁場の利用関係は「耕地を中心として形成されてきた社会経済的諸関係を反映させていた」ことを前提としたため、漁場利用が村内の土地所持関係と密接に結びつかない事例を、積極的に議論の中に位置づけることが不可能であった」（三―四頁）。(12)

また、定兼の説は、「村という枠組には注目するが、基本的に村落内部の分析が十分なされていない」。「いわゆる漁村においては、共同所有、あるいは個別所有の対象が漁場に限定されえない点に特質があるのではなかろうか。労働対象である漁場が個別所持の対象になりにくい代わりに、生産手段である網や船に所有が対象化されるのではないか。すなわち定兼氏の議論だけでは、漁村の構造的特質を明らかにするには不十分であり、改めて個別漁民の所有関係を組み込んだ上で、村の漁場所持機能を明らかにする必要がある」（以上、六頁）。

そのうえで、次のように主張する。「本来個々の漁業権は、村の漁場という大枠の中に個別的に設定されたものであった。すなわち外枠＝村漁場の範囲は存在しても、その中に初めから何らかのまとまった漁業権が存在したのではなく、利用の態様が異なる様々な用益の事実が海面を埋めつくすことで、村の漁業権は重畳的に形成され、内実を整えていったのである。したがって村の漁場利用関係を明らかにするには、村に漁場所持機能があるということを明らかにしただけでは不十分であり、個々の用益の形成過程を分析していく必要がある」（二四頁）。「実際の操業や漁業権は村の漁業権に立脚しながらも、網種・魚種に応じてその内部に個別的に存在したのである。もろちんこれらは村の漁業権から遊離しておらず、その一部を構成した。いわば村の漁業権であり、かつ個々の網・魚種に応じた漁業権であった」。「近世の漁場は村の共同所有であっても、実際の漁業権は各種の運上金・役金賦課に対応して、その漁場内部に個々に設定され細分化された点が特徴であり、また個々人の所有は、こうした漁業権を実現する個々の網（網として把握できない場合は船）株に対象化されたのである」（以上、一四五頁）[13]。

このように、後藤は、網株・船株の所有を重視しているのである。

第三の新潮流として、中村只吾の研究がある[14]。中村は、長浜村を事例に次のように述べている。

①諸株に対象化された所有の構成要素は、空間の所有（経済的側面）と技術・労働力の所有（管轄・把握）に分割可能であるとともに、両者が相俟った際に漁業権の実現（漁業操業）となる。その際、両者が同一人格に

属している必要はない。②前者は（浦請負人も含めた）村外の者による介入余地を生み出していた。③その反面で、後者は日常的・実際的な操業経験や家格・由緒による帰属意識の固定性が強固であり、村内の者を規定するのみならず、村外の者の介入や新規漁業の流入・展開などをも規定していたことが、村内秩序の不変化の側面の基となっていた（二六〜二七頁）。

技術・労働力の所有（管轄・把握）とは、津元の場合、網組・網子といった組織・人員の指揮・統率や維持のことであり、一方、網子は自身が技術・労働力として津元による管轄・把握の対象であるとともに、自身が技術・労働力の所有者でもあった。

一八世紀の長浜村では、「経済的側面では秩序の大幅な変動可能性の余地が存在した反面、技術・労働力の所有の根幹部分は容易には揺るがなかった。生業における所有の局面で、経済面での流動性と、技術・労働面での一定度の実質および由緒・家格にもとづく認識レベルでの固定性との乖離が明確化し並立、両者が拮抗した状態にあった」（二六頁）。

こうした中村の説は、空間の所有（経済的側面）に加えて、技術・労働力の所有（管轄・把握）をも重視しているところに特徴がある。

ここまで、諸氏の説を概観してきた。以下では、一七世紀の長浜村に対象を絞って、漁村における所有関係の具体相をみていきたい。

2　一七世紀の長浜村における所有関係

長浜村の漁業をめぐる所有関係を論じるにあたって、まず村の前海は村の領域だと観念されていたことを確認しておきたい。これについては、次のような事例がある（二九三）[15]。

史料1

乍恐御訴訟申上候事

一今度　御城様御肴被仰付候ニ付鯛之ゑさ引ニ去ル十五日ニ久連村前へ参候へハかます見へ申ニ付引申候へハ海士船壱艘引少残リ申候を沖ニ而鱠ニ可仕と存、拙者乗申船ニ入申候、右壱艘引上ケ申かます久連村仁右衛門彦左衛門と申者両人之指図ニ而舟共ニ大分之人数ニ而久連村浜へ引上ケ舟中ニ壱本も不残、郷中之者一身《（一味）》仕、ばい取ニ仕候、剰加子《（水夫）》之ものを散ゝニちやうちやく仕候故、則久連村名主年寄衆へ断仕候、内浦之義ハ重寺ゟ木負迄之御役下之海ニ而引候へ而も手間をひき残所ニ而三ヶ一網戸代其村ゝへ出し申候、此外御役之無之候海ニ而ハ引申ゆ□《（わ）》し之多少ニより郷もらいを出し申候、是又拙者村斗にて無之候、重寺小海之衆も其れい《（例）》被存候、此度之義ハいかん共断もなくむたい《（無体）》ニ皆ゝばい取仕候、舟之義ハ三津村才兵衛多比村次郎左衛門木負村五左衛門と申者、居合もらい候而帰し申候、則舟共ニ相渡し可申と存候へ共長濱村ニ今程舟も無之、御肴当り申ニ付走廻り可申舟無之候まゝ御肴大切ニ存、先之舟ハ請取申候、右之かます舟壱艘ニ而御座候、かそへ不申候故、魚数ハしれ不申候、大形七八両分も可有御座と存候、御意を以、右之かます相返シ申様ニ被仰付可被下候、左候ハヽ、御役下之ことくニ網戸代ニ成共又ハ前ゝ之ことく郷もらいニ成共御意奉守候、か様ニかます引上ケ申事、十年ニも弐拾年ニもまれ成事ニ御座候所ニ少も不残久

連村へとられ何共迷惑申候、彼仁右衛門彦左衛門御召出し被仰付可被下候
右之通、御尋之上、乍恐口上ニ而可申上候、以上
寛文九年
酉ノ九月
長濱村
権三郎（印）
御代官様

史料1では、寛文九年（一六六九）九月に、長浜村の権三郎（津元、北方家）が、代官に次のように訴えている。権三郎が久連村の前の海に漁に行くと、カマスの群れが見えたので、海士船一艘に引き上げた。その残りのカマスを沖で鱠にしようと思い、権三郎の乗っていた船に積んだ。すると、久連村の者たちが、海士船に積んだカマスを無法に奪い取った。久連村の行為は前例のないものであり、カマスを返すよう命じてほしい、と。

そして、権三郎は、当地の漁業慣行について次のように説明している。内浦では、重寺村から木負村までの「御役下之海」（立物三分一役を負担する網度場）で、他村の者が網を引いたときは、「手間」を引いた残りの三分の一を「網度代」（網度の使用料）として、漁場を領有する村に渡してきた。それ以外の「御役」のない海で他村の者が網を引いたときは、漁獲した鰯の多少により、漁場を領有する村に対して「郷もらい」を出してきた。こうした慣例は、長浜村のみならず、重寺・小海両村の者も知っている。

以上の権三郎の主張から、海には村ごとの領海があり、その中に各村の網度場があることと、他村の領海内で操業することはできるが、その際には海を領有する村に一定の使用料を支払う必要があったことがわかる。この

ことは、他の史料からも裏付けられる（三二一、三二二）。また、史料1からは、漁の時には、津元も船に乗り組んで指揮を執っていることもわかる。

次に、津元と網度持の権利についてみていこう。

史料2（一六九）

相定申証文之事

金合拾弐両三分　　但江戸小判也

右之通り請取申所実正也、此代ニ法舟方網戸半状、卯之七月ゟ辰七月晦日迄拾三年之年記（季）に相定、金子請取申候、右之日限参候者金子拾弐両三分済可申候間、無相違網戸御返シ可被成候

一浮役舟役半状分、貴様可被成候

一網同舟四ツ壱ツ万入目同前ニ可被成候

一網引あミつな彼是入め半状分

一津本ハ忠左衛門殿と我等と弐人ニ而仕候、我等津本ハ此度渡り申筈ニ候へ共忠左衛門殿八兵衛殿御肝煎を以、年記之内、我等預り申候、若右之網戸辰七月請出し不申候者網度永代ニ其方へ渡シ可申候、津本之義も相添渡し可申候、其内ハ引あみほし引ことり舟其外才覚致申分ハ我等可仕候

一津本ニ鮪まくろ瀬長鰓鰹（さばカ）しふわ鮏小鮏茶袋、御代官衆御もらいの分も貴様御買可被成候、我等ハ壱本成共買申間敷候、たとへ御国替御代官替り如何様之義出来申候共此定之ことく少も違乱申間敷候、為後日証人を立手形進候、仍如件

慶安四年
卯之七月廿七日

長濱村本人
惣右衛門（印）
同所証人
忠左衛門（印）
三津村同
八兵衛（印）

三津村
茂右衛門殿
まいる

史料2では、慶安四年（一六五一）七月二十七日に、津元兼網度持の惣右衛門（隠居兵庫家）が三津村茂右衛門に、「法舟（法船）方（網度場の名称）網戸（度）半状（帖）」を一三年季で質入れして、一二両三分を借用しているが、その際の借用条件は以下の通りであった。①「浮役舟役半状分」は茂右衛門が務める。②「網同舟四ツ壱ツ万入目」も茂右衛門が務める。③「網引あミつな彼是入め半状分」も茂右衛門が務める。④津元は、惣右衛門と忠左衛門（北方家）が務める。津元も今回茂右衛門の手に渡るはずのところ、惣右衛門が預かる。年季明けに請け戻せなければ、網度に津元も添えて永代に茂右衛門に渡す。

ここから、①網度持と津元の権利は別であること、②茂右衛門は三津村の魚商人であり、津元は他村の者でもなれること、③一つの網度場に複数の津元がいる場合もあること、④通例は、網度の売買の際に、津元の収益権も付属して売買されていること、⑤網度・舟・網・綱の権利がセットになって質入れされていること、がわかる。こうしたありようは、他の史料からも確認できる。ただし、この場合は、惣右衛門が継続して津元を預かっている。史料1でみたように、津元は漁業の指揮者であるから、津元の得分は他村の者に渡しても、実際の漁業の指揮は長浜村の津元家の者が執る必要がある。ここでは、惣右衛門が津元を預かることによってこの問題は解決されたが、さもなければ忠左衛門が指揮を執ったのであろう。

承応三年（一六五四）一月二十一日には、長浜村惣左衛門（隠居兵庫家）から同村大（大川）惣兵衛（大屋家）に「此度我等身上つぶし申候ニ付預ケ置申津本之事」と題する文書が出されている。

史料3（二一九）

此度我等身上つぶし申候ニ付預ケ置申津本之事

一長澤方ゑびすもらい内もらい之事
一法舟方半分之戎内もらい之事
一村子もらい之事
一とも（艫）の魚之事
一おかあみおきは貴様の置候時ハ四ヶ一積にて可被下候、余人ノ者置申候時者三ヶ一に御取候て可給候事
右之分貴様色〻御斟酌ニ候得共拙者身上つぶし申ニ付外ニ可頼入方無御座候故、様〻申頼入預ケ置申候所実正也、但右之内半分ハ貴様戻買代に可被成候、残ル半分ハ我等方へ可被下候、但引網之儀ハ如前〻定り之通り網度半帖ニ付四端つゝ岩つなはない縄共ニ三津茂左衛門彌左衛門七郎左衛門ゟ御請取可被成候幷ニ万事御三ヶ一魚之儀ハ貴様御賄被成　御公儀様へ御勘定御つとめ候て可被下候、か様ニ申定候上ハ横合ゟ少も出入申者御座有間布（敷）候、若何角と申者御座候者我等罷出申分可仕候、為後日仍如件

長濱村
惣左衛門（印）

承応三年
午ノ正月廿一日
同村
大惣兵衛殿
まいる

史料3は、津元の惣左衛門が潰れになり、従来所有していた津元の権利を、同じ津元の惣兵衛に預けた際の証文であり、預けられた津元の権利の具体的内容が記されている。そこでは、①「長澤方（網度場の名称）ゑびすもらい・内もらい」、②「法舟方半分之戎・内もらい」、③「村子もらい」、④「とも（艫）の魚」、⑤「おかあみおきは（岡網置き場）」、の権利を惣兵衛に預けることなどが定められている。また、惣左衛門は、以後も収益の一部を惣兵衛から受け取ることになっている。

この史料から、①津元には、さまざまな名目による得分があること、②「法舟方半分之戎・内もらい」とあるように、得分は分割・譲渡されうるものであること、③津元の権利のうちには、「おかあみおきは」のような、陸上の土地の権利も含まれること、④津元は網度持（三津村茂左衛門・弥左衛門・七郎左衛門）から網・綱・縄などの諸道具（代）を受け取っていること、などがわかる。

また、寛文九年（一六六九）七月二日には、三津村の伝左衛門が、幕府代官に次のように訴えている。(16) 長浜村三人衆方の網度二帖のうち半帖分を、伝左衛門が先祖の代より所持し、浮役米や「網綱之入目」も負担してきた。ところが、長浜村の平左衛門（大上家）が三人衆方で獲れた魚を不当に渡さない。伝左衛門は網度二帖のうち半帖を持っているので（網舟は持っていない）、立網漁の四度に一度は自分が津元を務められるよう命じてほしい。また、獲れた魚の分配に関して、平左衛門は「網戸組合」の伝左衛門に知らせない、と。

ここから、得分の分配が津元の重要な仕事であり、伝左衛門は魚の分配に関与するために津元になることを望んだことがわかる。網度持の得分は、津元を通じて渡されたのであり、そこに津元の職務の重要性があった。そして、漁獲物の分配ならば、他村の網度持でも務めることが可能であった。また、網度と網舟の権利はそれぞれ独立して移動したこともわかる。

さらに、次の史料をみよう。

史料4（三〇〇）

乍恐書付を以御訴訟申上候事

一三津村徳兵衛と申者ニ数年立魚之売仕申ニ付毎年無心申候、立物近年無御座候ニ付わづかの本金ニ利足積り弐拾両余ニ罷成申ニ付普代之長吉と申男壱人幷ニ代〻仕拝（支配）仕竹やぶ壱ヶ所相添、残所ニ二又方と申網戸半状、金拾四両弐分ニ去ル卯年相渡シ申候、彼網戸之浮役旧冬相済候へ由、申候へハ駿州領之内多比村七郎兵衛と申人ニ網戸売候間、七郎兵衛方ゟ浮役金取候へと徳兵衛子庄右衛門と申者申ニ付他領へ売候ハヽ幸本網戸主ニ候間、本金ニ而貰可申由、両度迄断仕候へ共合点不申ニ付三津村市郎左衛門三左衛門五兵衛六左衛門長濱村四郎左衛門頼入さま〲侘言仕候へ共網戸返し不申候、彼七郎兵衛方へハ金拾両ニ相渡し申候所を拙者ハ拾四両弐分ニもらい候へ共一円合点不申候　大殿様御入部被遊候砌ゟ田畑網戸山林其外何様之売買仕候共其村名主年寄五人組加判無御座候而売買堅無用之由、被為仰付候へ共彼庄右衛門我かまゝ者ニて御仕置をも用不申候、我等義ハ本網戸主幷ニ長濱村之網戸と申、殊ニ名主之事ニ候へ共一言之断もなく他領へ売申候、其上金子をまし候て請申所ニ何かと我かまゝ申候、拙者義御入国以来之百姓ニて御座候へ共右申上ル通り身代不罷成網戸売申候、長濱村之義ハ田畑多ク無御座候故、網戸持之義ハ田地大分ニ持申百姓と同意ニ御座候、網戸持不申候へハかつめい（渇命）ニ及申ニ付よし見共たすけを仕、網戸請申、如前ゝ百姓きんじ申様と仕候間、御慈悲ニ彼網戸請返し百姓つとめ申様ニ　御下知被遊被下候ハヽ、有難奉存候事

一右申上候我等普代之男年季ニ庄右衛門所ニ置申候、彼男何方へおいうしない（逐失）申候か又ハうちころし（打殺）申候か其ゆくゑ無御座候ニ付其節三津村両名主衆へ断申し候、就其此度申上候、乍恐御尋可被下候事

一我等代ゝ持申竹やぶ、二又と申所ニ御座候、身代不罷成候ニ付徳兵衛ニとられ申候、年ゝ庄右衛門三両四両づゝ竹伐候て売申候、去年も当春も大分ニ売申候へ共終ニ壱度も断不仕候、御仕置状ニも百姓居ぐねの竹木成共伐つかい申候共御手代様へ申上、其村之名主年寄へ断可申由、被為仰付候へ共庄右衛門我かまゝ者ニて終ニ壱度も断不申候間、舟積之立合も不仕、請帳ニも判形致不申候、定而御十分一をも指上申間敷候、加様之我かまゝ者ニて御座候故、内浦れき〳〵衆を頼入断仕候へ共承引不申候、彼庄右衛門御召出し御尋可被下候事

右之条ゝ御尋之上、乍恐口上を以可申上候、以上

寛文拾年
戌之六月　　長濱村
権三郎

御代官様

史料4は、寛文十年六月の、長浜村権三郎から代官への訴状であるが、そこには次のようにある。

権三郎は、三津村徳兵衛に立魚（立網漁で漁獲した魚）を売り、代わりに融資を受けていた。近年は立魚がなく、借金の利息がかさんだため、寛文三年に二又方網度半帖・二又にある竹藪、および譜代の長吉を徳兵衛に売った（以後、浮役は徳兵衛が負担）。ところが、寛文七年に、徳兵衛の子庄右衛門が駿河国多比村の七郎兵衛に、網度を売ってしまった。そこで、権三郎は自分が「本網戸主」なので、元金で自分が請け戻したいと言ったが、庄右衛門は承知しなかった。三津村市郎左衛門他三名・長浜村四郎左衛門に仲介に入ってもらって、庄右衛門と交渉したが網度は返してもらえなかった。

徳川氏の関東入部以来、網度の売買の際は、田畑や山林と同様、証文にその村の名主・年寄・五人組の加判が必要な決まりである。権三郎は「本網戸主」で、かつ長浜村の名主であり、網度は長浜村の網度であるにもかかわらず、庄右衛門は無断で網度を他領（多比村は幕府領だが、駿河代官所の管轄）の者に売ってしまった（ただし、寛文七年の売渡証文には長浜村四郎左衛門が連署しており（二八二）、無断で売ったという権三郎の主張は事実に反している）。

長浜村は耕地が少ないので、網度持は「田地大分ニ持申百姓と同意」である。よって、網度を持たなければ暮らしが成り立たないので、網度を請け戻して以前のように百姓としての務めを果たしたい。そこで、庄右衛門に、請戻しに応じるよう命じてほしい。

この史料から、権三郎は、網度を田地になぞらえて捉えていることがわかる。また、権三郎は、「本網戸主」に優先的な請戻し権があり、さらに村の網度は村人が所有すべきで、その移動には村役人の許可が必要であると考えていた。網度の権利が株化して、分割売買・譲渡の対象となったもとでも、元の所有者の発言権は所有権の移転後も一定程度存続すると考えられていたのである。しかし、これは他村の者（三津村庄右衛門）には通用しない場合もあったこともおさえておく必要がある。

寛文十年十二月、三津村里兵衛が、名主・証人加判のもと、三津村伝左衛門に、「金指方網戸四分一　但津本網船四分一壱まき」を永代売している。そこでは、「網戸之義ハ地山と相替り立魚不定物ニ御座候」（だから、今後の収益は予想できないが、どうなろうと異議は唱えない）とある（三〇二。なお三〇三をも参照）。漁業は農業以上に毎年の収穫の変動幅が大きく、かつ豊凶が予測しにくかった。そのため、漁業専業ではなく、若干でも耕地を所持し、農業経営を行なうことが必要であった（注3をも参照）。

二　慶安二年の村方騒動

本節では、慶安二年（一六四九）の村方騒動について検討する。

正保四年（一六四七）に、三島代官所では、長浜村の四人の年寄たちが輪番で名主を務めるよう言い渡した。この四人とは、惣兵衛（大屋家）・平左衛門（大上家）・惣右衛門（隠居兵庫家）・忠左衛門（北方家）のことであり、彼らは津元でもあった。

その二年後の慶安二年に、惣百姓と年寄衆との間で争論が起こった。同年十月十五日に、惣百姓側から代官に次のような訴状が出された。

史料5（一五三）

（端裏書）「郷中上目安」

乍恐御訴訟状ニて申上候事

一三年以前ニ伊藤權右衞門様、村〻四人之年寄衆ニ名主番持ニ被仰付候所ニ子（慶安元年）ノ極月廿五日ニ名主之儀百姓方へ打付被申候ニ付而三津喜兵衞様へ夜中をかきりなく色〻御わひ事仕候へ共彼四人之年寄衆少も合点無御座候間、無是非名主之儀、百姓かゝい置申候事

一浜塩鯛納申候故、御慈非（悲）ニ諸役御ゆるし被成候、彼四人之年寄衆、網度大分ニ抱置、浜塩鯛ニハ少もかまひ無御座候故、百姓費ニ罷成迷惑仕候間、彼四人之衆へも、とも〳〵ニ情（精）を入、浜塩鯛之儀納申候様ニ被仰付可被下候事

一名主給之儀、少分ニ見へ申候ハ百姓計之出石ニて十分一ニ御座候間、少分ニ見へ申候、高半分程四人年寄衆ニ御座候、百姓なみ出石ニて十分一出し候ハヽ、給之儀も大分ニ見え可申候、彼四人衆へ番持ニ被致候様ニ御申付可被下候、是非名主之儀いやニて御座候者百姓なみニ名主給被出候者百姓中間ニて名主やとい可申候、委細之儀御尋之時、口上ニて可申上候、以上

慶安二年
丑十月十五日

藤右衞門
九郎左衞門
作右衞門
惣三郎
とい（土肥）のまかない
七右衞門
九郎右衞門
忠右衞門
惣百姓
善右衞門
五郎左衞門

御代官様

（裏書）「御うら判有」

史料5の要点は、以下の通りである。

①慶安元年十二月二十五日に、年寄衆が名主役を百姓方へ「打付」けてきた。そこで仕方なく、名主役は「百姓か丶い置」くことになった。

②長浜村は、浜塩鯛（漁業に対する賦課の一つで、鯛の塩漬けを幕府に納めるもの）の上納と引き換えに「諸役」（耕地にかかる高役）を免除されてきた。ところが、年寄衆は多くの網度を抱えているにもかかわらず、浜塩鯛は少しも上納しないので、百姓の負担が多くなり困っている。よって、年寄衆へも浜塩鯛の上納を命じてほしい。

③名主給は、百姓だけが負担しているので、少ないようにみえる（百姓持高の一〇分の一が名主給となっている）。しかし、村高の半分ほどは年寄たちが持っており、彼らが百姓並みに持高の一〇分の一を出せば、名主給も高額になる。

④四人の年寄衆に、輪番で名主を務めるよう命じてほしい。それがいやなら、百姓並みに年寄も名主給を負担してほしい。そうすれば、「百姓中間」で名主を雇う。[17]

これに対して、同年十月十八日に、年寄衆から代官に次のような返答書が出された。

史料6（一五四）

（端裏書）「四人年寄返答」

乍恐返答書を以申上候事

一長濱村名主之儀、四人之年寄共、番持ニ仕候へよし（由）伊藤権右衛門様被仰付候と申上候、就其両三ヶ年平左衛門惣兵衛弐人ニて賄仕候へ共権右衛門様被仰付候時分、忠左衛門煩候て罷有候故、其後去年八月権右衛門様三津村へ御越時分、忠左衛門御訴訟申上候、名主給之儀、御入国此かた六表（俵）余ニて仕候処ニ只今三表程ニて仕候へと申ニ付迷惑に存候て権右衛門様へ名主御免被下候へと申上候へハ其通りニも仕候へと御意ニ御座候へとも其時分権右衛門様御意を郷中之者不承候故、忠左衛門申様ニ重而権右衛門様御着迄ハ御賄可仕と申候へハ此度御目安指上申候者共申様ニ我等中間ニて名主可致候間、其方頼不申候と申、名主うはい取申候て無理に打付申候と只今偽り申上候事

一御肴被御召上候故、長濱村小役御免被下候所ニ年寄共ハ御肴不仕候由申上候、只今俄不仕候ニハ無御座候、御役御免不被成候時も四人の年寄ハ万事小役不仕候、殊ニ網子之儀者先年ゟ我等共かゝい之舟方ニ御座候ニ付拙者共下知仕、前ゝ魚とらせ指上申候、其上四人之年寄之儀者　御公儀様万事御用等壱通仕候、幷ニ郷中ニ自然之六ヶ敷なと御座候時も四人之者罷出、御訴訟なと申儀も御座候へハ三島町其外何方ニ成共逗留仕候へハ言（殊）外雑用なとも御座候へ共今迄郷中へ代物壱銭成共かけ不申候、就其拙者共手前小役之分ハ不仕候処ニ年寄共こもう（虚妄カ）仕候様ニ申上候事

一四人年寄之儀者前ゝ名主給ニ不限万事之小役ハ不仕候処ニ只今四人の者共ニも小役をかけ年寄も網子も高下もなく何角一円ニ仕、前ゝゟ乗組候立物舟をもはなれ（離）、わかまゝニ可罷有覚悟ニ御座候、幷ニ四人年寄網戸大分ニ抱申由申上候、長濱五ヶ所之立物場之儀者　御入国以前ゟ我等共抱申候、其時分ハ御肴ニて御役つとめ申候、其以後　備前様御仕置之時分ゟ米百廿六表余ニ御積り海役被仰付候、立物少も無御座候年も定納ニ指上申候、則　御指紙ニも毎年御書付被下候処ニ不思（マヽ）之事を申上候事

右之趣御尋之上乍恐口上を以可申上候、仍如件
慶安弐年丑ノ十月十八日
長濱村
忠左衛門
平左衛門
惣右衛門
惣兵衛
御代官様

右ハ伊奈兵蔵様へ上け申候留也

史料6の要点は、以下の通りである。

①慶安元年八月、名主忠左衛門は代官手代伊藤権右衛門に、「従来六俵余だった名主給が、百姓たちの要求により三俵ほどに減らされては迷惑なので、名主を辞めさせてほしい」と願い出た。伊藤権右衛門はこの願いを認めたが、百姓たちが承知しなかった。そこで、しばらくは忠左衛門が続けて名主を務めることにしたところ、百姓たちが自分たちで名主を務めると言って、名主役を奪い取った。

②小役（耕地にかかる高役・入用）御免以前から、年寄衆は名主給をはじめすべての小役や浜塩鯛役を務めてこなかった。しかし、年寄衆は網子を指揮して漁業を行ない漁獲物を上納しているし、毎年定納の「海役」（浮役）米一二六俵余も納めている。また、「御公儀様万事御用」も務めている。さらに、村内や近村との訴訟の際には、年寄衆が三島（代官所所在地）・江戸などに出かけていき、その際の逗留費用などは自己負担で事

に当たっている。

③百姓たちは、年寄衆にも小役をかけ、年寄・網子を対等に扱い、前々より乗り組んできた立物舟（網舟）を離れ、自分勝手に行動しようとしている。(18)

この争論に対する代官の裁定は「名主も年寄も前々之通リニ仕候へ」（名主は年寄衆が務める、名主給・浜塩鯛についてもこれまで通り。一六〇・一六三）というものであった。年寄衆の勝訴である。しかし、「あんこ共」（「舟方共」）は名主役をすぐには年寄衆に渡さなかった。また、津元（年寄）側の言い分では、網子の九郎右衛門は四人の津元の所に出入りもせず、他の網子たちもいろいろ勝手なことをしているという（一六〇）。

この争論の結末は、次の史料に示されている。

史料7（一六四）

（端裏書）「年寄四人ニ而上ケ申手形之留」

一長濱村之儀ハ御入国このかた田方なミの高役被仰付候、此御役之儀ハ小百姓計ニて仕候、四人之年寄之儀ハ前ゝ小役不仕候、万事　御公儀役郷中六ヶ敷近郷出入、彼是御座候時も三嶋江戸其外方ゝへ参候而も年寄中間計ニて雑用遣道仕候、小百姓中間へハ壱銭成共かけ不申候、但小林彦五郎様御代官所之時分ゟ浜塩鯛被御召上候ニ付而右之高役御免被下候ニ付浜塩鯛も年寄ハ不仕候所ニ去年秋中　殿様三津村へ御着之時分、御訴訟申上候、其ニ付而四人之年寄返答書仕、右之通り申上、御対決請申候へハ前ゝ之通リニ名主も年寄も仕候へと被仰付候、仍如件

慶安三年
　寅十一月十六日
先名主
　忠左衛門
年寄
　惣兵衛
　平左衛門
　惣右衛門
伊藤權右衛門様

結局、史料7のように、慶安三年十一月十六日には、代官の裁定を惣百姓・年寄衆双方が確認している（一六三をも参照）。名主・年寄は津元四家が務め、彼らは浜塩鯛の負担を免除されることとなったのである。なお、浜塩鯛の負担の代償として、田畑基準の高役（小役）が免除されている点も注目される。より漁村の特性に即した負担構造になったのである。

しかし、その後、同年十二月八日には、重寺村六左衛門を証人に立てて、惣百姓（百姓中）・年寄衆が次のような取り決めを行なっている。

史料8（一六五）

此度村中出入ニ付御代官様我等共を江戸へ被御召連候故、重寺六左衛門殿江戸まて御下り御肝煎ニ而名主給之儀者先年者米六俵余小百姓計ニて出し候へ共百姓くたひれ申候間、四表ニ相定、名主番之高を引、相残高辻ニ而名主給仕候筈に相定申候、幷　御公儀様へ上り申浜塩鯛之義も名主番之時者御引候て残村中ニて調申候筈ニ相定候、万事遣道之義者余村なミニ我等共中間ニて可仕候、名主之儀者壱年つゝ四人ニて番替りニ被成可被下候、ヶ様ニ相定候故ハ重而申分無御座候、為後日証文進候、仍如件

慶安三年
　　寅十二月八日
　　　　　　　　　　　　　　長濱村
　　　　　　　　　　　　　　　惣百姓
　　　　　　　　　　　　　　　　善右衛門
　　　　　　　　　　　　　同
　　　　　　　　　　　　　　　　七右衛門
　　　　　　　　　　　　　重寺村証人
　　　　　　　　　　　　　　　　六左衛門
忠左衛門殿
惣兵衛殿
平左衛門殿
惣右衛門殿

史料8にあるように、惣百姓（百姓中）・年寄衆は、①名主給を六俵余から四俵に減額し、名主以外の年寄も持高に応じて負担すること、②浜塩鯛も、名主を除く村中で上納すること、③「万事遣道」（訴訟費用などの村入用）は他村に準じて百姓たちが負担すること、④名主は、年寄四人が年番で務めること、を確認し（一六六をも参照）、代官所もこれを承認した。

以上が争論の経過であるが、これについての先行研究の評価をみてみよう。

まず、大石慎三郎は次のように評価している。(19)

①百姓たちが村落を身分的に平等者の集団としているのに対し、年寄たちは村落を身分関係を内包し、その身分によって秩序付けられる非平等者の集団としており、両者の見解は対立している。
②百姓側が村内問題はあくまで村内問題だとするのに対し、年寄側は年貢納入を根拠に権力との一体性を強調することによって、自己の立場を強めようとしている。
③網子たちの成長の背景には、新しい土地の開墾と、立網漁から独立した小規模漁業の開拓がある。
④最終的には、百姓側の要求がほとんど全部通っている。

次に、荒居英次は以下のように主張している。[20]

①名主給・浜塩鯛役免除などの特権は中世的な特権ではなく、こうしたものは広く幕領・諸藩領で幕末まで認められる。したがって、その消滅をもって近世封建制成立の指標とすることはできない。
②個々の村民の新開地はきわめて零細で、小規模漁業も一般的には成立していない。よって、これらを惣百姓成長の経済的要因として高く評価することはできない。
③惣百姓の経済的・社会的成長は、具体的には、i惣百姓が太閤検地以降の小農民自立政策の波に乗って本百姓体制を確立し、寛永期には封建村落を形作っていたこと、ii漁業において定率歩合制を実施し、封建的雇傭関係を確立していたこと、によるのである。
④争論では、惣百姓が村役人の特権を剥奪した。

さらに、上杉允彦は以下のように述べている。(21)

①土地生産・漁業生産の両面における小農民の自立化の傾向は確かに存在するが、それは不安定なものであって、それを津元＝村役人層の支配の大幅な後退と直結させる大石慎三郎の説には反対である。
②耕地新開や小規模漁業の意義を否定する荒居英次の評価にも反対である。
③争論は、農民側の実質的勝利であった。

以上の先行研究に対して、私は次のように考える。

①年寄衆は名主役確保に強く固執しておらず、一方百姓側は自らが名主役を担うことも厭わない。これは、漁村の特徴といえるのではないか。漁村では、耕地の年貢立替機能があまり重要な意味をもたないため、百姓が名主役を抱え置くことができるのである。
②百姓たちは、年寄・百姓の負担の平等化要求とともに、漁業経営における自由度の拡大を求めている。
③争論の結果、百姓側も訴訟費用を負担するようになったのであり、百姓の負担が一方的に軽くなったわけではない。しかし、これは年寄衆の対外的・政治的機能を百姓全体で担うという大きな変化につながったものと評価できる。

三　寛文年間の村方騒動

1　寛文四年の対立

次の村方騒動は、寛文四年（一六六四）に起こった。寛文四年四月に、津元惣兵衛（大屋家）・忠左衛門（北方家）は、代官に以下のような訴状を差し出した。

史料9（二五九）

乍恐書付を以御訴訟申上事

一長濱村之儀ハ立物場五ヶ所御座候ニ付網舟も五艘御座候、壱艘ニ付六人ツヽ、都合三拾人御座候、此者共之儀ハ前ゝより村君支背《（配）》仕候、近年網子我儘仕り度ゝ立物をか《（欠）》き申候へ共延引仕不申上候、殊ニ当三月十四日ニも立物大分ニ見へ申所ニ善兵衛孫兵衛と申網子、釣いわしあみ斗ニ情《（精）》を入、釣取引取申候て立物舟をハあけ申ニ付而何共迷惑仕、近郷之者を頼、我等共請分斗ニて鰓《（さばカ）》小立物仕、御三ヶ一指上ケ申候、右申上候通り壱艘に六人ツヽニて御座候へは其内之者か《（欠）》け申候てハ立物可仕様無御座候、就其先年より網子共みたり《（猥）》ニ為致不申候所ニ手前之かつて《（勝手）》を斗仕候ニ付而迷惑ニ存候て伊藤與右衛門殿御留守居に被成御座候御同名源左衛門殿へ御理り申上候へハ重而ハいわしあミ舟共引上ケ候へと被仰付候へ共我儘仕候故、申上候事

一長濱之義ハ御入国以来おのあミ之いわし網持申義、三津本と申て三人之者、海より大分之御定納、立物御三ヶ一上り申、万事賄被仰付候、いわしあみも三人ニて持来り申候所ニ六拾年以来平左衛門網退転仕、我等両人おのあみ之いわし網持来り申候、網子分ニ網持申事不罷成候、殊ニ七拾年余之寅卯両年之飢饉にも

我等いわし網ニて立物をも仕、又自然いわしをも引申候而網子共之身命をたすけ置申候所ニ此あみ之網子之内、代〻之網子をはなれ三年以来新法企、大分之おのあミを仕立、網子ほうはい（朋輩）を誘引出し先年ゟ之拙者共之いわしあみをつふし我儘致、何共めいわく仕候、彼者共新季（規）之おのあミをやめ如前〻之我等共之網子仕候様ニ　御意を以被仰付下候ハヽ、有難奉存候事

一新法之いわし網人数、里左衛門善兵衛孫兵衛徳兵衛我等共代〻網子四人とうとり（頭取）ニ罷成、網子ほうはい幷ニ舟共を誘引、方〻江参、立物を打捨、先季（規）をやふり申ニ付御三ヶ一指上ケ可申様も無御座候、又御定納浮役可仕様も不罷成我等共身上はめつ（破滅）仕候故、迷惑ニ存　御前様へ申上ケ候事

右之通、四人之とうとり之網子被為御召寄如前〻被仰付可被下候、偏ニ御慈悲奉守候、以上

長濱
忠左衛門
同所
惣兵衛

寛文四年
辰四月

御代官様　とめ

史料9では、次のように主張されている。長浜村では、「御入国以来」津元三人が「おのあミ之いわし網」を独占し、定納の浮役や立物三分一を上納する代わりに、万事の賄いを仰せ付けられてきた。網子は鰯網を持つことはできなかった。天正十八・十九年（一五九〇・一五九一）の飢饉の際には、鰯網で立物（立網漁）をし、鰯も獲って網子たちの命を助けた。ところが、三年前から里左衛門・善兵衛・孫兵衛・徳兵衛が頭取となり、「代々

之網子をはなれ」、「大分之おのあミを仕立」、「網子ほうはいを誘引出し」、「方々江参、立物を打捨」、津元の鰯網をつぶそうとしている。寛文四年三月十四日にも、善兵衛・孫兵衛が釣漁と「いわしあみ」に専念して立網漁に参加しなかったため、津元は近村の者を頼んで漁を行なうありさまであった。よって、網子たちに、先例を守り、新規の網をやめるよう命じてほしい。でないと、自分たちの身上が破滅してしまう。

ちなみに、寛文四年三月には、網子一五名から惣兵衛に宛てて、惣兵衛の鰯網に舟・人ともに協力することを誓った一札が出されている（二五八）[22]。ただし、そこには善兵衛・孫兵衛・徳兵衛は連印しておらず、里左衛門も名前はあるが印は捺していない。

また、寛文五年一月には、網子の九郎左衛門が、浜塩鯛上納を命じられた際に、自分の小網で獲った鯛を無断で駿河国に持っていき販売してしまい、それが露顕して名主権三郎（北方家）・惣兵衛に詫びを入れるという一件があった（二六一）。

以上の経緯について、大石慎三郎は、小規模漁業に熱中する百姓と、立網漁を指揮する津元との対立であるとする。

これに対して、荒居英次は次のようにいう。①近世初期から中期にかけて、網子による漁網・漁船の所有は一般化しなかった。②よって、網子が津元の支配から離脱して小規模漁業を一般的に営む段階をもって封建制確立の時点とする問題の立て方や、網子の小規模漁業への進出による経済的独立成長を軸に据えて封建制の展開を把握する仕方（大石慎三郎説）は誤っている。③ここでは、寛永年間における定率歩合制の確立こそが重要である。

また、上杉允彦は次のように主張する。①網子が立網漁の繁忙期に立網漁をさぼって鰯網に熱中して津元に告訴されている。②このことは、旧来漁場を独占し、網子の労働力を完全に支配して、長浜村の漁業を支配してきた津元の実権が、網子たちの自由漁によってしだいに後退していることを示している。これが、小農民の自立化の傾向とその不安定さとが共存する一七世紀後半期の村落状況であった。③津元層は一面で網子たちの小規模漁業を抑えつつも、立網漁の保持と津元の地位の保全のため、相互に強く対抗せざるをえなくなり、そこに村方騒動が展開することとなった（寛文六年の騒動）。

私は、津元と網子との対立は、立網漁と小規模漁業との対抗という性格だけではなく、鰯漁をめぐる対立であったと考える。網子のなかにも大網を持つ者が出現したことが、対立の引き金となったのである。それに加えて、網子は自由な流通をも求めるようになった。こうした状況に不漁も加わって、津元は深刻な危機感を募らせていったのである。

2　寛文六年の騒動

続いて、寛文六年（一六六六）に、名主権三郎（北方家）と惣兵衛・平左衛門（大上家）との間で出入が起こった（惣兵衛らは、権三郎の名主役を忌避）。惣兵衛らは、惣百姓に自分たちの側に付くよう迫ったが、百姓二七名はそれを拒否して、一月に権三郎支持を鮮明にした。それを示すのが、次の史料10である。

史料10（二六六）

此度貴様と惣兵衛殿平左衛門殿出入御座候ニ付名主之儀貴様を頼申間敷と惣兵衛殿平左衛門殿被申、惣百姓を惣兵衛殿所へよせ百姓衆にいち（一味）見仕、判致候へと被申候へ共我ㇾ共之義ハ御入国此かた貴様代ㇾを名主ニ頼申候間、罷成間敷と申払罷立候、此上之義ハ先年之ことく名主被成候而可給候、為其加判仕候

以上

寛文六年午正月廿七日

長濱村名主

権三郎殿

清三郎（印）

孫兵衛（印）

九郎左衛門（印）

忠三郎（印）

徳兵衛（印）

與三右衛門（印）

百助（印）

七右衛門（印）

徳左衛門（印）

善左衛門（印）

善兵衛（印）

五郎右衛門（印）

伊平次（印）

長兵衛（印）

三郎右衛門（印）

七左衛門（印）

八郎兵衛（印）
藤兵衛（印）
權左衞門（印）
作兵衛（印）
又左衞門（印）
里左衞門（印）
加平（印）
勘左衞門（印）
十兵衛（印）
文右衞門（印）
惣五郎（印）

史料10で、百姓たちは、「御入国此かた貴様（権三郎）代々を名主ニ頼申」してきたので、これからも「先年之ことく」名主を務めてほしいと述べている。なお、権三郎は遠江国浜松の生まれで、北方家の忠左衛門に養子入りし、由緒ある津元家を継承したのである。

他方、百姓一七名（うち九名は先に権三郎支持を表明していた）は、二月二十日に次のような内容の一札を「村君」惣兵衛に出している。

史料11（二六七）

指上申一札之事

一御役かゝり物之わり年寄小百姓立合不申候所ニ権三郎殿わりかけ申候事

一庄屋四人之年寄衆、壱年番ニ被成候筈ニ江戸ニ而七右衛門善右衛門証文取かわし相定申候所ニ壱人ニ而被致、重須村伊左衛門殿扱之定、相違申ニ付而浜塩鯛もあん子（網）かつてん（合点）ニ而拾七年以後、年寄衆へかけ不申候事

一御年貢わり仕、申かけ次第ニ取申候哉、あん子方へ請取手形渡し不申候事

右之通一言成共偽り不申上連判仕候、仍如件

寛文六年

午ノ二月廿日

三右衛門（印）
助太（印）
市郎兵衛（印）
與惣右衛門（印）
八郎兵衛（印）
九郎左衛門（印）
伊平次（印）
又左衛門（印）
加兵衛（印）
惣五郎（印）

村君　惣兵衛殿

忠兵衛（印）
勘左衛門
茂平次（印）
五左衛門（印）
徳左衛門
與惣左衛門（印）
七兵衛（印）

史料11では、①権三郎は、諸役の割賦に年寄・小百姓を立ち合わせない、②権三郎は、網子に年貢の請取手形を渡さない、などと述べられている。ここに連署した一七名は、「村君」惣兵衛を支持しているのである。惣兵衛自身は、二月二十四日に、代官に対して次のように主張している。

史料12（二六八）

（前欠）・・・・・・・・・・・・・・・・・・・・・・・・・・・・・・・

御年貢割懸ケ取申事、我等抱之網子共⌈　⌋御年貢多き様ニ奉存候へ共改帳隠シ申ニ付而不存候処ニ此度
御指紙と庭帳と引合見申⌈　⌋驚入申上候事
一御役懸り物之日記、年寄百姓ニも網子□□（ニもカ）隠シ權三郎壱人ニ而割懸ケ申儀者不思義成□□□（銭を割懸）ケ申候と奉
存候、余村之儀者役割帳百姓中間江出シ百姓ニ為割、日記ニ組頭小百姓迄判為致、庄屋請取申所ニ長濱ハ

庄屋壱人ニ而隠シ割銭取申義、不思義成物を割かけ居申候と奉存候、網子つふれ候得ハ村君斗ニ而立魚不罷成候間、迷惑仕候事

一庄屋給之儀、前〻年寄四人之高を引、相残ル網子共之高ニ而拾分一米六表余出シ申処ニ拾七年以前　大殿様江小百姓共御訴訟申上候様ハ我等斗之高ニ而ハ迷惑ニ御座候間、長濱村之義ハ余村と相違、村君と網子之事ニ御座候間、惣高にて三表ニ相定、浜塩鯛も庄屋番之時者不仕候様ニと申上候得者前〻之通ニ名主給茂年寄給茂仕候へと被仰付候処ニ其以後小百姓共御意ヲ背申ニ付御腹立被遊小百姓弐人四人之村君江戸迄被御召連れ永〻御留被成、皆〻迷惑仕候所ニ重須村伊左衞門罷下り　殿様幷伊藤権右衞門殿得御意内〻ニ而扱被申、庄屋給者手前之高を引、残ル惣高にて四表ニ相定、浜塩鯛も庄屋番之時者不致、年寄番之時者いたし四人ニ而年番ニ庄屋仕候筈ニ網子と村君と伊左衞門加判ニ而証文取替シ定置申候へ共壱人ニ而庄屋仕候義者定置申外ニ百姓ニ隠シ代物弐貫五百文宛年〻取、其外無理成御年貢幷ニ不思議なる銭共を取申候証拠共、数多御座候事

一年寄四人之義者前〻ゟ名主給幷小役等も不仕、網子共斗ニ而仕来候故、去ル拾七年以前小百姓共御訴訟申上候時大殿様御曖ニも先規之通ニ被仰付候所ニ名主給年寄前ゟ毎年取申ニ付而年番ニ不仕候大殿様御噪ニも不付、又ハ扱共不知我ヶ儘仕候、長濱網子三拾人之内弐拾四人者拙者抱分之網子ニ而御座候処ニ皆〻つふされ候而ハ立物仕事、罷成間敷と奉存迷惑仕候、此上之儀者權三郎ニ庄屋為致申義、罷成間敷と奉存候、御慈悲ニ御意を以、正直成名主仕立候様ニ被仰付可被下候事

右之条〻被為聞召分被仰付可被下候、仍如件

寛文六年午ノ二月廿四日

長濱
　　惣兵衛（印）

御代官様

史料12の要点は、次の通りである（二六九をも参照）。①権三郎は、名主役を独占し、(23) 年貢・諸役を独断で割りかけ、帳簿を年寄・百姓に見せない。さらに、毎年不当に二貫五〇〇文を取り込んでいる。これは、本来網子が受け取るべき分である。②網子三〇人のうち二四人は「拙者抱分之網子」であるが、彼らが潰されては立網漁をすることができず迷惑である。(24)

ここでは、惣兵衛は、百姓の立場に立って帳簿の公開を要求し、また網子の潰れを危惧しているのである。また、他村の例をあげて、帳簿公開要求の正当性を主張している。

さらに、以下の二点の史料から、惣兵衛の主張をみよう。

史料13（二七〇）

大網舟方里左衛門、法舟方徳兵衛、背申候故弐度目ニ申上候

乍恐書付を以御訴訟申上候事

一長濱村五ヶ所之立物網子共三拾人御座候内、我まゝ仕候者四人御座候ニ付去ゝ年忠左衛門我等江戸迄罷下り大殿様へ御訴訟申上候へハ則彼四人之者、江戸へ御召よせられ様子御尋被遊とかく村君に背申候者御払被成候様ニと其時分、持福八兵衛様へ被為仰付候ニ付而彼四人之者共、其時分いか様ニも村君次第ニ可仕と持

福八兵衛様御前ニ而ハ申上、在所へ罷帰り四人之内里左衛（門脱カ）徳兵衛　大殿様御意を背、弥〻我まゝ
仕候而剰三年以来拙者所へ不通仕、網子村君之しやべつ（差別）なく四人之残る網子共まで悪事をすゝめ村君之随
ニ不罷成立物をも不仕、網方を明申故　御公儀様へも御忠節可仕様も無御座候并我等共弥〻迷惑ニ奉存候、
去〻年　大殿様御さはき之通ニ御仕置被為仰付可被下候、我等仕配之網子廿四人御座候、此網子と申ハ村
君之家人同前之者〔　　〕御座候処ニ三年以来拙者家へ不通仕候事、紛無御座候事
右之通、里左衛門徳兵衛弐人之者いか様ニ成共御仕置奉守候、以上

寛文六年　　　　　　　　　　　　　　長濱村村君
　午十月十五日　　　　　　　　　　　　　惣兵衛
御代官様

去〻年新季之いわしあみ仕立、我まゝ仕□（候カ）故　兵蔵様へ申上候へハ法度ニ被仰付、若村君ニ背申候者払
申様ニと被仰付候□〔をカ〕孫兵衛徳兵衛里左衛門背申候故　伊奈兵蔵様ハ去年御死去被成候、伊豆国御持被成候
事、廿四年御持被成候、其後　御子伊奈兵右衛門様へ渡リ当年御入部被成候故、右之様子申上候へハ　兵
藏様御意被成候通、村君ニ背申候者網子はらい申様ニと被仰付候、殊ニ前〻持申候共網子之分ハ小いわし
あミ成共持せ申間敷候、わたくしのかせきニ参候へハ立物をはつし申候間、我等法度ニ申付候と御意被成
候、弐度目之御さはき三津ニて被仰付候故、重寺小海三津網戸持村君ニ能〻きゝ候而末代之かためニ仕候
へと被仰付候
（ツギ目）・・・
又網子背申候者もはや二度ニ候間、三度めニは急度曲事ニ可被仰よし彼四人の者ニ御理り被成候故、重而

殿様へ申上候者彼者共こと〳〵（く）迷惑可申候

史料14（二七二）

去ゝ年　大殿様被仰付候□□（御意カ）を四人之網子内、我等網子弐人背申ニ付而三津村ニて申上候ヘハ四人之者共御召出し、殊ニ四ヶ村之津本共御召出し御せんさく被遊、弥ゝ如前度網子わたくし大ぁミ之義、如先紀（規）之御法度ニ被仰付候をも背、三津御立被遊候以後

（別紙ツギ目）・・・・・・・・・・・・・・・・・・・・・・・・・・・・・・・・

十八日十九日廿四日ニせまき村ニ而鰯網弐帖出申候ヘハ人数五拾人程、船ハ有次第㘅申、久料村足保村ぁたり江罷越候、一昨日も立魚見得申候へ共立物可仕様無御座候間、何共迷惑ニ存、昨日も玉井長右衛門様へ御断申上候ヘハ與右衛門様と御相談可被成由、被仰候間、是迄罷越候事

一長濱之義ハ前ゝ四人之津本共、網子之仕置仕候へ共今般ハ我等壱人ニ罷成、網戸拾状之内、半分程網戸持三津ニも御座候、半分程ハ某網戸抱申候故、万事指引拙者仕候事

一網子かつゐ申候ヘハ我等迷惑仕、年ゝやつかいニ罷成候事　伊藤與右衛門様無紛御存之事

一四人之いたつら網子、残候廿六人之網子共迄悪事をすゝめ申候儀、迷惑仕候事

一三津村ニ居住仕候網戸持も迷惑之由、我等同前ニ昨日長右衛門様へ申上候事

午ノ　長濱村

十月廿五日　惣兵衛（印）

伊藤與右衛門様

玉井長右衛門様

史料13・14からわかる惣兵衛の主張は、次のようなものである。①寛文四年に、大網舟方里左衛門、法舟（船）方徳兵衛ら四人の網子が惣兵衛・忠左衛門に背いた（新規の鰯網を仕立てた）ため訴訟となり、代官は網子に「村君」に従うよう命じた。②しかし、その後も里左衛門・徳兵衛は惣兵衛方に出入りせず（里左衛門・徳兵衛は惣兵衛の網子）、「網子・村君之しやべつ（差別）なく」と主張し、立網漁にも参加しない。③そこで、寛文六年十月十五日に、惣兵衛が代官に願い出たところ、代官はあらためて村君に背く網子は「網子はらい申様」に命じた。④その際、ⅰ網子には、以前から持っていたものであっても、以後大網はもとより「小いわしあミ」であろうと持たせないこと、ⅱ重寺・小海・三津の「網戸持・村君」にもよく聞き合わせて「末代之かため」にすべきこと、が命じられた。代官は、「小いわしあミ」を用いた網子の漁を「わたくしのかせき」かつ先例違反だとして、それによって立網漁に支障を及ぼすことを禁じた。⑤ところが、四人の網子は十月十八、十九、二十四日の三日間にわたって鰯網二帖を出し、五〇人ほどの人を集めて、他村まで漁に出向いた。そのため、二十三日には立魚（立網漁の対象となる魚）が見えたにもかかわらず、漁をすることができなかった。⑥四人の網子は他の二六人の網子にも悪事を勧めている。⑦長浜村には以前は四人の津元がいて「網子之仕置」をしていたが、今は惣兵衛一人になり、網度一〇帖のうち半分ほどは惣兵衛が抱え、半分ほどは三津村の者が網度持になっている。ただし、「万事指引」は惣兵衛が行なっている。

この争論の結末を示すのが、次の史料15である。

史料15（二七三）

指上申証文之事

一網子私之いわしあミ持、立物油断申ニ付惣兵衛殿御訴訟被申上候へハ　殿様被仰付候様ハ網子いわしあミニカヽリ立物之さわりニ成候間、無用之由被仰付候処ニ両度　殿様御意を背申故、あんこ中間ニ而弐人籠舎ニ被仰付候、其上三津両御奉行様ゟ我等共いわしあミニ符判御付被成候、此上之儀ハ御さはきの通、相背申間敷候、並津本村君下知背申間敷候、弥御対決之通、異義無御座候、為後日網子連判仍如件

午十一月

名主
権三郎
里左衛門
徳兵衛

遠山八郎兵衛様
玉井十郎兵衛様

ここから、先に見た惣兵衛の主張を受けて、寛文六年十一月に、権三郎・里左衛門・徳兵衛が、代官所役人に、以後は代官所の裁定や「津本村君」の下知に背かないことを誓っていることがわかる（二七五をも参照）。この一件では網子二人が牢舎になり、所払の処罰をも受けそうになったが、以後勝手なことはしないという証文を書き、重須村（長浜村の隣村）久兵衛（「内浦割本」）・長浜村惣兵衛が証人に立ったので、十二月には赦免されている。また、代官所役人は、網子の「私之いわしあミ」に「符判」を付けている。

その後、同年十二月七日には、重須村の久兵衛・伊左衛門と長浜村の惣兵衛・権三郎・平左衛門から三津村・小海村の網度持中に宛てて、次の文書が出されている。

史料16（二七四）

相定申大鯆小鯆寄合証文之事

一長濱村重須村網舟之儀ハなこや崎ら立可申候、三津村小海村之義ハかな崎ら御立可被成候、かり舟之儀も右同前ニ御座候、但わけ之義ハ御三ヶ一を引、相残ル魚数ニ而三ニわけ三津小海壱分、三ヶ二者長濱重須へ取可申候、たとへあミ舟壱艘ニ而何之村へ坪打ニ立申候共又ハ壱本はしり上り候而も定之通わけ取可申候、長濱重須之わけ之義者如前ヽわけ取可申候、但切向魚之義者網舟かゝりニ可致候、魚よせ場之義者三度ニ壱度三津小海、二度ハ長濱重須、番廻りニよせ可申候、か様ニ証文取替し申上者為中間と吟味致、かり舟壱艘も不残出シ可申候、若違背之者候者其舟子を両御奉行様へ申上、急度御仕置被成候様ニ可仕候、若寄合何之村ら成共いやニ御座候者此証文互ニ取戻し可申候、為後日証文仍如件

寛文六年
午極月七日

重須村
久兵衛（印）
同所
伊左衛門（印）
長濱
惣兵衛（印）
同所
権三郎
同所

三津村網戸持中
小海村網戸持中

平左衛門（印）

史料16では、①イルカの寄合漁の際の網舟・「かり舟」については、長浜・重須両村は「なこや崎」（長居崎、三久保）から、三津・小海両村は「かな崎」（久保浜）から立てること、②漁獲物は、立物三分一役を引いた残りを三つに分けて、三分の一は三津・小海分、三分の二は長浜・重須分とすること（この割合は、漁をした船の所属や、漁獲場所には関係ない）、長浜・重須両村間の分配率は先規の通りとすること、③魚寄場は、三回に一回は三津・小海、二回は長浜・重須と番廻りに寄せること、④漁の際には「かり舟」を一艘も残さず出すこととし、もし違反があった場合はその「舟子」を代官所役人に訴えて処罰してもらうこと、などが協定されている。

3　先行研究との関連

以上の経過に関して、先行研究ではどのような評価がなされているだろうか。

まず、大石慎三郎は、①権三郎は惣兵衛家の抱分の網子たちにだけ多くの年貢諸掛をかけた、②これは、名主の職権を利用して立網漁をつぶそうとしたものである、③権三郎は小規模漁業者のために《雇われた》名主であるがゆえに、小規模漁業拡大の障害となる立網漁を圧迫したのである、④しかし、そのために権三郎は百姓一般から孤立して敗退することになった、と評価した。

また、荒居英次は次のように主張した。①網子のうち漁船所有者は一部であり、彼らは同時に立網漁にも従事していた。これに対して、他の多くの網子は漁船・漁網を所有していなかった。したがって、大石慎三郎の考えているような立網漁から独立した小規模漁業者層といった階層は存在しなかった。②また、史料的に権三郎は必ずしも小規模漁業者の利益代表とは規定できない。権三郎は寛文三年以降網度持でもあったのである。よって、大石は権三郎の性格を一面的に捉えている。③権三郎は、名主を辞めて以降も元禄二年（一六八九）まで年寄・組頭・長百姓などを務めている。④この村方騒動は、村落上層部における有力者同士の単なる勢力争いで、それに村民を巻き込んだものに過ぎない。

さらに、上杉允彦は以下のように主張した。①慶安二年の村方騒動においてみられたように、一時的にもせよ、名主の地位が惣百姓によって握られ、その給分についても話し合いで決められたことは大きな変化であった。②村役人によって把握される各種の特権が、中世のように絶対的なものでなく、かなり不安定なものになっており、村役人とても同じ百姓であるという意識が広まってきた。③その結果、有力農民層は内部の深刻な対立を表面化させた（権三郎と大川一族の対立など）。権三郎の関心は小農民の利益の保護にはなく、自己の利権の保持・拡大に向けられていた。そのことが、騒動の数年後に彼が失脚する大きな条件となった。④一七世紀後半には、それまで比較的自由に自己の網度場以外でも漁業ができた網度持の漁業権が、自村の漁場内にその範囲を限定され、漁場を一村単位に再編成していかざるを得なくなりつつある状況があった。⑤こうして村落の漁業権が限定されるとともに、村落内部における津元の漁業特権そのものが村落的規制の内部に編成・制限されていった。これは、周辺漁場において比較的自由に漁業を行なうことができた、中世以来の網度持の特権が限定されることを意味しており、中世的漁業権が否定され、近世村落的漁業権へと編成されていく過程であると評価できる。

以上の諸氏の見解に対する私見は以下の通りである。①大石慎三郎の主張は実証的に成り立たないとする、荒居英次の指摘は妥当である。②津元・網子ともに経済的に苦しくなっている状況があり、その背景には慢性的不漁の存在が想定できるのではないか（漁村における慢性的飢饉状況）。③惣兵衛と権三郎の村政・年貢諸役賦課をめぐる対立と、惣兵衛と網子との漁業形態をめぐる対抗とが、相互に関連しながら重層的に存在していた。④権三郎に年貢諸役賦課をめぐる不正があったかどうかは疑問である。それは、途中から権三郎の問題が後景に退くからであり、不漁下での厳格な年貢諸役徴収への不満が騒動の主原因であったと思われる。よって、権三郎が自己の利権の維持・拡大を図ったことが騒動の主因であるとみなす上杉允彦の評価は疑問である。⑤騒動では、村の八割の網子を「村君之家人同前之者」とする惣兵衛と、自由な漁業への従事を求める網子層とが対立したが、当面は惣兵衛の抑え込みが成功した。⑥このときの村内の対立を受けて、村々間の漁業秩序が確認されることになった（二七四）。ただし、各村の津元層が漁業権の内容を協定により確定する動きは、中世・近世とも同様ではないかと思われる。よって、村々間における中世的漁業権の否定という上杉の理解は疑問である。

おわりに

一般的に、漁業を行なうにあたっては、漁場・漁具・資本・労働力・技術（技能）・知識などの所有が前提となる。長浜村では、前三者は主に網度持に、後三者は主に津元・網子によって担われていた。そして、網度持と津元は、同一人が兼ねる場合も多かった。本章では、第一節において、これらのうち漁場と漁具（舟・網など）をめぐる所有関係について若干の考察を行なったが、それに先行研究の成果も加えてまとめておこう。

漁場については、各村の地先海面は村持、沖合は入会であった。ただし、村持の海面であっても、入漁料を払えば、他村の者でも利用できた。また、村々間の寄合漁もあった。

村持の海面は、網度場とそれ以外の部分に区分される。好漁場である網度場は網度持によって所有されたが、その権利は株化して分割売買され（網度株）、他村の者や津元以外の者が所有することもあった。ただし、各網組は五つの網度場をローテーションで廻って操業していたのであり、したがって網度持の所有権の内実は特定の網度場のそれであるとともに、五つの網度場全体における操業権という意味合いももっていた。

網度場以外の村持海面においては、村人が自由に釣漁や小規模な網漁を行なうことができた。また、立網漁を実施していないときには、網子たちが網度場で釣漁を行なうこともできた。総じて、村の地先の海は「村のもの」だったのである。

網度場での立網漁には網舟や網などの漁具が不可欠であり、一つの網度場、一つの網組には、一艘の網舟が付属していた。網舟の所有権は、網度場のそれと同様、株化して分割売買・質入れが可能なものとなり、基本的には網度場の所有権の移動に連動して移動した。

津元は、網組を編成・指揮して立網漁に当たり、獲れた魚を関係者に分配するとともに、「ゑびす」「内もらい」などとして漁獲物の一部の取得権を有していた。津元の権利も株化され、分割売買された。網度場の質入れ・売買の際には津元株も付随して移動することもままあった。そして、津元と網度持とは人的に重複しつつも、ずれている場合も多かったのである。

乱暴なことを承知で現代企業になぞらえれば、網度持は資本家、津元は経営者、網子は労働者ということになろう。津元は、網組における漁業労働の統括者でもあったのである。したがって、津元の権利は一方では株化・物権化して分割売買されつつも、それとは異なる位相で、誰でもできるものではなく、一定の技術と知識をもった特定の人格に付属するという性格を保持し続けた（津元の性格の二重性）。

また、網度株が分割売買されつつも、元の所有者の請戻し権が存続する点や、村の規制を受ける点などに、近世的な特質をみることができよう。

こうした一七世紀における所有構造の特質は、従来の諸研究において必ずしも充分に解明されているとはいえないため、本章であらためて整理したしだいである。(25)

以上の漁村固有の所有構造を前提的知識としたうえで、第二・三節では村方騒動の経過を追究したが、ここであらためて、大石慎三郎・荒居英次・上杉允彦三氏が、村方騒動を全体としてどのように評価しているかみておきたい。

まず、大石慎三郎は、大川家（惣兵衛）の再登場は単なる反動攻勢の勝利ではなく、百姓たちの近世村落形成運動の結果であり、そのため、以後大川家は、貢租減免や隣接諸村との漁場・漁法をめぐる交渉に尽力せざるを得なかったと述べている。

荒居英次は、太閤検地を画期として、立網漁における基本的労働力が隷属的な下人・被官から封建的小農民としての網子に移行し（本百姓体制・村役人制の確立）、漁獲物の定率歩合制も寛永期には確立したことをもって、長浜村における封建制の確立時期は寛永期前後であるとする。

さらに、上杉允彦は次のようにいう。①一七世紀を通じて、ⅰ村落支配体制の変化――村役人特権の消滅――、ⅱ生産面、ことに漁業面の変化――立網漁絶対の体制が変質し、小規模漁業・釣漁が公認される――、ⅲ津元の性格の変化――網度株の売買による細分化・利権化、大川一族の特権の変質――、が進行した。②その結果、表面的には村落体制が変化しないにもかかわらず、中世的体制の残存が消滅し、領主編成によって確立した近世的村落体制の村落内部への定着という大きな質的変化がみられた。

これら諸氏の見解に対する私の評価を以下に述べよう。まず、大石説は、権三郎を《雇われた》名主とするなど実証的に難点が多い。同様に、上杉説も、津元と網度持を同一視するなど実証的に難がある。また、荒居説は、安良城盛昭の理論を漁村史に適用したという性格が強く、その結果一七世紀初期までの変化を過大に評価し過ぎている一方で、逆に一七世紀後半にかけての変容を評価できないという問題がある。

さらに、大石・上杉両氏の説は、村方騒動のなかに中世的体制の消滅、近世的村落体制の成立をみるという共通の発想に立っているが、実際にはこのように清算主義的（消滅と成立という断絶的理解）に説明することはできない（網度の配置、漁業税の体系などは戦国期からの連続性が強い）。また、両氏とも、村落史の一般的動向を漁村に適用しようとする傾向が強く、漁村の固有性への配慮に欠けている。

次に、私自身の見解を述べておきたい。一七世紀における変動の背景には、網子層の立網漁以外への進出と、大川家（大屋家）の百姓身分化・村役人化があった。徳川氏の関東入国前後の時期に、大川家は、上級領主との被官関係の途絶、戦争・村間争論など暴力（武力）発動の機会の消滅、同家の百姓身分化・村役人化などの変化を経験することになった。さらに、慶安二年の村方騒動によって、村役人特権がほぼ消滅し、年寄衆は固有の「外交権」（村外との独占的交渉権）を喪失して、村人の代表としての自己規定を明確にすることとなった。すなわち、年寄衆が村落秩序に包摂されるようになったのであり、これは一七世紀半ばにおける大きな変化であった（一七世紀中葉の画期性）。

また、網度株の質入れ・売買が進み、村外への流出もみられた。網度株を所持する網子も出現した。その結果、津元の地位は大きく変化したが、この変化もやはり一七世紀中・後期が画期となっていた。

ただし、こうした変化は、一六世紀における村（村請）の成立、村内・村外にわたる漁法・漁業秩序や税制体系の基本的成立を大前提としていたこともおさえておく必要がある。[26]

次に、漁村の固有性について述べておこう。

①長浜村では、定納浮役は網度持が負担し、立物三分一役は津元が直接代官所に上納していた。また、同村では耕地はそもそも少なく、しかもその約半分を年寄衆が所持していた。そのため、村人の負担の中で耕地年貢の占める比重が小さく、また名主の年貢立替責任が小さかったという特徴を指摘できる。

②漁村では「小経営自立」の動きが、自家の所有権確立というかたちでは進まず、立網漁における労働編成からの一定の離脱という方向性をとった。小前たちは、労働空間ではなく労働時間の確保に向かったのである（一部に船・網の所有はみられた）。また、独自の漁法開拓により津元とは違う魚種を獲るという動きもみられた。しかし、こうした動向は立網漁を否定するという方向には進まなかった。

③長浜村は、一七世紀後半の不漁の大きな影響を被った。その原因は自然的なものか、人為的なものか追究する必要がある。また、他村での新規漁業の展開、浮役と立物三分一役との二重負担、米価高騰なども、長浜村に悪影響を及ぼしたと考えられる。これらのことが網子たちの小規模漁業・新規漁業の全面展開を困難にし、大川家（大屋家）を中心に村全体としての困難克服を目指す方向に向かわせたのであり、こうしたところに農村の動向との相違が認められよう。

本章で主張したかった点を簡単にまとめると、以下のとおりである。①中世・近世移行期の長浜村には、変わらぬ側面が存在するとともに、緩やかな変化もみられた。いずれにしても、中世と近世を断絶的に捉えることはできないが、一七世紀後半に至る過程で無視し得ない変化が起こったことも事実である。そして、その変化・不変化に果たした領主の役割も無視できない。そして、以上のことは、農村も含めた村落一般の動向とも符合する。②近年では、漁村に代わって海村という表現が使われることも多いが、そこに含意されているように、漁村における生業の多様性・複合性には充分留意する必要がある。③漁村には、農村との共通性――たとえば、農村における「村の土地は村のもの」という意識と、漁村における「村の前海は村のもの」という意識の共通性（同一性ではない）など――が存在する一方で、農村とは異なる固有性があり、近年の環境史・生業史の研究成果にも学びつつ、その固有性を追究する必要がある。その際、所有論をベースにすることは、一つの有効な方法である。ここでいう所有には、技術や知識（生業知）の所有も含まれる。そして、ⅰ所有のあり方を基礎に村落構造を解明すること、ⅱそこにはらまれる矛盾からいかなる運動・騒動が生じるかに注目すること、ⅲ運動・騒動を通じて村落構造がいかに変化し、そこにどのような新たな自然との関係や生業のあり方が生まれるかを明らかにすること、といった研究プロセスを通じて、漁村の固有性に迫ることができると考える。

最後に、一七世紀後半における不漁の問題について補足的に述べておきたい。寛文九年閏十月、名主権三郎・年寄四郎左衛門・同平左衛門・惣百姓が、代官に、次のように訴えている（二九四）。この二六、七年来、立魚が不漁で、そのうえ米価高騰により困窮している。そのため、四〇軒あった百姓のうち、一七軒が寛文八年までに潰れ、「あき屋敷」になってしまった。当年も立魚の不漁が続いており、さらなる潰れが出る可能性がある、と。また、寛文十年三月、重寺・長浜・小海・重須・木負五か村各一名（長浜村は四郎左衛門）が、代官に、二〇年前から立魚が不漁になり、さらに近年は米価が高騰しているため、網度持百姓が困窮・退転していることを訴え、浮役・網舟役の免除を願っている（二九七。二九八も同内容）。

こうした不漁の原因については、川崎健のレジーム・シフト理論が参考になる。(27) レジーム・シフト理論とは、海洋生物資源の増減と、大気や海など地球環境の変動との間に密接な関連のあることを明らかにした理論である。川崎が引用する杉本隆成ほかの研究によると、一七世紀前後の日本のマイワシ漁業の豊凶史は、一五七〇～一六一〇年、一六四〇～一六六〇年、一六八〇～一七二五年頃が豊漁、一六一〇～一六四〇年、一六六〇～一六八〇年が不漁の時期であった。そして、イワシなどの小型魚と、それらを食物とするカツオ・マグロなどの回遊性大型魚を比べると、後者の豊凶の波は、前者のそれから数年ないし一〇年程度遅れてやってくる。それは、後者が前者に依存しているからである。仮に五年遅れとすると、一六一五～一六四五年、一六六五～一六八五年が不漁の時期であったことになる。これは、長浜村における不漁の時期と一定程度重なっている。したがって、不漁の原因として、地球環境の変動とそれによる魚の豊凶の波を考慮する必要があるのではなかろうか。[28]

一方、鈴木秀夫の整理によって一七世紀の気温の変化をみると、[29]一六一一～一六五〇年は冬非常に寒冷で夏も非常に冷涼、しかし一六五一～一六九〇年の冬は穏やかで夏は前半に高温、一六九一～一七二〇年は冬非常に寒冷で雪が多く夏も非常に冷涼であった。また、一六一〇～一六五〇年を元和・寛永小氷期、一六九〇～一七四〇年を元禄・宝永小氷期と呼ぶ説もある。

このように、長浜村で不漁が続いていた一七世紀後半に、気候は温暖化し、農業生産力は上昇した。それによって、新田開発と人口増加が進み、農村内においては小百姓が広範に成立・自立していった。このように、気象条件が農村と漁村に与えた影響は大きく異なっているのであり、自然環境の面からも、農村と漁村は別個に考察する必要があるといえよう。

注

（1）高橋美貴『近世・近代の水産資源と生業』（吉川弘文館、二〇一三年）。

（2）福田英一「戦国末期から近世初期の伊豆内浦湾漁村における在地秩序」（峰岸純夫編『日本中世史の再発見』吉川弘文館、二〇〇三年）、長谷川裕子『中近世移行期における村の生存と土豪』（校倉書房、二〇〇九年）第九章、中村只吾「一七世紀における漁村の内部秩序」（『歴史評論』七〇三号、二〇〇八年）。

（3）酉（慶長二年〈一五九七〉十一月）の大川兵庫から又太郎への譲り状に、網度として、大網舟方半帖四分の一、妙福方四分の一、四郎二郎方半帖四分の一、長澤方半帖、五郎左衛門方半帖、計二帖半四分の一、舟が大網舟方立物舟一艘、四郎二郎方立物舟一艘、法舟方立物舟の内四分の一、「ぼうてう舟」一艘、計三艘四分の一、「ゆわしあミ」「ふりあミ」「いなたあミ」各一帖、大小取網二帖、他に「重須之内妙金網度」半帖、「重須之内同あミ舟」六分の一、「重須抱分」の田畠などが記載されている（『豆州内浦漁民史料』三六番史料）。ここから、一六世紀末の時点で、すでに網度・立物舟（網舟）の権利が分割されていることがわかる。

大川（大上）家文書「我家実録」（科学研究費補助金研究成果報告書『中世近世移行期における土豪と村落に関する研究』（研究代表者池上裕子）、二〇〇五年、三三一頁に収録）には、天正元年（一五七三）に、大川（大上カ）五郎左衛門が網代網度を開起し、文禄年間（一五九二～一五九六）に四郎左衛門が小脇に網度を拓いた、とある。戦国期以降、新たな網度が開発され、近世につながる海面利用秩序が形成されたものであろう。

また、同文書には、五郎左衛門が天正十五年（一五八七）以降、田畑の開墾に努めたが、それは、「不漁ヲ償フル者ハ聊カモ田圃ヨリ外ニ無之、後世ヲ思フレバ田畑ヲ開墾スベシ」との思いからであった、と記されており、漁業と農業との相補的関係がうかがえる。

（4）羽原又吉『日本漁業経済史　上巻』（岩波書店、一九五二年）。

（5）羽原又吉『日本漁業経済史　中巻二』（岩波書店、一九五四年）第一七章。

（6）二野瓶徳夫『漁業構造の史的展開』（御茶の水書房、一九六二年）。

（7）定兼学『近世の生活文化史』（清文堂出版、一九九九年）第三章。

（8）この点に関連して、網野善彦「古代中世・近世初期の漁撈と海産物の流通」（『講座日本技術の社会史二　塩業・漁業』日本評論社、一九八五年）では、総有→長百姓・平民上層の共有→惣百姓共有という変容説が述べられている。

（9）片岡智「近世海村の共同体規制」（『歴史評論』五六七号、一九九七年）。

（10）渡部聡一「近世瀬戸内の漁業と漁村構造」（『論集きんせい』一七号、一九九五年）。

（11）後藤雅知『近世漁業社会構造の研究』（山川出版社、二〇〇一年）。

（12）二野瓶の説を実証的に批判した研究としては、伊藤康宏『地域漁業史の研究』（農山漁村文化協会、一九九二年）、高橋美貴『近世漁業社会史の研究』（清文堂出版、一九九五年）がある。

（13）後藤の研究に影響を与えたものとして、丹羽邦男「近世における山野河海の所有・支配と明治の変革」（『日本の社会史第二巻　境界領域と交通』岩波書店、一九八七年）があげられる。丹羽は、次のように述べている。

近世において、海は「公儀の海」であったが、そこでは浦方漁民による自由な河海の共同体的占有利用がなされていた。運上諸役を納めることによって、浦方の占有利用は公儀の保護を受ける関係にあった。「公儀の海」は、公共の海に他ならなかった。

「河海では、山野のばあいより以上に地盤（海面）所有の意識は稀薄であった。海面の一定範囲の独占を必要とする定置網漁でも、個々の網の位置は、共同体間の順番、共同体内の順番、隣りの網との距離などによって定められるから、私的所有の意識は、それに対する網「株」について生じ、海面の位置については生じない。（中略）私的所有は、漁株制下では、「株」の売買・他町村の商人・資産家などへの集中という形で成長した」（二〇〇頁）。

（14）中村只吾「一八世紀の漁村における内部秩序」（『人民の歴史学』一七三号、二〇〇七年）。

（15）本章で使用する史料は、特段の註記がない限り、澁澤敬三編著『豆州内浦漁民史料』上巻（アチックミューゼアム発行、一九三七年）所収のものである。以下、それらについては、本文中に同書における史料番号を記すかたちで出典を示すこととする。

（16）『沼津市史　史料編　漁村』（沼津市、一九九九年）四五四頁。

（17）惣百姓側は、名主給は三俵とするよう主張していた（二六八）。

（18）この争論の最中の慶安三年閏十月七日には、長浜村の津元四人が代官に、漁場の権利や漁猟の方法、漁獲物の分配方法などについての従来からの仕来りを、以下のように書き上げている。

①長浜村には立物場（網度場）が五か所あるので、立物舟も五艘ある。網戸の日繰りは、三月一日から九月晦日までは「二日番」に廻り、十月一日から翌年の二月晦日までは「五日番」に廻る。マグロ・カツオなどが来て、他所（村外を想定か）の者が立網漁をした場合は、幕府（代官）に年貢を上納した残りのうち三分の一を、その時の網戸主（網度持）が網戸代として取る。

また、その時々の申し合わせにより、「寄合」にすることもある。たとえば、当番の網戸主が網を干しているときに、長浜村の他の網舟が立網漁をするときは、その舟と網戸主との寄合にすることもあるのである。ただし、津元はその時の網戸主が務める。

②イワシ・底魚については、「他所舟」「所之舟」ともにそれらを引いたならば、その日の網戸主が三分の一を取る。

(19) 大石慎三郎『近世村落の構造と家制度　増補版』（御茶の水書房、一九六八年）。以下、同氏の主張はすべて同書による。

(20) 荒居英次『近世日本漁村史の研究』（新生社、一九六三年）。以下、同氏の主張はすべて同書による。

(21) 上杉允彦「近世的村落体制の展開」（北島正元編『幕藩制国家成立過程の研究』吉川弘文館、一九七八年、所収）。以下、同氏の主張はすべて同論文による。

(22) この史料では、網子たちが、新規に「大いわしあミ」を仕立て、それを用いた漁にばかり力を入れて、立網漁をおろそかにしていた（惣兵衛の「大いわし網を見捨」）ことを詫び、以後は惣兵衛の鰯網による立網漁を油断なく行なうことを約している。

(23) 慶安三年以降、忠左衛門・権三郎の北方家が名主を勤続している（二五一、二六九）。

(24) 惣兵衛は、①権三郎によって、自らが抱える網子たちが潰されては、立物三分一役や浮役も納められず、自分も退転してしまいかねない、②網子は「村君之家人同前之者」である、とも述べている（二六八、二七〇）。

(25) 一八世紀の長浜村の所有構造を解明した成果として、前掲注14中村論文がある。

(26) 前掲注2長谷川著書、則竹雄一「戦国～近世初期海村の構造」（池上裕子編『中近世移行期の土豪と村落』岩田書院、二〇〇五年）。

(27) 川崎健『イワシと気候変動』（岩波書店、二〇〇九年）。

(28) レジーム・シフト理論を歴史研究に援用した先駆的な成果として、高橋美貴「漁業史研究と水産資源変動」

（荒武賢一朗・太田光俊・木下光生編『日本史学のフロンティア　二』法政大学出版局、二〇一五年）がある。

（29）　鈴木秀夫『気候変化と人間』（原書房、二〇〇四年）。

附記　本章は、拙稿「海辺の村の近世――伊豆国君沢郡長浜村を事例として」（『中央史学』三八号、二〇一五年）に大幅な加筆修正をほどこしたものである。

第三章　近世後期～明治初期、津元家の存在実態とその背景に関する再考察

――長浜村大川（屋号大屋）家を事例として

中村只吾

はじめに

伊豆国内浦地域（現静岡県沼津市域）の旧津元（網元）の家々などに残された、戦国期～明治期の文書群は、当該期の漁村（沿岸集落）史研究において大変貴重なものといえる。この文書群への着目の始まりをたどってゆくと、渋沢敬三（一八九六～一九六三）が、昭和四年（一九二九）、長浜地区の大川（屋号大屋）家に残された文書群を「発見」したところにまで遡る。渋沢はその後、同家以外の家々も含めた内浦地域の古文書を収集、整理していった。そして、その一部分（帳簿類は一七世紀までのものに限って収録するなどの限定がある）は、昭和一二～一四年に、『豆州内浦漁民史料』（全四冊）として刊行された。また、渋沢が収集した史料は、現在、東京都立川市にある国文学

研究資料館にて保管されている。(1)

さらに、現地の沼津市には、右記以外の史料も数多く残っており、沼津市歴史民俗資料館、沼津市明治史料館などの地元機関でその一部を収蔵、整理し、目録も作成している。一九九九年に出版された『沼津市史　史料編漁村』では、右も含めた新たな史料を翻刻、掲載している。なお、『豆州内浦漁民史料』は現在、『日本常民生活資料叢書』第一五巻～第一七巻（三一書房、一九七二～一九七三年）にも収録されている。

これまでに筆者は、右の諸史料をもとに、近世初期から明治初期にかけての内浦における網元（当地では津元と呼ぶ）存立の実態と背景およびその変容について考察してきた。近世においては、居村や地域において、それも特に自身の網組に属する網子との間において、大きな格差関係を前提に勢力を誇っていたようにみえる津元たちが、明治期に入ると急速にその力を弱めていってしまうのはなぜなのか。その要因を捉えるためには、政治体制の変化や時代の新思潮の影響といった、目立った外的要因のみではなく、従来はあまり注目されてこなかった、近世以来の在地での変化も丹念に検証する必要があるのではないか。そのような問題関心のもと、研究を積み重ねてきた。(2)

その結果、みえてきたのは、時代の経過とともに漁業の実労働への関与の薄弱さを露呈させてゆく一方、漁業に関する総合的・多角的知識の保持や、漁業以外の諸経営の展開も駆使することで優位性を維持していた津元たちの姿である。特に近世後期に入ってからの内浦地域では、従来の津元優位の秩序を揺るがすような漁場争論などがたびたび起こるようになった。そうした状況のなかで、津元たちは、漁場争論や日々の経営のなかで、自らが保持する漁業についての総合的・多角的知識を盛んに表明したり、まとめたりする動きを見せるようになった。さらには、地主や金融など、漁業以外の諸経営も展開し、その規模を拡大させていった。(3) 以上のような事柄を検証してきた。

しかし、これまでの検証作業のなかで、大きな空白が残されていた。『豆州内浦漁民史料』の中核となっている家であり、近世から明治初期の内浦全域をリードする立場にもあったであろう、長浜の大川（大屋）家における、地主・金融など漁業以外の経営の状況についてである。検証に堪える史料の未確認もあり、それまでに確認されていた断片的な史料や、他の諸津元家の状況をもって、蓋然性をいうほかなかったのである。

そうした状況を変えたのが、科学研究費補助金・基盤研究（B）「中世・近世農・山・漁村の生業交流に関する研究」（研究代表者・渡辺尚志、二〇〇九〜二〇一二年度）の一環として行われた、大川（大屋）家での史料調査である。この調査では、近世から明治期にかけての新出・未整理史料が多数確認された。そのなかには、金融・地主経営に関する史料もみられる。それらの史料を用いることで、先述した検証の空白部分を一定程度埋め得ると考えられる。(4)

以上をふまえ、本章では、新出史料を用いながら、大川（大屋）家の地主・金融経営について検証するとともに、同家の居村や地域における立ち位置とその変容について、あらためて考察することを課題とする。なお、用いる史料の性格から、時期は近世後期が、経営の種類は金融が主になる旨、ことわっておく。

一　近世後期の内浦、長浜村の概要

長浜村の大川（大屋）家の経営に関する検討に入る前に、近世後期における伊豆国（君沢郡）内浦地域および、大川（大屋）家の居村である長浜村の概要を述べておく。

当時の内浦地域は、重寺・小海・三津・長浜・重須・木負の六ヶ村からなっていた（図1・図2・表1）。それ

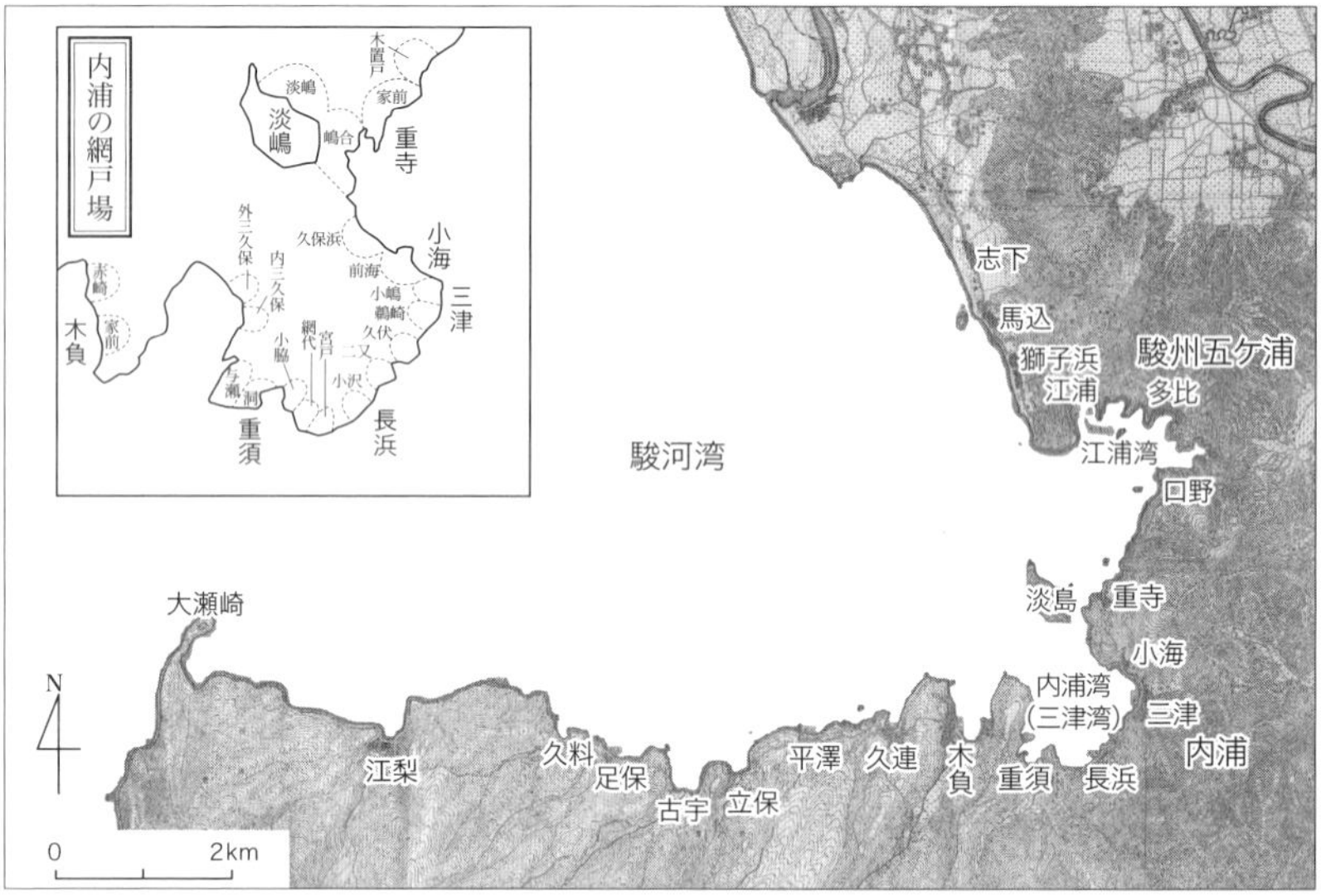

図1　内浦（枠内は各村の網戸概念図）と周辺地域の地図1（沼津市史編さん委員会・沼津市教育委員会（編）『沼津市史史料編　自然環境』沼津市、1999年）附録の2万分の1「地形図（明治期）」をもとに作成。枠内は注5和田著書掲載の図を若干加工したもの（いずれも拙稿「ウラを読む――伊豆湾内に古文書の魚群あり」東北芸術工科大学東北文化研究センター（編・発行）『東北学』03、2014年より引用）

らの村々は、大型の帯状の網を張り回して、地先海面へ回遊してきた魚群を囲い獲る、立網漁（立漁・建切網漁・大網漁）という定置網漁を特徴的なものとしていた。この漁は、当地では津元と呼ばれる網元一名と、網子《あんご》数人〜十数人で組織される網組を単位として、各村の地先に数ヶ所ずつ存在する網戸《あんど》（網度・網戸場）と呼ばれる漁場で行われた（図1）。主な漁獲物はマグロ、カツオ、イルカなどの回遊魚であった。津元は、経済的な優位者であるとともに、名主などの村役人を兼ねることも多いなど、漁業面に限らない村の経済・政治における中心的存在であった。また、立網漁以外の網漁や釣漁といった小規模漁業、農業・商業・林業・塩業なども行われ、漁業以外の生業の占める位置が大きい村々や、津元・網子以外の村人も多く存在する村々もあるなど、地域内には多様性が内包されていた。

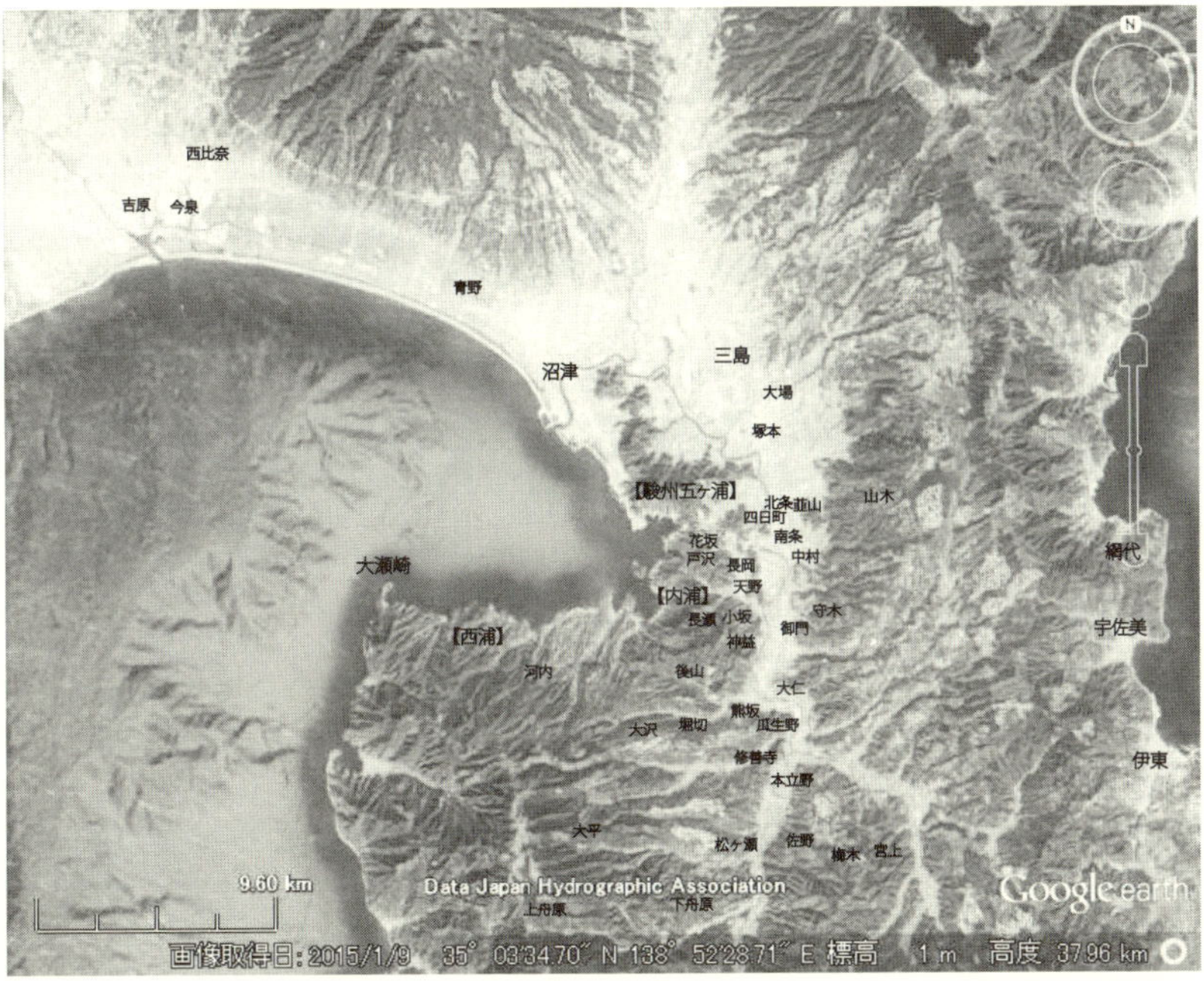

図2　内浦と周辺地域の地図2

また、網戸という語は、漁場名であるとともに、網組からの収益配分権という意味もあった。その場合は網組名で呼ばれ、分割売買等が可能な株（一網戸＝二状（帖））として、網戸株所持者（網戸持）が持株数に応じて収益配分を受けるとともに、網戸への賦課役である浮役米（そのうちの「夫銭」のみは網子等が負担）や、漁具等の立網漁操業に関わる費用などを負担した。その他、地方年貢以外の漁業関係で特徴的な役負担として、舟役、「立物三分一」（時々の立網漁の漁獲高から一定の割合を上納）、「釣漁十分一」（時々の釣漁の漁獲高から一定の割合を上納）などがあった。上記の分一役の課税対象は、マグロ、カツオ、イルカなどの回遊魚であった(5)。

　近世後期の支配領主についても確認しておくと、寛政六年（一七九四）時点においては、重寺村、三津村、長浜村、重須村が幕領、小

表1　文化・文政期（1804～1830）を中心とした内浦六ヶ村の村高、軒数など

	村高（石）	軒数	軒数のうち津元	軒数のうち網子	軒数のうち別稼	浮役米（石）	網戸（＝網組）数	1網組の網子人数
重寺	27.673	67	4	59（1軒に1人）	2	6	4	14～18（明治15年）
小海	21.564	30	4	？	？	4.25	2	8
三津	162.8	100	3	24（1軒に1人、1人は他村より抱え）	74	7.75	3	？
長浜	43.535	40	3	30（1軒に1人）	7	14.7	5	6
重須	151.74	54	2	14（3人は他村より抱え）	41	5.35	3	7
木負	75.692	60	5	17	38	1.9	2	8

・村高から別稼までは、文政6年（1823）「五ヶ村軒別改覚」（「豆大」1103）をもとに記載。
　ただし、小海村のみは、文化14年（1817）「伊豆国君沢郡小海村差出帳」（「沼増」20）による。
　さらに、小海村の「軒数内・津元」は文化15年「新規立漁場差止願書」（「豆大」1061）による。
・浮役米（漁業関係の役負担の一種）は、和田注4著書、27頁の表をもとに記載。
・網戸数（文化年中（1804～18））、1網組の網子人数（寛延3年（1750）、重寺のみ明治15年（1882））は、松井注5①論文の表をもとに記載。ただし、小海村の1網組の網子数のみは、文政元年「新規立漁場差止願書」（「豆大」1066）による。
・重寺村の軒数と、その内訳である津元・網子・別稼の合計値とが不一致の理由は不明。

海村が小田原藩領、木負村が旗本間部主水知行所であった。文政元年（一八一八）時点では、重寺村、三津村、長浜村が旗本津田壮之助知行所、重須村が旗本大久保飛騨守知行所、木負村が旗本間部主殿守知行所であった(6)。

続いて、長浜村の概要をみてみよう。村内には、いずれも大川姓を持つ、屋号大屋（小文治・四郎左衛門）・大上（一平次・平蔵）・北方（次郎兵衛）の三津元家と、大網舟方（大屋）・四郎次方（大屋）・五郎左衛門方（北方）・三人衆方（大上・北方）・法船方（大屋・北方）の五網組(7)、小脇・網代・宮戸・小沢・二俣の五網戸（図1）が存在した。

文化一四年（一八一七）の当村の階層構成を表2で確認してみると、そもそもの村高が小さいため、単純に所持高で比較した場合、各百姓の間にさほどの懸隔はないとみえる。とはいえ、浮役負担も含めて考えるに、津元と網子（夫銭負担者）、浮役負担者（網戸株所持者）とそうでない者との間には、やはり格差がみられ、なかでも大屋家が突出している。寛政四年の「長浜村明細差出帳」によれば「農業之間男ハ漁業相稼、女ハ稼なし」（「沼大」一八）とのことであり、表1によれば、文政六年（一八

表2　文化14年(1817)長浜村各百姓の所持高・年貢諸役負担高

名前	所持高	左記取米 (「免」約39.1%)	夫銭	浮役	左記諸負担合計
小文次(大屋)	7.71	3.015		四郎次／2.376 大網舟／1.188 同4分1／0.297 五郎左衛門／0.594 同6分1／0.198 法船方／0.594 同4分1／0.297 三人衆／0.754 合計6.298	9.313
治郎兵衛 (北方・名主)	7.032(内0.867未荒引、残6.165)	2.411		五郎左衛門／0.594 法船方／0.594 三人衆／0.754 合計1.942	4.353
七兵衛	3.39	1.325	0.057		1.382
金左衛門	1.291	0.505	0.051	法船方4分1／0.297 ？／0.396 合計0.693	1.249
三津・久左衛門				大(ヵ)／0.594 法船／0.594 合計1.188	1.188
一平次(大上)	1.408	0.551		0.64	1.151
治兵衛	1.047	0.49	0.057	0.297	0.844
三津・重次郎				0.754	0.754
三津・清助				0.594	0.594
藤四郎	1.205	0.471	0.057		0.528
勘七	1.213	0.474	0.038		0.512
住本寺	1.111	0.434			0.434
庄八	0.978	0.382	0.038		0.42
仁左衛門	0.878	0.343	0.038		0.381
惣八	0.864	0.338	0.038		0.376
長兵衛	0.818	0.32	0.048		0.368
安兵衛	0.812	0.317	0.041		0.358
多左衛門	0.777	0.304	0.038		0.342
忠助	0.86	0.336			0.336
宇兵衛	0.68	0.266	0.057		0.323
庄吉	0.677	0.265	0.038		0.303
安養寺	0.776	0.303			0.303
亦右衛門	0.633	0.248	0.048		0.296
七右衛門	1.059(内0.42荒引、残0.639)	0.25	0.038		0.288
久七	0.574	0.224	0.038		0.262
源兵衛	0.646	0.253			0.253
善右衛門	0.522	0.204	0.048		0.252
伊右衛門	0.485	0.19	0.057		0.247
由右衛門	0.468	0.183	0.041		0.224
文蔵	0.557	0.218			0.218
重左衛門	0.348	0.136	0.038		0.174
喜平次	0.3	0.117	0.048		0.165
久左衛門	0.227	0.089	0.041		0.13
太次右衛門	0.214	0.084	0.041		0.125
三右衛門	0.137	0.034	0.051		0.085
与惣左衛門	0.06	0.023	0.057		0.08
平吉	0.07	0.027	0.038		0.065
兵右衛門	0.067	0.026	0.038		0.064
庄左衛門	0.067	0.026	0.038		0.064
伊兵衛	0.04	0.016	0.038		0.054
惣左衛門	0.105		0.041？		0.041
安右衛門			0.038		0.038
又四郎	0.09	0.035			0.035
勘兵衛	0.09	0.035			0.035
善七	0.083	0.032			0.032
合計(45人)	39.091	15.3	1.332	12.406	29.039

・文化14年「御定免御取附名寄帳」(「国大」23Z3-3920)より作成。　・単位はいずれも石。
・津元3家および浮役負担者名には網掛け。　・「左記諸負担合計」の降順で配列。

一三）の時点では、軒数四〇軒の内、三軒が津元、三〇軒が網子、七軒が別稼ぎであり、漁業を主要生業として、津元―網子関係にもとづいて村が成り立っていたことが考えられる。三つの津元家は、それぞれに自らの網組による漁業経営のほかに、地主・金融経営なども含めた多角的経営を行い、網子たちは、主には網組に所属して立網漁に従事することで得られる稼ぎのほか、それ以外の小規模漁業を行ったり、多少の田畑を所持している場合にはそれらを耕作したりといった形で、それぞれ生計を立てていたのであろう。

二　近世後期、大川（大屋）家による金融経営の状況

右の諸事を確認したうえで、以下、大川（大屋）家の金融経営の状況について分析してゆく。そのために本章で注目するのが、天保一五年（一八四四）の「貸附金覚帳」（「大屋追」Ⅰ（2）8）である。表紙には、「大川四郎左衛門」の名がみえ、大川（大屋）家の経営にかかるものであることがわかる。この横帳からは、その表題のとおり、当時の大川（大屋）家による金子貸付の様子をみてとることができる。この帳簿に記された、貸付相手（借主）と金額、場合によっては用途や質物（担保）についてまとめたものが、表3である。

貸付相手をみてみると、居村である長浜村（村）のほか、小坂村、天野村、久連村、重須村、下修善寺村、中村、御門村、守木村、佐野村、本立野村、花坂村、下舟原村、上舟原村、四日町村、北条村、立保村、塚本村、熊坂村、吉原村、門之原村、本□木村、大沢村、瓜生野村、今泉村、河内村、青野村、長岡村、長瀬村、堀切村、戸沢村、上修善寺村、木正（木負）村、大平村、古宇村の村名がみられる。合計で三四ヶ村ほどに及んでいる。居村長浜村および重須村や木正（木負）村といった内浦地域内の村々のほか、地域を越え、また、伊豆半島

内陸部も含めて、数多くの村々を対象としていることがみてとれる（図2）。なかには、半島を離れた吉原・今泉といった村々もある。これまでに、近世後期の他の津元家の金融・地主経営に関して検討してきたように、(8)内浦内外にわたる広域的な規模での展開をみてとることができ、さらに、その対象となる村の数でいえば、これまでに確認してきたなかではトップクラスのものといえる。

筆者は別稿で、内浦と周辺内陸部との間には、魚をはじめとした所物品の輸送・販売にもとづく関係が存在し、津元の地主・金融経営の対象範囲はそれらと類似することを指摘した。すなわち、津元による地主・金融経営の範囲は、まったく新たに開拓されたものではなく、漁業にもとづく地域経済関係をも利用しながら拓かれていったものではないかと推測した。(9)表3に確認される村々についても、別稿で諸物品の輸送・販売を考察した際に登場した町村との重複が数多くみられる。重須村、戸沢村、花坂村、長岡村、中村、天野村、長瀬村、小坂村、御門村、守木村、堀切村、大沢村、木負村、北条村、がそれである（別稿の表4—2、表6参照）。すなわち、右の推測が、この大川（大屋）家の事例からも裏付けられるといえよう。

貸付相手や金額、用途について、もう少し細かくみてゆこう。貸付金額については、数両～十数両の範囲のものが多いが、数十～一〇〇両の規模のものも、少なくはない。関係する村々の数の多さのみならず、一定程度の高額貸付にも対応が可能だったようである点も注目される。

貸付相手をみてみると、名主、組頭、百姓代といった村役人たちを相手にした貸付も多くみられる点が注目される。金額が数十両という比較的高額であったり、村入用金に充てる旨が記されていたりすることもしばしばである。これは、大川（大屋）家が、個別の家々を対象とした貸付ばかりではなく、村という共同体を対象とした貸付も盛んに行っていたことを示していよう。他の史料から確認できる事例として、次のようなものもある。

史料1（「大屋追」Ⅰ（1）151）

借用申金子之事

一、金弐百両也　　但年

為此質物

上中下畑屋舗田成合七反五畝拾七歩　　但別紙□□反別、字位付横帳相添

分米合六石四升六合

此預口米四拾俵五升　　但四斗入引無シ

右者私共村方之儀、新規増養水堀普請入用其外共村入用多分ニ而、賄方差支候間、御無心申入候処、速ニ御聞済被下、書面之金子御貸附被下、只今慥ニ借用仕、村方要用ニ相立候処、実正ニ御座候、然ル上返済之儀者、来ル十一月廿日限り元利取揃無相違返済可致候、勿論村方要用ニ相立、一同調訳仕候恩金之儀ニ付、仮令借主引請役人如何様之儀御座候とも、後役与頭・百姓代一同ニ而引受、右質地糞西方江為渡候歟、村方ゟ弁金いたし候而茂、聊茂御苦労相掛不申皆済可致候、仍之名主所持之田方質入、村役人三判引請証文入置申処、如件

慶応三卯年正月

駿州富士郡

西比奈村

名主

借主　野村吉兵衛（印）

百姓代

引受人　丈助（印）
同　　　　同
同　　　友右衛門（印）
今泉村
親類
証人　源左衛門（印）
豆州長浜村
又郎殿

前書質地高反別御水帳ニ引合、相違無御座候ニ付、奥印仕候
西比奈村
与頭
幸兵衛（印）

慶応三年（一八六七）、駿河国富士郡西比奈村の名主が借主となり、長浜村の又郎から金二〇〇両を借用している。（児玉）又郎というのは、後述するように、当時の大川（大屋）家当主四郎左衛門の父であり、嘉永二年（一八四九）に隠居し分地（分家？）をしていた人物のようである。借用の理由は、「新規増養水堀普請入用其外共村入用多分ニ而、賄方差支候間」とのことであり、村の運営において必要となった大きな金額の借用を求めているの

である。さらに同年二月には、「吉原湊口普請入用金出金ニ差支」えたとの理由で、同じく金一〇〇両を借用している（「豆大」一四二四）。

表3・史料1にみられる、村を対象とした貸付については、大川（大屋）家が求めたというよりも、入用金の調達に困った村々の側が、同家を頼ったという事情によるものであろう。金融経営者としての同家の存在が、内浦地域を越えて、広く周辺地域にまで知られ、頼られていたことが考えられる。

そのような貸付の一方で、居村である長浜村の村人たちや、四郎治（次）方網組（表3 №30・31）・五郎左衛門方網組（表3 №154・155）の網子中に対して、数両～十数両の貸付も行っているのである。その類似事例としては、たとえば次のような史料もみられる。

史料2（「大屋追」Ⅰ（3）9）

年賦金証文之事

一、金弐拾両也　　　但文字金也

右者此度無拠入用ニ付、貴殿江御無心申入、書面金子只今慥ニ受取借用申処実正御座候、返済之義者来寅年ゟ亥年迄拾ヶ年之内壱ヶ年ニ元金弐両江利足壱割之勘定を加へ、霜月廿日限り年々無滞相済可申候、尤元金減候ニ預し利足之義者減し相済し可申候、右者格別之御勘弁を以御聞済被下候以上者、如何様之不漁打続候とも前書之通り相済、年延之儀決而御無心申間敷候、為後日連印仍而如件

大網舟方

海士方　庄治郎（印）

文政十二丑年十二月

同　善左衛門（印）
同　庄八（印）
同　仁右衛門（印）
へら取　徳蔵（印）
証人　治兵衛（印）

四郎左衛門殿

文政一二年（一八二九）に、長浜村の大網舟方網組の海士方（網子）の人々が、「無拠入用」により大川四郎左衛門から金二〇両を借用したことを示す証文である。へら取というのは、各網組の網子たちのなかでのリーダー的存在である。(10) さらに、次のような事例もある。

史料3（「大屋追」Ⅰ（1）99）

借用申金子之事

一、金六拾両也　但シ当通用金也

右者此度私共商売入用金ニ差支、無拠貴殿江御無心申、書面之金子借用仕、只今慥ニ請取申候処、実正ニ御座候、然ル上ハ返済之義、来十月晦日限り通用之利足差加、元利急度返済可仕候、万一季月過相滞候得ハ、如何様之懸相ニ預り候とも一言之申訳無御座候、為後日入置申一札証人加判仍如件

嘉永元年　長浜村

申六月日

借主
忠次郎
三津
同
勘七（印）
同
仁右衛門（印）
同
仁左衛門（印）
証人
儀兵衛（印）

長浜村
四郎左衛門殿

嘉永元年、「商売入用金ニ差支」えたため、長浜村の忠次郎、三津村の勘七・仁右衛門・仁左衛門が、金六〇両を四郎左衛門から借用している。忠次郎、勘七は在村の魚商人であったことが確認できる。(11) 仁右衛門、仁左衛門もおそらくそうなのであろう。

先行研究では、重須村の津元土屋（屋号西）家について、三津湾周辺の小百姓への生活維持のための少額貸付と、三津村の商人への資金貸付という区分ができること、[12]長浜村の津元大川（屋号大上）家について、村内の網子に対する少額貸付が主である他に、数人の近村の商人にも貸付をしていること、[13]が指摘されている。

そこに、大川（大屋）家の事例を加味するに、事態はさらに広がりをもって把握することができると思われる。少額貸付の範囲は、居村や内浦近隣の沿岸部を越えて、深く内陸部にまで入り込んでいる。個別の家々のみではなく、村という共同体を対象とした貸付も多くみられ、そのなかには、数十両～百両単位の高額貸付も、ままみられる。そして、史料3のように在村商人の経営資金に充てられるような貸付もしている。大川（大屋）家が、経済的な面で、身近な居村周辺の人々とともに、離れた村々をも支える存在であったことがうかがわれる。このような性格が、どこまで他の津元家にも該当し得るものかは、今後、あらためて検証が必要であろうが、この大川（大屋）家の経営規模は、諸津元家のなかでも最上位クラスにあったものではないかと想像される。

また、表3の典拠としている天保一五年「貸附金覚帳」には、貸付に際しての質物が記されていることもあり、田畑や山などの土地が質に充てられていることが多くみられる。史料1でも、畑・屋敷が質として記されている。本章では、地主経営には踏み込まないが、金子貸付と連動した土地集積の状況が垣間見えるといえる。

別稿でも言及した事例であるが、嘉永二年一一月、大川四郎左衛門が妹の峯に所持地を分け与えている。その内容は、村内の畑・屋敷合計（分米）一石八斗二升二合四勺および山林二ヶ所に加え、「越石分」として内浦内外の村々の土地合計一六九石三斗九升一合六勺を譲渡するというものであった（「豆大」一二四〇）。登場するのは、北条村、中村、南条村、天野村、小坂村、松ヶ瀬村、大沢村、瓜生野村、戸沢村、久連村、平沢村、古宇村、長岡村、神益村、大仁村、河内村、後山村、の一七ヶ村である。[14]さらに同年同月、四郎左衛門の父である又郎が、隠居株として瓜生野村・大沢村・久連村・立保村の田畑（分米合計九・一五四三四石）・山（合計五ヶ所）を分地している。また、それらについて、自身の死後には倅・四郎左衛門に譲るとしている（「豆大」一二四一）。

右のことからは、当時の大川（大屋）家にあって、右の譲渡分や分地分を上回る量の土地を所持していたことが想定される。金融経営と連動する形で、地主経営もまた広範囲かつ大規模に展開していた蓋然性は高いといえる。

その他注目されるのは、表3に登場する木負村の勘右衛門、今泉村の八左衛門が、大川（大屋）家の親類だったことである（「豆大」一二四〇・一二四一）。表3において、今泉村の八左衛門は名主としてみえるのであり（表3No.141・142）、個別の家に対する貸付ではなく、村に対する貸付がなされたのだとみられる。以上のことから、大川（大屋）家が、広く村外の家々との親類関係を持っており、金融経営に際してもそのことが影響していたと考えられる。あるいは、今泉村の八左衛門のような者からすれば、親類関係の存在ゆえに、遠隔地ではあっても大川（大屋）家を頼ったという事情があるのかもしれない。それに、親類関係を持っていた家の家格や経済力なども気になるところである。親類関係は、今泉村の名主八左衛門のように、村の政治的・経済的上層に位置する家々との間にばかりみられるものだったのであろうか。また、表3には、塚本村の名主・組頭・百姓代の村方三役が名を連ねて、一〇両を借用している事例もみられる（表3No.92）。大川（大屋）家の系図によれば、文政一二年に没した先代当主の小文治は、塚本村渡部丈右衛門の倅であり、当家に入婿した人物のようである。[15] 塚本村に対する貸付にも、親類関係が影響している可能性があるといえよう。

津元家による金融経営の分析にあたっては、輸送・販売までを含めた形での、漁業という生業にもとづく関係に加えて、親類関係の影響も考慮してゆく必要があろう。当時の津元家の親類関係については、いまだ十分に解明されておらず、今後の検討によって、さらに多くの親類関係の存在と、それらの経営への影響関係について、明らかにし得ると考えられる。

史料４（「大屋追」Ｌ（1）10）

覚

一、金五拾両也

右者当刹諸堂再建ニ付、書面之金子格別之以御厚志預御寄附、忝令納庫候、為後鑑譜書一札如件

宮上村※

最勝院

執事（印）

文久三癸亥年

十一月廿日

長浜村

児玉又郎様

（※端裏書には「宮上村」ではなく「梅木村」とある。）

右の事例は、以上にみたような大規模な金融・地主経営の展開もあってもたらされた経済力を示すものであろうか。四郎左衛門の父であり、隠居の身であった児玉又郎が、文久三年（一八六三）に、宮（之）上村（梅木村）最勝院の諸堂再建にあたって、金五〇両を寄付している。宮上村（梅木村）は、内浦から離れた伊豆半島の内陸深い位置にある。大川（大屋）家あるいは又郎と最勝院との関係の詳細は未詳であるが、何か縁あっての寄付なの

であろう。貸付のみならず、このように遠隔地の寺社へ多額の寄付をすることも行っているのである。
なお、貸付金の元金および利足の回収率や、経営状況の時期的な変化について、本章では検討の余力がなかった。それはまた別の機会としたい。

三　近世後期〜明治初期の内浦を取り巻く時代状況との関係

先に検討した、近世後期の大川（大屋）家の金融経営は、当時の長浜村や内浦地域を取り巻くどのような状況のなかにあったのであろうか。次には、いくつかの事例を取り上げながら、そのことについて考察してゆく。

1　長浜村内の動向

まずは、村内の動向をみてみよう。すでに別稿で何度か言及した事例であるが、近世後期の長浜村では、網子たちが津元の立ち会いなく水揚げ処理および漁獲物の売却を行ったことが問題化し、津元に詫びている事例を二件、確認することができる。文化一四年（一八一七）と天保三年（一八三二）である。(16)

史料5（「豆大」一〇五六）

一札之事

当月十日昼九ツ時、網代ニ鮏御座候処、其節へら取共別用有之、各々様御立合之席江罷出、網代ニ居合不申候故、若キ者共儀、御届ケ不申埒あけ致し、鮏三百五拾本内々ニ而売捌申候処、御分一御請負方へ相聞へ

各々様江御沙汰御座候ニ付へら取共御呼出、御穿鑿有之、其節網代ニ居合候網子ハ乗組はなし猶又御吟味御願可被成段被仰聞候処、其趣申渡網子仲間相離し申候処、ヶ様ニ相成、其者共難儀至極仕後悔仕候間、私共一同偏ニ御侘申候者右之魚数不残差出、御帳面江御記シ此度不埒仕候儀、何卒御憐を以、御捨免被下候様、申入候得共御分一上り候魚之儀ニ御座候得者各々様御了簡ニ而内済難被成旨被仰聞御尤ニ存候、依之猶又御侘申候者此已後鮪しめか鰹之儀者不及申、少々之鮭有之候共決而無沙汰ニ埒あけ仕間敷、急度御届ヶ申、御立合無之内者取あけ申間敷旨申立候処、御聞入、御分一御請負方へ御相談被下候上、格別之御勘弁を以、此度之儀御捨免被下大慶仕候、然ル上者自今万一右体不法之儀仕候ハヽ、其節如何様御執計被成候共少も御恨ミ申間敷候、為後日網子連印依而如件

文化十四年丑七月

長浜村
大網舟方
へら取
又右衛門（印）
同
治兵衛（印）
網子
仁右衛門（印）
同
惣八（印）

同　善右衛門（印）
同　庄八（印）
三人衆方
へら取　七兵衛（印）
同　伊右衛門（印）
網子　佐助（印）
同　重左衛門（印）
同　勘七（印）
同　平吉（印）

長浜村

御津元衆中

史料6（「大上」Ｉｅ73）

差上申一札之事

一、当十月十一日九ツ半時、五艘寄合網代三人衆方〆網ニ而鮪漁御座候処、へら取御津元衆中へ御届ケニ可上候処、引続網戸口へ魚見へ候ニ付、無沙汰ニ取揚、其上私とも了簡ニて商人江売捌魚為積出候跡ニ而御届ケ申候処、従之御穿鑿有之一言之申訳も無御座候、重之不届之条、被仰聞候処、私共ハ勿論網戸ニ居合候者迄も乗組ヲ相離し候趣被仰聞候段、御尤ニ存候、左様相成候てハ誠ニ難儀至極ニ仕候、依之一同御訴訟申入候得とも、御分一上り候魚之儀、殊ニ相津元ニ対し内済難被成旨被仰聞驚入候、依之当村ゟ重須村へ乗組候網子善七与治郎七与両人ヲ相頼、偏ニ内々事済候様御詫呉候様願上候者、右魚不残差出し御帳面江記、此度之不埒仕候儀何卒御憐ヲ以御捨免被成下候様、種々御詫申候処、格別之御勘弁を以此度之儀御捨免被成下大慶仕候、此已後諸魚決而無沙汰ニ取揚申間敷候、御届ケ立合無之内者取あけ申間敷旨被仰渡候段、急度相守可申候、万一右体不法之儀者不及申漁業不情仕候ハヽ、其節者如何様御執計ニ被成候而も少も御恨申間敷、為後日一札依而如件

三人衆方へら取

徳兵衛（印）

和七郎（印）

天保三年辰

閏十一月日

証人

善　七（印）
治郎七（印）

三人衆方
御津元様

これらの事例では、津元という存在が、漁業の現場作業への関与の度合いが希薄な性質を持つものであったなかで、操業の仕上げかつ自らの立場を示すものとして重要であったと考えられる、水揚げ時の立ち会いの役割をないがしろにされてしまっているのである。これまでの津元―網子関係の根底に関わる事態の出来といえる。ただし、天保三年の事例は、大川（大屋）家の網組ではない、三人衆方網組の話なので、直接的には同家に関わるものではないが。

しかし、右のような行為の一方で、この時期の網子たちは、先の表3や史料2でみられるように、津元からの借金をたびたび行っているのである。その他にも、たとえば次のような事例がみられる。

史料7（「大屋追」Ⅰ（1）164）

借用申金子証文之事

一、百貫文也　　但し通銭也

右者此度無拠不漁ニ付、貴殿方へ御無心申借用書面之銭百貫文慥ニ受取申処、実正ニ御座候、但し返済之儀者来ル辰ノ八月晦日迄ニ急度返済可仕候、為後日仍而証文如件

慶応四辰とし七月日

長浜
四郎治方
網子中
世話人
久五郎（印）
平兵衛（印）

同村
又郎殿

史料8（「大屋追」Ⅰ（1）166）

借用申金子証文之事

一、金九両也　但通用金也

右者当辰御年貢御上納差詰り、貴殿江御無心申処、早速御聞済被下、難有借用申、金子只今慥受取申処、実正ニ御座候、然上ハ御返金之儀ハ当辰之十二月ゟ来巳之六月晦日限、大法之御利足を以元利共無相違急度御返金可申候、為後日へら取証印如件

長浜村
三人衆方（印）

明治元年

借主

辰十二月日

網子中（印）

証人
七兵衛（印）

同断
勘七（印）

又郎殿

史料9（「大屋追」Ⅰ（1）158）

借用申金子証文之事

一、金三拾両也　　但通用金也

右者神社修覆金之内、我等共当暮上納金ニ差支御無心申入、前書之金子借用仕、慥ニ受取上納金仕候処、実正ニ御座候、然上者年中壱割之利永年々出金可仕候、且又御修覆御入用之節、右利永相加元利共調達仕、無相違返済可仕候、其節難渋ヶ間敷儀決而申間敷候、右金五艘網子共割合借用仕候上者、御取立之節、若仲間之内出金相成兼候者有之候ハヽ、仲間一同弁金致、無互ニ滞出金可仕候、為後日五艘網子連印一札差出し候処如件

慶応三卯十二月日

長浜村五艘網子中
惣代へら取
七兵衛（印）

同村御津元　　久助（印）
同断平蔵殿　　久五郎（印）
同断忠左衛門殿　　藤四郎（印）
同断四郎左衛門殿　　金左衛門（印）

不漁や年貢金の不足、あるいは神社修復のための上納金の不足を理由に、網組の網子たちが共同して借用している。時期としては、最幕末から明治にまで及んでいる。史料9については、村内の五網組の各へら取を代表として、全網子が、全津元三家から金三〇両を借用するという体裁である。漁業操業の面で、津元の立場をないがしろにする史料5・史料6のような行為の一方で、経済面では津元たちに頼っている状況が、そこにはうかがえるのである。

2　地域的動向のなかでの位置づけ

続いて、当時の地域的な動向についてみてみよう。別稿でまとめたように、近世後期においては、内浦地域内外にわたって、新規漁業に関する争論が多発している。例えば、享和三年（一八〇三）頃に、北隣の駿州五ヶ浦および内浦地域で、小前等による長縄釣漁が盛んになった一件などである。内浦地域の津元等は、一貫してそれら新規漁業に強く反発するも、小前・網子等や他地域の人々のなかには、それらに魅力を感じる向きもある様子がうかがえる。(17) さらには、内浦地域内での立網漁に限っても、新規網戸（漁場）の開発・利用をめぐって大きな争論が起こっている。文化一四年〜文政七年（一八一七〜一八二四）の、小海村の地先海面をめぐる一件および、天保一四年～弘化二年（一八四三～一八四五）、嘉永七年～安政三年（一八五四～一八五六）に、ともに重須村の地先海面に関して争われた二件である。特に、先の二件については、従来の津元以外の者が網戸開発の主導者となっている点で、注目されるものである。(18)

さらに、近世後期の当地域の状況を考えるうえでは、次のことも注目される。嘉永七年一一月に発生した安政東海地震は、この内浦地域の村々にも甚大な被害をもたらした。長浜村では、一六軒の網小屋において諸道具が流失、四一軒ある家々のうち、五軒が全壊、二軒が半壊、二九軒は居宅は残ったものの建て替えなしでは居住不可、五軒が居宅は残ったが、物置や土蔵が破損、などといった大きな被害が出たようである。一方で、幸い人的被害はなかった様子である。(19)

この時の地震・津波でさらに大きな被害を受けたのが、重須村であった。地震により村中民家をあらまし押し崩したうえ、間もなく大山のような大津波が三度打ち上げ、民家・土蔵とも跡形なく、「一円河原」となったという。これにより、百姓代の三十郎が溺死したほか、二名が死亡し、組頭の喜藤次は大怪我で半死半生の状態になったとのこと。喜藤次は、重須村に二家あった津元家の片方、土屋（屋号西）家の当主である。名主かつ津元の土屋（屋号浜）伊左衛門は、不幸中の幸いというべきか、韮山役所へ呼び出されていて無事であった。田地は皆流れてしまい、小前百姓たちはその日の食物にも困る始末。近郷でも大分死人が出たが、自分の村は特別ひどい。自分の屋敷は跡形もなく一円に海となっていた。百姓代の三十郎の屋敷も同様であり、その他筆紙に尽くしがたい（「豆土」一二八一）。史料には、以上のようなことが記されている。長浜村もさることながら、重須村ではさらに深刻な被害が出てしまった様子である。全体として人的・物的に大きな被害を蒙ったほか、村運営の指揮をとる村役人たちの身や住居への大きな被害も出たようなのである。

自身の身は無事であったものの、屋敷を跡形もなく流されてしまった土屋（浜）家にとって、その経営の立直しは容易ではなかったようである。『豆州内浦漁民史料』からざっと確認しただけでも、安政二年から慶応二年（一八六六）にかけて、当時の同家当主俊助および隠居の父宜太夫（「豆土」一三七八）が、合計で九三五両に上る借金をしている（表4―1・表4―2）。『豆州内浦漁民史料』以外の諸史料をあたれば、さらに多額であったことがわかるかもしれない。本章の主題である、長浜村の大川（大屋）家の金融経営との関わりでいえば、合計で三件、一九五両を同家の隠居と思われる（児玉）又郎から借りていることがみてとれる。大川（大屋）家の経済力は、このような大災害の折にも活かされていたのである。

さらに付け加えておくと、先述した、嘉永七年〜安政三年の重須村地先海面をめぐる争論もまた、この安政の地震・津波が契機となって生じたもののようである。近世後期の内浦地域では、村内での津元―網子関係を動揺させる事態の出来や、新規漁業や漁場をめぐる争論の頻発、大きな自然災害の発生など、村や地域の成り立ちに関わるさまざまな事柄が発生していたのであり、そうしたなかで、人々の利害関係は複雑に絡み合っていたのであろう。その状況下で、大川（大屋）家のような津元家は、内浦地域内外にわたる規模で金融経営を展開していたということである。もちろん、漁業による収入を金融に投下したり、逆に金融による収入を漁業に投下したりすることで、自家経営の安定と拡大を図るという側面もあったのであろう。しかし、それを超えた意義もあったのではなかろうか。単なる居村の漁業の津元（網元）という役割を超えて、金融経営という側面において、ある種の広域的な社会的役割をも担う存在になっていたといい得るのではなかろうか。

表4-1　重須村・土屋俊助による借金

年月	相手	金額(両)	理由	質物	典拠
安政2年11月	長浜村・忠治郎	10	要用		豆土1310
辰(安政3年)11月	三津村・勘七	10	要用		豆土1327
安政3年12月	重須村・忠七	30	要用に差支		豆土1329
安政4年2月	長浜村・又郎	10	要用差支		豆土1331
安政4年7月	長浜村・忠次郎	20	無拠要用に差支		豆土1341
安政4年12月	韮山役所	30	無拠入用		豆土1345
巳(安政4年)12月	長浜村・金左衛門	5	要用に差支		豆土1346
安政6年11月	三津村・儀右衛門	15	無拠要用	下畑3畝23歩5厘 (分米0.1875石。蜜柑木7本、小木5本とも)	豆土1357
安政6年12月	韮山役所	50	無拠入用		豆土1358
安政7年4月	長浜村・又郎	25	無拠要用に差支		豆土1359
万延元年11月	紀州様御貸附所	100	年貢上納・要用金に差支	上田5反6畝2歩(分米8.41石) 中田3反1畝7歩(分米4.06石) 下田1反7畝歩(分米1.7石) 合計1町4畝9歩(分米14.17石、取米6.412石、小作預ケ口米48俵)	豆土1365〜1368
万延元年12月	韮山役所	25	無拠入用に差支		豆土1372・1380
文久元年7月	小海村・彦五郎	10	急村用に差支		豆土1374
文久元年7月	江間村・善左衛門	25	無拠入用に差支		豆土1376
文久元年11月	大場村・又兵衛	50	無拠入用	字椎ヶ洞・杉林1ヶ所 (立木300本・5尺〜8尺)	豆土1381
文久元年11月	山木村・範左衛門	50	無拠入用	字椎ヶ洞・杉林1ヶ所 (立木300本・5尺〜8尺)	豆土1382
文久2年2月	長浜村・忠次郎	10	要用に差支	字城山・山林1ヶ所	豆土1385
文久2年11月	長浜村・忠次郎	40	要用に差支	字月山1巻	豆土1388
文久2年12月	韮山役所	100	無拠入用に差支		豆土1391
慶応元年11月	韮山役所	100	無拠入用に差支		豆土1408
慶応2年10月	重寺村・次郎右衛門	50	要用に差支		豆土1417
合計		765			

表4-2　重須村・土屋宜太夫による借金

年月	相手	金額(両)	理由	質物	典拠
文久元年8月	大左司馬	5	無拠要用に差支		豆土1377
文久元年12月	三津村・儀右衛門	5	無拠要用に差支		豆土1383
文久3年12月	兒玉又郎	160	年貢諸役金上納に差支	重須村西方網戸3分1	豆土1393
合計		170			

3　明治期における大川（大屋）家の経営状況

先行研究でもいわれ、筆者も別稿で検討したとおり、明治期に入ると、内浦地域では、旧来の特権などをめぐって、網子・小前たちによる激しい津元批判が起こる。そして、明治政府の海面官有宣言による海面使用権の改変、税制の改変などの動向も相まって、津元たちは網元、漁業経営者としての優位的立場を急速に衰えさせてゆく。長浜村ではその動きが特に激しかったといえ、早くも明治二年（一八六九）には、津元と網子の大きな対立が生じ、同一七年には津元制度廃止へと至っている。[20]

ここまでの検討をふまえるに、近世後期の津元家は、単なる網元としての存在を超え、盛んに他に貸付を行う、地域の金融業者的性格を持つようになっていた。網元としてだけみるのでは、捉えきれない存在だったということである。それでは、明治期に入り、漁業に関しては右のような推移を示すなかでの経営状況はどのようなものだったのであろうか。本章では、明治期の金融経営などについて、本格的な分析を行うだけの余力はなく、断片的な検討にとどまってしまうが、たとえば次のような事例を確認できる。

史料10（「大屋追」Ⅰ（1）176）

借用金証文之事

一、金弐百円　　但通用金也

利永壱割五分

此質物字大杉洞山ノ神左ノ上杉立木不残

字釜ノ後田

右者当酉租税上納金差支、貴殿江御無心申、前書之山林地所書入借用仕候処、実正也、則返金之儀ハ、来ル戌十一月限り元利迄返済可在候、万一金子滞候節ハ、前書質物売払代金を以、無相違返金可仕候、若又不足致候ハヽ、証判之者共弁金致、聊貴殿江御損毛相懸申間敷候、為後証一札差入候処、仍而如件

明治六酉十二月

借主

大川四郎左衛門（印）

証人親類

菊地与右衛門（印）

村

大川忠治郎殿

前書之通り相違無之付、令奥印候、以上

戸長

高梨藤四郎（印切り取り？）

史料11（「大屋追」Ⅰ（1）176）

借用金証文之事

利永壱割五分

一、金百円　但通用金札也

此質物杉立木数十四本　大中小

字大久保

右者当酉租税上納金ニ差支、貴殿江御無心申、前書之杉立木質物書入借用仕り、只今慥ニ受取申候処、実正也、返済之儀ハ、来ル戌十一月限り元利急度返金可仕候、万一相滞候ハヽ、加判人弁金致し、聊貴殿江損毛相懸申間敷候、為後証仍而如件

明治六酉十二月

借主

大川四郎左衛門（印）

証判

証人菊地与右衛門（印）

村

大川忠次郎殿

戸長

高橋藤四郎（印切り取り？）

前書之通り、相違無之ニ付、令奥印候、已上

右の二つの史料からは、明治六年に、大川四郎左衛門が「租税上納金ニ差支」、同村の大川忠治郎（忠次郎）から合計で三〇〇円を借用したことがわかる。質としているのは杉の立木である。

史料12（「大屋追」Ⅰ（1）177）

借用金証書

一、金百両也

右者大川四郎左衛門借用金、此度私引受、来十一月中無利足ニ而、無相違返金可申候、若返金滞候節者、此証文を以何様ニ茂御取計ひ可被成候、其節一毛之異儀申間敷候、為後日証人加判一札仍而如件

長浜村

本人　児玉又郎（印）

明治七年戌十月廿日

証人　菊地与右衛門（印）

同村

大川忠治郎殿

史料13（「大屋追」D（2）48）

三ヶ年有合質地相渡申田地証文之事

一、木負村弥兵衛ゟ買入代金弐拾両也　古証文壱通

一、同村源兵衛ゟ買代金七拾六両也　古証文壱通

一、久連村彦兵衛ゟ買入代金拾両也　古証文壱通

一、同村与右衛門ゟ買入代金拾八両也　古証文壱通

一、同村吉兵衛ゟ買入代金七拾両也　古証文壱通

以上古証文五通

地代金金百九拾四両也　　但場所附小作入口米、別紙小作帳相添

右銘々地券状之儀者、我等方江慥ニ預り置申候、地券入用之節ハ何時茂差出可申候

右者大川四郎左衛門先年貴殿ゟ幾度ニ茂借用、利永等相嵩候ニ付、此度厳敷御催促之処、不漁旁返金不相成候ニ付、前書之通り我等持地之内、来亥ゟ巳迄右金質地ニ相渡申候、然上ハ御年貢諸役等貴殿方ニ而御勤御勝手次第御支配可被成候、且地代金之内金弐拾両以上ハ何時茂御預ヶ可申、全金九拾六両之返済候ハヽ、此証文幷古証文御返却可被成候、若期年ニ至り滞候ハヽ、致流地候之条、此証文を以永久御支配可被成候、猶近年米直段格外高直候儀も有之候間、其節ハ小作取立御年貢諸役等相除、全ク除石之分御算当之上、金利壱割三分之勘定を以、貴殿致徳分返金有之候ハヽ、我等方江御返し可被下候、右約定之上ハ、御互聊不実意致し申間敷候、為後日証人連印一札如件

明治七年戌十二月廿五日

長浜村

質地渡主

児玉又郎（印）

証人

菊地与右衛門（印）

同村

大川忠治郎殿

史料14（「大屋追」Ⅰ（1）179）

借用金証文

一、金四百両也

是ハ前年ゟ幾度ニも借用金元利相嵩候分

内金三百両也

此度私祖父引受ニ而調済候分也

残金百両也　但無利足拾ヶ年賦、来亥ゟ申迄壱ヶ年金拾両宛、年々十二月限相渡可申候、且金五両以上ハ

何時ニ而茂御預ヶ可申筈対談也

右返済方、此度厳敷御催促之処、不漁相続、何分調金致兼候ニ付、前段通御無心申入候処、御承知被下忝存候、且返済之時々続取金御渡可被成金壱百両也、済切之節ハ此証文御返し可被成候、為後日証人加判一札差入候処如件

長浜村

本人　大川四郎左衛門（印）

明治七年戌十二月

証人　菊地与右衛門（印）

同村

大川忠治郎殿

継添証文之事

前書大川四郎左衛門拾ヶ年賦借用金之儀、別段御無心申入候者、一時金三拾両ニ出金致候て残金七拾両者弁□被下度段、御無心申候処、御承知被下忝存候、然上ハ、当暮中出金可仕心組ニ候得共、相続不漁旁金子不融通之時節ニ有之候間、若調達致し兼候ハヽ、来亥三月迄延年相願候、右規定之上ハ、聊滞申間敷、若滞候節ハ、加判弁金可致、貴殿江御損失相懸申間敷候、為後証証人加判一札如件

右同村

明治七年戌十一月十三日　　本人　児玉又郎（印）

証人　菊地与右衛門（印）

同村

大川忠治郎殿

史料15（「大屋追」Ⅰ（1）178）

金子借用之証

一、金百円也　　但年壱割三分利

右者無拠入用出来、御無心申、書面之金子借用申候処、実正也、返済之儀者、来亥十一月限り元利共調達返済可申候、若期ニ至り滞候ハヽ、地券証相添、相当之質地相渡可申候、右約定之上ハ決而不実意致間敷、万一返済之砌、彼是難渋ヶ間敷儀申候ハヽ、此証書を以何様ニ茂御申立テ可被成候、為後日証人加判一札差出し候処如件

長浜村

明治七年戌十二月廿五日

借主　児玉又郎（印）

証人　菊地与右衛門（印）

同村

大川忠治郎殿

史料16（「大屋追」Ⅰ（1）178）

金子借用証文

一、金三拾円也

右者大川四郎左衛門借用之処、返済相成兼、依而我等引受、来亥十一月限り我等より返済約定相違無御座候、且金子融通次第、金拾五両以上者何時茂返済申度、此段御承知可被下候、右引請候上者、聊不実意申間敷候、為後日証人加判之一札、依而如件

長浜村

明治七年戌十二月十三日

借主　児玉又郎（印）

証人　菊地与右衛門（印）

同村

大川忠治郎殿

続く史料12〜史料16には、そうした大川四郎左衛門による借金を、祖父（史料14）であり、大川（大屋）家から

隠居分家したのであろう児玉又郎が肩代わりしていることがみられる。四郎左衛門は、大川忠治郎からの借金を重ね、利足も嵩んでいたが、不漁もあって返済が滞ってしまっていた。そこで又郎が肩代わりをすることになった。史料からは、そのような事情が読み取れる。当時の大川（大屋）家にあって、経済力は潤沢だったとはいえず、借金をする必要があるほどで、その返済も滞るような状態にあったということであろうか。隠居の身にあったと思われる児玉又郎は、それを補完するような立場におり、それだけの経済力を持っていたのであろうか。しかし、史料13によれば、又郎は肩代わりに際して、かつて木負村、久連村の者から買い取った田地を質に出しているのである。それに同じ頃、このような肩代わりではない借金をしていたと思しき事例も確認できる。(21)又郎についても、経済的余裕がどの程度あったのかは疑問である。

史料17（「大屋追」Ⅰ（1）213）

借用証

一、金百円也

右者商法資本ニ差支、貴殿江御無心申入、前書金員正ニ借用候処、確実也、返済之期ハ、明治廿壱年十二月廿日限り、年内七朱利相添元利共屹度返済可仕候、万一期月ニ至リ差滞リ候ハヽ、引受方ニテ返却可仕候、為後日証判候如件

伊豆国君沢郡長浜村
三十番地　借用人　大川四郎左衛門（印）
横浜弁天通六丁目

百〇七番地　証人　鈴城吉造（印）

平野猪之助殿

史料18（「大屋追」Ⅰ（1）192）

契約書

今般貴殿ヨリ金百円借用及処実也、右金円返済法方之儀ハ、拙者所有之財産、長浜村之中字大久保杉林中、凡壱丈週リヨリ四尺週リ迄、木数六十本余、尤現今之價ヒ六百円位ナリ、該杉木売却致、此上期月ニモ不係返済可仕候、依之契約書入置キ候処如件

伊豆国君沢郡長浜村

明治廿一年二月三日

三十番地　大川四郎左エ門（印）

平野猪之助殿

さらに時期が降って明治二一年、大川四郎左衛門は、「商法資本ニ差支」、杉木六〇本余を質にして金一〇〇円を借りている。長浜村では津元制度が廃止された後のことであり、新たな経営展開を図ろうとしたなかでの借金であろうか。

別稿では、津元たちが、明治期に入ってから漁業面では大きな危機を迎えた一方で、近世以来、漁業以外の経営も手広く展開してきたことで、漁業にばかり依存せずに経営を維持し得るだけの経済的基盤を有していた者も少なからずいたと思われると述べた。近世からの蓄積をふまえて、明治期に入ってからも地主・金融経営の

継続や拡大をしていることが考えられたのである。たとえば、長浜村の大川（大上）家については、近世後期以来、浮役負担（網戸株所持）の規模がさほどでもない一方で、地主・金融経営を盛んに展開していた様子がうかがえ、そもそもにおいて、必ずしも漁業関係の要素が経営において最重要ではなかった可能性がある。また、重須村の土屋（西）家については、長浜村の大川（大上）家とは少々異なり、明治前半期には金融経営者的性格を近世後期よりもさらに強めているとともに、前代よりも弱まっているとはいえ、漁業経営面もなお重要な位置づけにあったとみえる点が注目される。(22)

しかし、今回、大川（大屋）家の事例を検討してみて感じるのは、漁業経営と金融経営との密接な連動的関係である。明治期の経営状況の本格的な分析は行っていないので、あくまでも傾向的な把握であるが、大川（大屋）家の場合、近世後期の大規模な経営展開から一転、津元としての立場の弱体化、喪失と呼応するかのように、経営全体も衰えていった様子が感じられるのである。たとえば、史料13・史料14では、不漁のために借金が滞っている旨がいわれており、当時の当家にあって、漁業経営による収入が大きな位置を占めていたことがうかがわれる。漁業は収入の振れ幅が大きな生業であり、経営上の比重が大きいのだとすると、不漁の場合の打撃も、そのぶん大きなものとなろう。

そこで、次のようには考えられないであろうか。大川（大上）家や土屋（西）家のような津元家は、時代の変化のなかで、漁業にこだわり過ぎることなく、経営の多様性を活かして生き延びることに一定程度成功した。(23)それに対して、経営的にも、また、自らのアイデンティティとしても、漁業上の立場を揺るがせにすることに耐えられなかった大川（大屋）家のような津元家は、網子からの非難も正面から受け続け、経営方針の転換も上手く図ることができず、漁業経営と連動する形で、経営全体も弱体化の一途を辿ってしまった。(24)

あるいは、明治期の状況をふまえるに、近世後期において大規模に展開していたかに見える金融経営も、回収率はどの程度であり、実質的な収益および資本力がどの程度であったのか、今回は検討が及ばなかったが気になるところである。

当然、津元家ごとの経営事情の違いは考慮せねばならないであろうが、長浜村の津元のなかでも突出した存在であった大川（大屋）家の、こうした状況をみるに、確かに、漁業以外の要素が経営を支えた側面の把握も重要であるとともに、あらためて、津元が漁業に関与していたことの経営上の意義を見直す必要があるのかもしれない。

おわりに

近世において、居村の長浜村で突出した位置にあり、内浦の津元諸家のなかでも代表的な存在であったといえる、大川（大屋）家による、漁業以外の経営状況について、これまでは、史料の未確認もあり、未解明の部分が大きかった。そこで本章では、同家からの新出史料を用いながら、特に近世後期の金融経営について、いくらかの検討を行った。その結果、同家の金融経営の状況および、それを通した村や地域での立ち位置と変容について、いくつかのことが明らかとなった。最後に、それらをあらためてまとめておきたい。

近世後期の大川（大屋）家では、これまでに検討したなかでもトップクラスの規模で、内浦地域内外を対象にした金融経営を行っていた。貸付の範囲は、居村およびその周辺といった身近のみならず、伊豆半島の内陸部ほか遠隔地の村々にまで及んでいた。それら貸付対象との関係は、まったく新たに開拓されたものではなく、輸送・販売過程までを含めた形での漁業という生業にもとづく地域経済関係をも利用しながら拓かれていったものではないかという、他の津元家をもとにした推測が、当家にも該当すると考えられる。近隣の在村商人の運営資金に充てられるような貸付もしていた。さらには、個別の家々のみではなく、村という共同体を対象とした貸付も多くみられるのが特徴的といえる。大川（大屋）家が、経済的な面で、身近な居村周辺の人々とともに、離れた村々の人々をも広域的に支える存在であったことがうかがわれる。

また、今回新たに明らかとなったいま一つの注目点がある。大川（大屋）家が、広く他村の家々との親類関係を持っており、金融経営に際しても、それが影響していると考えられることである。津元家による金融経営の分析にあたっては、右に述べた漁業にもとづく関係のほか、親類関係の影響も考慮してゆく必要があろう。

そして、右のような大川（大屋）家の金融経営を、近世後期から明治初期にかけての時代状況のなかで考えるに、次のことがみえてきた。

近世後期の内浦地域では、村内での津元—網子関係を動揺させる事態の出来や、新規漁業や漁場をめぐる争論の頻発、大きな自然災害の発生など、村や地域の成り立ちに関わるさまざまな事柄が発生していた。人々の利害関係が複雑に絡み合う、そうした状況のなかで、大川（大屋）家による金融経営は、内浦地域を大きく越える範囲で展開していた。網子たちは、津元にとっての漁業上の立場をないがしろにするような行為を行う一方で、津元からの借金もしていた。地先漁場をめぐって、村同士が争い合う関係にある一方で、地震・津波被害のような危機に際しては、津元家同士、金銭の融通がなされていた。津元は、村の漁業の網元という役割を超えて、金融経営という側面において、ある種の広域的な社会的役割を担う存在になっていたといい得るのではなかろうか。

ただし、津元家の場合は、そういった形で、広域的かつ大規模な経営展開を図り得る、そもそもの余力や条件を持っていたといえる一方で、零細な網子・小前にしてみれば、そうしたものがなく、経営危機に際しては津元に頼らざるを得なかった、という事情があったかもしれない点、注意が必要である。たとえば、津元から借金をする一方で、津元の立場をないがしろにするような行為を行っているのは、そのような矛盾の表出の一例ではなかろうか。

右のようなフラストレーションが明治への突入を契機に解放されていった、その直撃を受けたということであろうか、すでに明治初期の段階で、大川（大屋）家の経営状況の傾きを、断片的な事例からではあるが感じられる。津元という旧来の立場の維持が困難な時代状況を受け入れ、他の漁師と平等であることに甘んじたり、漁業自体から離脱したりするとともに、地主・金融といった漁業以外の経営を継続して生き残りを図った津元家もみられる。しかし、大川（大屋）家の場合には、津元という立場へのこだわりを捨てることができなかったのか、その立場の急速な弱まりとあわせて、経営状況も悪化していったことが推測されるのである。時代状況にともなう立場や経営状況の変化を受け入れていったようにみえる津元家についても、やはり旧来に比べれば、その勢力を衰えさせていったのであろうが、大川（大屋）家の場合には、その弱まりが特に顕著だったのではないかと思われるのである。

今回、大川（大屋）家の金融経営を中心に検討してきてあらためて感じるのは、他にさまざまな経営を展開していたとしても、近世において、津元はなによりもまず漁業の津元たることが、自らの立場の根本たり続けたということである。その性格を深く刻印しているほどに、近世から近代への移行にあたっての変化には対応しづらかったということであろうか。そこにはまた、政治的要素なども複雑に絡んでいるのであろう。本章をもって、今後のさらなる検討の前提としたい。

注

（1）経緯の詳細については、渋沢敬三「本書成立の由来」（渋沢（編）『豆州内浦漁民史料』上巻、アチックミューゼアム、一九三七年、のちに『日本常民生活資料叢書』第一五巻、三一書房、一九七二年所収）、沼津市歴史民俗資料館（編・発行）『豆州内浦漁民史料と内浦の漁業』二〇〇五年）など。

（2）拙稿①「一七世紀における漁村の内部秩序――伊豆国内浦長浜村・重寺村を対象に」（『歴史評論』第七〇三号、二〇〇八年）、拙稿②「一七世紀の漁業地域における秩序と領主の関係性――伊豆国内浦・駿州五ヶ浦地域を対象に」（『地方史研究』第三三三号、二〇〇八年）、拙稿③「一八世紀の漁村における内部秩序――伊豆国内浦長浜村を事例として」（『人民の歴史学』第一七三号、二〇〇七年）、拙稿④「近世漁村における網元的存在の性質について――伊豆国内浦地域の津元を事例として」（『沼津市史研究』第一八号、二〇〇九年）、拙稿⑤「日本近世漁村秩序の特質と変容」（博士論文、一橋大学社会学研究科、二〇〇九年、拙稿①〜④をそれぞれ第一章・第二章・第三章・第五章として収録）、拙稿⑥「近世後期の漁村における秩序認識――伊豆国内浦地域での漁場争論を事例に」（『東北芸術工科大学東北文化研究センター研究紀要』第一〇号、二〇一一年）、拙稿⑦「日本近世漁村における『生業知』の問題について――伊豆国内浦地域を対象に」（『歴史の理論と教育』第一三五・一三六合併号、二〇一一年）、拙稿⑧「明治初頭〜一〇年代における漁村の秩序と変容――伊豆国内浦重須村を対象に」（『東北芸術工科大学東北文化研究センター研究紀要』第一一号、二〇一二年）、拙稿⑨「明治初頭〜一〇年代における漁村の秩序と変容Ⅱ――伊豆国内浦小海村を対象に」（『東北芸術工科大学東北文化研究センター研究紀要』第一二号、二〇一三年）、拙稿⑩「近世後期〜明治前半期の沿岸村落における生業秩序」（『北陸史学』第六一号、二〇一三年）、拙稿⑪「地域経済との関係からみた近世の漁村秩序――伊豆国内浦地域を事例として」（『関東近世史研究』第七六号、二〇一四年）。

（3）前掲注2拙稿③〜⑪。

（4）ただし、それらの新出・未整理史料は、上述の研究事業においてまったく新たに発見されたわけではない。先行する複数の調査を経たものである。当研究事業では、そのうちの特に、科学研究費補助金・基盤研究（B）「中世近世移行期における土豪と村落に関する研究」（研究代表者・池上裕子、二〇〇一〜二〇〇四年度）による活動内容を継承した。また、当史料群は、二〇一四年五月に沼津市歴史民俗資料館に寄託され、当館にて整理作業が進められた。最近、沼津市歴史民俗資料館（編・発行）『沼津市歴史民俗資料館資料集29　古文書（16）長浜大川家（大屋）文書目録』（二〇一六年）として目録が刊行された。一頁目の「例言」では、当研究事業に先行する複数の調査についても言及されている。

（5）　以上のような内浦地域の概要把握には、羽原又吉「豆州内浦大網漁網度株制の発展と漁村生活との交渉」（『日本漁業経済史』中巻二、岩波書店、一九五四年）、山口和雄「近世豆州内浦大網漁業に於ける網度について」（『澁澤漁業史研究室報告』第一輯、一九四一年）、松井秀次①「豆州内浦立網漁業における津元網子関係」（『静岡大学文理学部研究報告』人文科学第三号、一九五二年）、同氏②「徳川時代の魚漁分一請負問題」（『静岡大学教育学部浜松分校研究報告』第三集・研究と教授、一九五二年）、和田捷雄『漁村の史的展開』（時潮社、一九五六年）、沼津市誌編纂委員会（編）『沼津市誌』中巻（沼津市、一九六一年）第三篇第二章第一節、祝宮静『豆州内浦漁民史料の研究』（隣人社、一九六六年）、「伊豆国君沢郡内浦長浜村大川家文書目録解題」（国立史料館（編）『史料館所蔵史料目録　第一二集』一九六六年）、沼津市歴史民俗資料館（編）『沼津市文化財調査報告第九集　沼津内浦の民俗』（沼津市教育委員会、一九七六年）、「伊豆国君沢郡内浦史料目録解題」（国立史料館（編・発行）『史料館所蔵史料目録　第二九集』一九七八年）、鈴木謙克「豆州内浦長浜村における負担・収益分配体系」（『論集きんせい』第六号、一九八一年）、山口徹『近世海村の構造』（吉川弘文館、一九九八年）第一章・終章（それぞれ初出は一九九二年・一九九五年）、福田英一「戦国末期から近世初期の伊豆内浦湾漁村における在地秩序」（峰岸純夫（編）『日本中世史の再発見』吉川弘文館、二〇〇三年）、則竹雄一「戦国～近世初期海村の構造――豆州江梨・西浦を中心に」（池上裕子（編）『中近世移行期の土豪と村落』岩田書院、二〇〇五年）、沼津市歴史民俗資料館（編・発行）『漁具の記憶』（二〇〇六年）、沼津市史編さん委員会・沼津市教育委員会（編）『沼津市史』通史別編漁村（沼津市、二〇〇七年）、前掲注2拙稿①～⑪などを参照。

また、ここで、本章にて使用する史料の表記方法を説明しておく。「長浜村大川家（大屋）文書」の『豆州内浦漁民史料』に収載分は「豆大」、国文学研究資料館所蔵の未翻刻分は「国大」、沼津市歴史民俗資料館所蔵の未翻刻分は「大屋追」、「長浜村大川次郎家（北方）文書」の『豆州内浦漁民史料』に収載分は「豆北」、「長浜村大川家（大上）文書」の『沼津市史』史料編漁村（内浦部分）に収載分は「沼大」、沼津市歴史民俗資料館所蔵の未翻刻分は「大上」、「小海村増田家文書」の『沼津市史』史料編漁村（内浦部分）に収載分は「沼増」、「重須村土屋家（浜）文書」の『豆州内浦漁民史料』に収載分は「豆土」、とそれぞれ略し、本章では必要な場合を除き、史料集上の番号や目録番号のみを記す。
（6）前掲注2拙稿⑥など。
（7）各網組の後の括弧内には、その網組の津元を記している。前掲注5山口和雄論文による。
（8）前掲注2拙稿④⑤⑪など。
（9）前掲注2拙稿⑪。
（10）前掲注5祝著書、三一一・三一三頁。
（11）忠次郎については、前掲注5『沼津市誌』中巻・第三篇第二章第一節、勘七については、前掲注5「伊豆国君沢郡内浦史料目録解題」。
（12）山口徹「豆州内浦重須村の津元経営と村の構造」（『沼津市史研究』第一四号、二〇〇五年）。
（13）前掲注5『沼津市誌』中巻・第三篇第二章第一節。
（14）前掲注2拙稿④⑦など。
（15）前掲注5「伊豆国君沢郡内浦長浜村大川家文書目録解題」。
（16）文化一四年の事例は、前掲注2拙稿⑤第四章、天保三年の事例は、前掲注2拙稿④など。
（17）前掲注2拙稿⑦など。
（18）前掲注2拙稿⑥など。
（19）前掲注5『沼津市史』通史別編漁村・第六章第二節。
（20）前掲注5松井①論文、前掲注5和田著書、前掲注5祝著書、前掲注2拙稿⑤第六章など。
（21）「大屋追」D（2）49・50、I（1）181からは、次のことが読み取れる。天保一二年（一八四一）、又郎は南条村の抱地である田畑を質地として受け取り、明治二年、今度はその田畑を南条村の石井栄助に年季売りした。さらに明治九年になると、その田畑を古地主である南条村へ受け戻すべしとの裁許が足柄県より下された。それにともない、中村の栗原唯平から、又郎が田畑を質に出していた相手への弁償金支払いのためにか、五〇円ないしは四〇円を借用している。栗原については未詳である。右の史料においては、該当の地所の件は自分が一切引き受けること、該当の地所の「拙者賄中徳米滞」が二三四俵あることなどを述べている。

(22) 前掲注2拙稿⑤第六章、⑧⑩。
(23) 同前。
(24) 前掲注5著書において祝は、明治期において大川四郎左衛門が、網子等と対立するなかで旧来の津元としての立場や特権の維持にこだわり続け、津元制度廃止後も、旧来の網子たちにはよらない新網組の結成によって事態の打開を図るも成功しなかった、一連の過程を描いている。

附記　本章執筆に際しては、とりわけ、大川（大屋）家および沼津市歴史民俗資料館の方々にお世話になった。末筆ながら、ここに記して御礼申し上げる。

表3　天保15年(1844)の大川(大屋)家による貸金状況

No.	借主	貸付金額(両.分.朱)	年月日	備考
1	村・重左衛門(証人・善吉、同・仁左衛門)	5	辰6.2	
2	(村・)善蔵	3	酉9.1	
3	(村・)善蔵(証人・仁左衛門)	3.2	寅2.11	
4	(村・)重左衛門(親類・善吉、証人・仁左衛門)	5	巳12	
5	村・重左衛門((証人・)仁左衛門)	2	未9.3	
6	小坂村・伊兵衛	5	卯12.23	
7	小坂村・伊兵衛	10	巳12.28	
8	小坂村・伊兵衛	5	午11.5	持参
9	天野村・東昌寺(旦中惣代・善蔵、同・善左衛門、同・円蔵、証人・玉宝院)	6	辰6.23	
10	天野村・武助(引受・法印様)	1	辰6.28	
11	天野村・嘉□郎(引受・法印様)	0.2	辰6.28	
12	天野村・伴蔵(引受・法印様)	2	辰2.7	
13	天野村・忠蔵(引受・法印様)	3	辰2.5	
14	(天野村・)太助	0.1	辰6.28	
15	天野村・安蔵・彦右衛門	1	巳12.29	
16	(天野村・)法印様	1.2	巳12.25	
17	(長浜村・)住本寺(証人・一平次)	5	戌2.16	
18	(長浜村・住本寺)((証人・)安右衛門)	2	亥11.晦日	
19	(長浜村・住本寺)((証人・))	1	寅11.15	
20	(長浜村・住本寺)((証人・))	0.2	巳9.初日	
21	(長浜村・住本寺)(使・友吉)	1	午9.1	
22	(長浜村・住本寺)(使・友吉)	1	午12.12	
23	(長浜村・住本寺)(聖人より渡す)	1	午3.22	
24	村・多助	3	辰1.22	
25	村・多助(証人・常蔵)	3	申12.10	質・塚の越畑米3斗預け
26	村・多助(証人・七右衛門)	2.3	酉12	質・三久保下畑2枚
27	村・多助(親類・権左衛門、証人・忠二郎)	10	寅12.2	質・寄上三久保甚八より買入地
28	村・多助(証人・七左衛門)	10	午1.26	質・永井崎畑証文2本
29	(村・)多助	5(＋銭33貫文)	午10.2	質・長井崎畑古証文2本預かる
30	四郎治方網子中へら取・磯右衛門、同・幸治郎	5	酉12.9	戌年漁事のたびごとに網子徳分のうち四ヶ一ずつを返済に充てる
31	四郎治方網子中連印	3(＋銭21貫文)	丑12.15	寅年初漁より徳分四ヶ一を返済に充てる
32	天野村・重蔵(親類・九左衛門、名主代・与頭・善左衛門、口入・玉宝院)	1.2	巳12	
33	久連村・伊八(証人・吉五郎)	10	未4.10	質・上畑8畝3分字下笹原15両古証文付
34	(久連村・)宝珠庵(旦方惣代借主・伊八、同・勘平、同・仙助)	7	寅12	質・寺中杼6本
35	(久連村・)伊八(証人・千蔵)	15	辰7.1	質・牛前山1ヶ所
36	久連村・伊八	5	申2.22	
37	重須村・冨三郎(証人・市右衛門、名主・伝助)	20	申12書改	質・下畑6畝6分長井崎土井の内1巻小作入蔵米4俵

38	(使・茂助)	10	巳12.11	田地□売上金にて本売証文書き改めるべく対談
39	(重須村・)冨三郎(名主・兵右衛門)	15	巳12.23	質・網戸6□□書入、又利米へ米1俵半ずつ、来る午年より返済
40	(重須村・)冨三郎	3	戌6	けら久保地代金過の分午帳写
41	(重須村・)冨三郎(使・清八)	10	午12.26	網戸証文へ書き加えるべき書付
42	下修善寺村・□右衛門(親類・久左衛門、証人・名主・□左衛門)	10	辰8.12	質高1斗2升目宮原にて小作入本米4俵
43	中村・新七(重須・証人・三郎右衛門)	10	辰4.9	田地5ヶ年季売渡し証文にて取置申し候へども…
44	村・政右衛門(証人・忠二郎、引受・庄八)	6	辰10.17	質地証人共へ預かり置き弁済の書付
45	村・政右衛門(証人・喜八)	5	申3.28	質・長井崎畑5斗預け来る11月限り書付
46	下修善寺村・喜左衛門(証人・三津・元兵衛、重須村・口入・三郎右衛門)	20	辰12	質・古証文4通并書添
47	村・善左衛門(証人・親類・仁左衛門)	10	辰12.28	質・長井崎寄之上畑2枚
48	御門村・名主・平治郎(証人・伊右衛門)	10	辰12.28	
49	守木村・庄助(天野村・証人・玉宝院)	2	辰12.晦日	
50	村・忠左衛門	5	辰12.22	
51	(村・)忠左衛門(証人・佐助)	20	巳11.12	質□□□□□□
52	村・平右衛門(証人・七左衛門)	10	辰12.24	質・木□畑2俵預け
53	村・平右衛門((証人・)忠二郎	10	巳11.23	
54	御門村・名主・平治郎(証人・伊右衛門、長百姓・彦十郎)	10	辰12.28	質地書入村入用金
55	御門村・名主・平次郎	8	巳12.10	村入用金也
56	佐野村・名主・喜助、組頭・彦兵衛、長百姓・庄左衛門	20	辰1	
57	本立野村・平右衛門(証人・忠右衛門、組頭・庄右衛門)	50	午10	質・はさま・中しま・川原田
58	(本立野村・)平右衛門	10	辰10.晦日	
59	花坂村・平兵衛(証人・半右衛門、名主・仙蔵)	3	未12.28	質・家之上山1ヶ所
60	下舟原村・名主・伝治郎、与頭・平兵衛、百姓代・丈左衛門	35	戌12	
61	(下舟原村・名主・)伝治郎、孫左衛門、彦治郎	5	卯12.24	
62	上舟原村・茂右衛門(彦治郎、半左衛門)	10	子7.5	質・下田3畝分
63	上舟原村・半左衛門(証人・彦治郎、名主・市兵衛)	10	辰11書替	質・下田7畝3分・取米3斗9升
64	四日町村・彦左衛門	17	辰12	米代勘定残り
65	?	11.1	辰年分巳1.21勘定	
66	?	8	卯暮無尽節用立	
67	(四日町村・)彦左衛門(五郎右衛門)	2.2	寅7.25	
68	(四日町村・)彦左衛門	20	巳1.22	
69	(四日町村・)彦左衛門	3	巳5.3	村入用金
70	(四日町村・)彦左衛門	6	7.6	村入用金

71	（使・藤五郎）	3	巳11.13	
72	北条村・彦左衛門	15	午1.27	持参
73	北条村・彦左衛門	8	午3.27	持参
74	（北条村・）五郎右衛門、彦左衛門	2.2	寅7.25	
75	（北条村・）彦左衛門	10	午7.5	持参
76	（使・周平）	3	午9.3	
77	（使・周平）	5	午9.23	
78	（使・藤次郎）	20	11.12	
79	（北条村・）名主・太右衛門	15	午11.24	
80	村・弥兵衛	1	辰4.24	
81	村・弥兵衛（証人・友吉、親類・六郎右衛門）	4	巳12.23	質・長井崎畑3枚
82	天野村・玉宝院（角右衛門、甚蔵、定吉、喜助）	3.0.2	巳7.10勘定	
83	（天野村・）角右衛門、定吉、甚蔵、喜助	2.2.2	辰年2年寅に取	此処金2両2分と銭3貫53文これは長岡清治郎殿無尽金
84	（天野村・）法印様	0.2	卯12.23	
85	（天野村・）法印様	1	午12.29	
86	（天野村・）法印様	0.2	午12.29	
87	立保村・百姓代・佐五右衛門、組頭・七右衛門、名主・兵左衛門	元利58.0.2（＋228文）	（酉帳より写）	
88	？	5	巳12.28	
89	立保村・名主・兵左衛門（（引受・）八百八）	3	未8.28	村入用金にかし
90	立保村・名主・兵左衛門（（引受・）八百八）	3	未9.22	
91	（立保村・）名主・兵左衛門（引受・八百八、同・儀左衛門）	3	申12.19	村入用金
92	小貫新右衛門様御知行・塚本村・名主・茂右衛門、与頭・武右衛門、百姓代・太郎右衛門、親類・勘左衛門、証人・丈左衛門	10	巳12.5	質・下畑1反2畝分落合・反に1斗取・入口米4俵、村入用金
93	下舟原村・名主・孫左衛門、百姓代・丈左衛門、与頭・平三郎（上舟原・証人・彦治郎）	40	辰12	高合5石2斗5升5合・別紙横帳あり・小作入23俵1分4厘
94	（下舟原村・）名主・孫左衛門、同・伝治郎	25	午11.14	質として初米46俵取り置き
95	熊坂村・平三郎（証人・多吉、口入・利七）	5	巳9.19	質・中田5畝分・字下之畑・分米5升・小作入2俵
96	熊坂村・平三郎（多吉）	7	巳12.11	
97	熊坂村・平三郎	10	巳12.11	これは村入用金用立書付
98	吉原村・本人・庄左衛門（親類・勘七、証人・久右衛門、名主・七兵衛）	20	弘化2巳11.2	質・中田2反5畝分・字・分米3石・小作入米12俵
99	吉原村・百姓代・勘七、与頭・庄左衛門、名主・七兵衛（長百姓・証人・久右衛門）	30	弘化2巳11.3	質・分米1石9斗5升・上田1反5畝分・前田・小作入米8俵、分米1石5斗6升・中田1反3畝分・□□・小作入米7俵
100	吉原村・七兵衛（証人・久右衛門、親類・七郎次、与頭・庄左衛門）	20	弘化2巳11.3	質・分米2石6斗・上田2反分・壱貫尻・小作入米12俵
101	吉原村・七兵衛	10	弘化2巳.12	

102	門之原村・名主・善次郎、与頭・嘉平次、同・伝蔵、百姓代・勘左衛門（吉原・証人・七兵衛）	20	弘化2巳10.4	質・下畑1反18分・字郷右衛門分皆訳・分米5斗3升・預ヶ口米3俵半、上田1反4畝20分・字集人白坂下・分米2石5升3□・預ヶ米5俵、上田1反1畝2分・字四郎次郎家の下・分米5斗4升9合・預り米5俵、合高4石1斗3升2合・合小作入米13俵
103	本□木村・善蔵（証人・甚右衛門、名主・十兵衛）	30	弘化2巳.11	
104	大沢村・孫左衛門（重須村・証人・三十郎）	10	弘化2巳.10	
105	（万帳より写）	3	午7.11	
106	？	2	午2.14	
107	下修善寺村・名主・郷左衛門、与頭・孫左衛門、同・角右衛門、百姓代・市右衛門（長百姓・証人・八郎右衛門、同・由左衛門）	19	辰12	質・中田3反歩・字なめと・高3石6斗・小作13俵半
108	門之原村・名主・善治郎、与頭・嘉平次、同・伝蔵、百姓代・勘左衛門（吉原村・証人・名主・七兵衛）	20	弘化2巳.12	質・下畑1反18分・字左右衛門分皆訳、上田1反4畝20分・字集人分坂下、上田1反1畝2分・字四郎二分家之下、小作〆合米13俵半
109	熊坂村・名主・半左衛門（与頭・証人・弥惣八、与頭・助十）	10	午4.10	質地・上畑1反3畝分・字八まん・分米9斗1升・小作入米5俵
110	村・平七（口入・六郎右衛門）	1.1	巳11.10	質・2尺4寸釜1つ
111	村・平七（口入・宇左衛門）	1	午11.18	
112	天野村・八右衛門	2	巳11.12	
113	天野村・八右衛門（法印様へ渡す）	2	巳12.26	
114	久連村・五郎右衛門	15	弘化2巳12.3	質・牛落山
115	久連村・五郎右衛門	10	弘化2巳11.15	質・出口平山1ヶ所
116	（久連村・）五郎右衛門（証人・茂右衛門、同・彦五郎、同・吉五郎）	5	未9.1	質・山1ヶ所・西木戸内
117	久連村・五郎右衛門（引受・吉五郎）	12	申2.7	
118	久連村・五郎右衛門	8	申3.29	
119	熊坂村・三敬老	5	巳8.9	
120	（四郎左衛門より渡す）	5	午12.25	
121	（熊坂村・）三敬老（使・嘉周）	10	未5.29	
122	（瓜生野米14俵代、但21俵かし）	6.2.2 （＋272文）	午12	
123	（熊坂村・）三敬老（口入・多吉、使・平助へ渡）	10	午12.26	
124	瓜生野村・長八、平右衛門かし	米14俵	未年	
125	重須村・伊兵衛	2	酉9.1	
126	重須村・伊兵衛	1	亥2.9	
127	（書付なし）	0.2	亥12.29	
128	重須村・伊兵衛	銭1貫600文	寅12.26	
129	？	銭3貫文	辰1.26	
130	重須村・伊兵衛	1	未10.17	
131	重須村・伊兵衛	2	未11.20	
132	？	□米1俵	未9.12	
133	重須村・伊兵衛（証人・儀右衛門）	5	未12.16	質・小池道下にて□□□地所書入

134	本立野村・庄右衛門（親類・庄七、証人・平右衛門、与頭・伊右衛門）	50	巳11.19	質地証文
135	重須村・甚八（長浜村・証人・政右衛門）	10	巳11.26	質畑
136	重須村・甚八（村・証人・政右衛門）	4	未12.2	質畑1枚・所は和田
137	重須村・三郎左衛門（親類・儀右衛門、証人・常七、口入・忠二郎）	10	巳11.28	質・下田3畝分・字丸山・小作入米4俵
138	（重須村・）三郎左衛門、常七	3	午12.26	
139	重須村・三郎左衛門、同・常七（証人・三十郎）	15	申11.29	質・丸山田1巻
140	重須村・三郎左衛門（証人・儀右衛門）	2.2	酉6.17	
141	今泉村・名主・八左衛門、与頭・清吉、東組名主・新蔵、西組名主・三右衛門	80	巳12.2	質・上々田合6反5畝分・字一評、□下田合7反7畝分・字大曲り、小作入合51俵
142	今泉村・名主・八左衛門、与頭・清吉、東組名主・新蔵、西組名主・三右衛門	100	巳10	
143	（今泉村・名主・）八左衛門	40	午10.7	村入用代米済の積
144	（今泉村・名主・）八左衛門（使・嘉右衛門）	50	午12.6	村入用金
145	河内村・喜曽七（親類・三郎兵衛、証人・伊三郎、名主・八郎右衛門）	20	巳12.2	質・上田1反7畝6分・字下之田・小作入米9俵3斗
146	（河内村・）喜曽七（証人・三郎右衛門、名主・八郎右衛門）	15	寅12.1	
147	（河内村・）喜曽七	7.2	卯8.16	
148	（河内村・）喜曽七	30	申5.3	
149	駿東郡青野村・堀造（親類・清助、鳥□村・証人・□助、柏沢村・与頭・善兵衛）	60	巳12.11	質・反別合2町6反7畝7分・柏沢地・分米合28石8斗9升4合・取米合9石8斗5合・小作入73俵
150	村・与兵衛	4	巳12.11	
151	（村・）与兵衛	3	午12.29	
152	（村・）与兵衛	4	酉3.晦日	
153	村・与兵衛	2	子12	
154	村・五郎左衛門方網子中（証人・清七、同・政右衛門）	8	巳12.12	
155	（村・）五郎左衛門方網子中（世話人・清七、（同・）七左衛門）	12	午12.6	
156	長岡村・忠蔵（親類・和助、戸沢・証人・文右衛門、名主・□左衛門、与頭・平七）	15	巳12	質・反別合5反3畝6分・字下地蔵・坪之内・辰ノ□・分米合5石6斗8升1合1勺
157	長瀬村・名主・与十郎	7	巳12.17	村入用金
158	（長瀬村・）百姓代・又郎、与頭・与十郎、名主・勘四郎	3	未12.23	
159	天野村・名主・円蔵、与頭・善左衛門、百姓代・忠蔵、長百姓・利右衛門、（同・）善七	30	巳12.15	村入用金、質・分米合4石5斗9升7合・字横帳に認めあり・小作入米24俵1斗1升
160	天野村・名主・円蔵、与頭・善左衛門、百姓代・忠蔵、長百姓・利右衛門、（同・）善七	10	巳12.15	
161	天野村・円蔵（引受・法印様）	5	午11.7	
162	長岡村・善右衛門（親類・覚右衛門、証人・天野村・玉宝院、天野村・名主・円蔵）	10	巳12.15	質・上畑2畝28分・字天玉向、上畑2畝10分・字天玉向、中畑9畝16分・字柳崎尻、天野地小作入7俵5分

163	長岡村・文蔵(親類・太右衛門、証人・天野村・玉宝院、名主・覚右衛門)	3	巳12.15	
164	村・権左衛門(証人・多助)	1.2	子12.22	
165	村・権左衛門	1	丑11.10	持参
166	村・権左衛門	3	巳12.15	
167	村・権左衛門	5.2	巳12.15	
168	村・権左衛門	1	午12.11	
169	(村・)権左衛門	3	午12.28	
170	(村・)権左衛門	4	巳12.15前より出す	
171	(村・)権左衛門(引受・与兵衛)	4	申2.15	
172	(村・)権左衛門(口入・与兵衛)	3	申3.6	
173	堀切村・名主・半兵衛(証人・孫七)	10	巳12.15	
174	堀切村・(名主・)半兵衛(証人・孫七)	10	午11.28	
175	戸沢村・与右衛門(引受人・藤左衛門)	銭5貫文	辰7.6	
176	村・幸次郎(親類・仁左衛門、証人・六郎右衛門)	30	巳12	質・は□の田本持の分1巻、長井崎よせの上畑持分1巻
177	(村・)幸治郎(久右衛門、仁左衛門)	2	酉3.20	
178	長岡村・名主・覚右衛門、与頭・平七、百姓代・和助、長百姓・善右衛門、合組名主・佐七	10	巳12.20	村入用金、質・小作入8俵2斗
179	(長岡村・)覚右衛門(親類・丈右衛門、名主・清助)	5	巳12書替	質・桶1本□□□諸木共
180	瓜生野村・幸治郎(口入・忠二郎)	20	巳12.20	
181	上修善寺村・名主・安兵衛、同・勘右衛門、与頭・柳右衛門、(与頭・)七左衛門(口入・常七)	60	巳12.21	
182	(上修善寺村・)安兵衛、(同・)勘右衛門	10	午12.26	
183	河内村・名主・八郎右衛門、与頭・弥三吉(証人・与右衛門)	50	巳12.21	質地書入
184	(河内村・)名主・□□・八郎右衛門、与頭・弥三吉、百姓代・与右衛門、長百姓・庄兵衛	10	子12.29	
185	天野村・忠蔵(証人・善左衛門、名主・円蔵)	3	巳12.23	質・分米3斗5升・上畑5畝分・字馬場台・小作入2俵
186	村・善吉(口入・権左衛門)	1	巳12.24	
187	村・善吉	1	午12.16	
188	?	2	未1.3	これは安蔵上方行きにつき用立ての由、但し帰宅次第返金の積り
189	重須村・半十郎	5	巳12.25	
190	重須村・半十郎	15	卯11.3	質地・下畑5畝18分・奥□野道上・小作入米3俵
191	重須村・半十郎	5	午8.1	
192	(重須村・)半十郎	3.2 (+1貫145文)	午12.24勘定	
193	(重須村・)半十郎(証人・喜藤次)	15	未1.10	
194	(重須村・)半十郎	5	未4.29	
195	木正村・惣助(証人・長浜村・長右衛門、名主・半左衛門)	7	巳12.25	質・中畑7畝6分・西之久保あとら・取米1斗8升8合・小作入1俵半

196	（他に）大平村・喜兵衛（親類・善七、証人・佐平、名主・庄右衛門）	20	？	質・中田2反分・馬場・地主善七・分米2石4斗・小作入7俵5分
197	村・兵四郎	5	未12	
198	村・兵右衛門（引受・善吉）	1	未12.11	
199	宝蔵院旦中惣代・下舟原村・長左衛門、青野根・角右衛門、上舟原村・喜右衛門（上舟原村・証人・彦治郎）	12	巳12.27	質・下田1反5畝分・上船原村かわそば・小作入7俵半・合徳米5俵あり
200	長浜村・半七（親類・伊兵衛、証人・七左衛門、名主・次郎兵衛）	19	（午帳より写）	質・居屋敷奥印付
201	（長浜村・）半七（証人・久右衛門）	3	巳11.13	質・ぶり網1帖質
202	（長浜村・）半七	2.3	戌10.14	鰍網1帖質
203	村・六郎右衛門（親類・弥兵衛、証人・友吉）	7.2	巳12	
204	？	1	巳12.26	
205	古宇村・平右衛門（親類・栄吉、証人・清吉、口入・久連村・吉五郎、名主・喜惣太）	10	巳12.28	質・との畑1巻、上田1反16分・米5俵□
206	（古宇村・）平右衛門（証人・九平次、名主・喜惣太）	10	午12.24	
207	中村・友吉（口入・法印様）	3	巳12.29	
208	河内村・庄兵衛（証人・喜曽七、名主・八郎右衛門）	15	寅12	質・小作入米8俵・禅長寺前田上田3反8分
209	本立野村・百姓代・庄兵衛、組頭・惣右衛門、名主・平右衛門、使・新八	46	卯11.24	
210	？	100	卯12	
211	本立野村・名主・庄右衛門	70	巳1	
212	（本立野村・）名主・庄右衛門、使・政右衛門	10	午9.10	
213	本立野村・名主・平右衛門（証人・与頭・庄右衛門）	15	未12.14	
214	名主・庄右衛門、与頭・惣左衛門、同・助左衛門、百姓代・政右衛門	24	申11.6	
215	木正村・勘右衛門（親類・平右衛門、組頭・政右衛門、名主・半左衛門）	90	午1.晦日	質・寺網戸半張
216	天野村・武助	1	辰6.28	
217	（天野村・）小前分（法印様より渡す）	3	辰11.6	
218	天野村・伴蔵、由ノ助、利助	4	辰11.6	
219	天野村・□むら分・友助	0.2	辰6.28	
220	天野村・安蔵、平左衛門	1	巳12.29	
221	（天野村・）法印様	1.2	巳12.29	
222	（天野村・）九左衛門、由助	1.2	未7.7	
223	長岡村・文右衛門（親類・友蔵、名主・清治郎）	20	弘化3.2.26	（質・）分米合4石4斗7升5合9勺、上田1反1畝9分・草崎、1反6畝9分・猿橋、7畝29分・根田、入口11俵2斗
224	古宇村・善兵衛（親類・佐右衛門、証人・九平二、名主・喜惣太、口入・平五郎）	5	午2.13	（質・）中田5畝分・上郷田1巻・小作入米2俵3斗2升
225	長岡村・平助（証人・惣左衛門、名主・清二郎）	3	午2.26	（質・）中田3畝16分・東馬場、下畑・3畝14分・東馬場、分米4斗2升、入口米2俵

226	小坂村・名主・伊兵衛、与頭・□次、百姓代・源兵衛	16	午3.10	村入用金、質・分米8石8升4合・上田5反7畝18分・字大田東・地主伊兵衛・小作入米23俵
227	源兵衛殿へ渡す	10	12(日)	
228	小坂村・伊兵衛、□次	10	午11.24	来3月10書付村入用金、この金子小坂村半助殿へ貸附に成候筈5月2日口入天野玉宝院様
229	下舟原村・孫左衛門(証人・彦治郎)	10	巳11.3	
230	下舟原村・孫左衛門、伝治郎(証人・彦二郎)	5	午10.29	これは村金のところへ出す
231	下舟原村・孫左衛門、伝治郎(使・平兵衛)	20	午11.14	これは村金のところへ出す
232	木正村・名主・半左衛門、与頭・平右衛門、百姓代・兵右衛門	6.2	午3. 24	質・上田5畝7分・西田・半左衛門分・小作入米1俵3斗
233	木正村・名主・半左衛門、与頭・平右衛門、百姓代・兵右衛門	10	午12.29	質地証文あり
234	木正村・名主・半左衛門、百姓代・貸主・平右衛門	10	未12.19	質・中田3畝17分・小作入米4俵半
235	木正村・名主・半左衛門、与頭・平右衛門、百姓代・兵右衛門	18	申9.13	質地証文あり
236	古宇村・甚右衛門(親類・清七、口入・九平次、名主・喜惣太)	15	午4.1	質・山1ヶ所・字岩之内
237	古宇村・甚右衛門(□人・九平次)	10	午9.7	
238	古宇村・甚右衛門(親類・?、引受・九平次、名主・喜惣太)	40	午12.21	質・山1ヶ所、岩之外1巻
239	(古宇村・)甚右衛門(親類・彦左衛門、証人・九平次、名主・喜惣太)	25	未12.22	質・字ぬたの藪1ヶ所・□□六千切程
240	天野村・平右衛門(親類・?、口入・法印様)	1.2	午4.12	家代金に貸し
241	?	15 (+30貫500文)	午1改預り	

・天保15年「貸附金覚帳」(「大屋追」I (2) 8) より作成。
・天保 15 年＝辰年。
・利足については除外した形にしている。

第二編　移行期の遠江国西部地域

第四章　蒲御厨における地域社会の一様相
――〈目安〉の検討を通じて

松本尚之

はじめに

本章は、遠江国長上郡の蒲御厨[1]における地域社会の様相についての検討を目的とする。対象とする時期は、東大寺を荘園領主としていた一五世紀頃である。すでに先学の優れた研究によって明らかにされてきた通り、蒲御厨の地域社会は複数の郷・村などがその基底に存在しており[2]、公文・百姓・下人といった階層の存在が指摘されている[3]。このうち、その様態を史料から相対的に最も窺うことができるのは、公文らであると考えられる。彼らが、その名称から想起されるように、荘官的な側面を持っていた可能性には留意せねばならないが[4]、菊池武雄の先駆的研究が公にされて以降、基本的には名主としての性格をもって地域社会のなかに存立していたとする理解が一般的であると考えられる[5]。

さて、蒲御厨の研究は、(6) 前述した菊池(7)以来の蓄積があり、そうした先学の成果によって、蒲御厨の実相は精緻、かつ具体的に明らかにされてきたところである。そのなかにあって、菊池の研究を踏まえたうえで、蒲御厨の地域社会についての具体像を見事に明らかにした重要な研究として、大山喬平の研究(8)を挙げることができる。いま、大山の所論を全面的に取り上げることはできないが、当面、本章が問題とする地域社会の様相との関係で大山の所論を取り上げれば、蒲御厨の現地は、「東方」、「西方」といった単位を一つの基準として分かれていたということ、また、それは当該期、蒲御厨の代官職を請け負った応島氏をはじめとする武家方への公文らの被官化という状況とも対応性をもっていたということなどが重要である。(9)

かかる大山の研究以降、蒲御厨の研究は、(10) 蒲御厨の概要を的確に整理された池永二郎(11)や永村眞(12)の研究、公文層を中心に詳しい分析を行われた斉藤新(13)や山本隆志(14)などの研究が積み重ねられてきた。最近では、蒲御厨に所在する蒲神明社の検校について、「社会的権力」という視角を積極的に用いて分析された湯浅治久の研究(15)や、武家権力の視角から蒲御厨について検討を加えた松島周一の研究(16)などがある。こうした先学の成果によって、蒲御厨についての研究は深化され、本章が問題関心を寄せる地域社会の様相についてもその理解が深められてきたといえる。とくに、右で言及した通り、最近では湯浅(17)によって蒲神明社の検校が地域社会において有した役割・その地位（湯浅論文の文脈でいえば、「社会的権力」）に対する研究も進められており、蒲御厨の地域社会の実相は、より詳しく明らかにされる方向にあるものと理解される。

そのうえで、湯浅がその論考中の「（2）研究成果と本稿の方法」(18)において、蒲検校・公文層双方の関係性分析の重要性を指摘されていることを踏まえるならば、蒲御厨における研究進展の方法のひとつとして、蒲検校と強く関係している公文層についての理解の深化が必要であると考えられる。すなわち、湯浅が明らかにした蒲検校の地域社会における在り方は、公文層、ひいては彼らが立脚する地域社会にかんする検討を進めていくことによって、さらに深化することが可能だということになるであろう。但し、本章は公文層の側に検討の焦点を置くものであり、蒲検校についての具体的な言及をなしうるものではないが、蒲御厨の地域社会に対する理解を少しく進められるよう努めたい。

ところで、一五世紀、東大寺を荘園領主として推戴していた蒲御厨においてその実態を窺うことができる史料の多くは、蒲御厨研究においてはよく知られているように、いわゆる「東大寺文書」の中に残されており、管見の限り、それらの史料は、ごく大まかにみれば、東大寺側が現地に下した文書の控え（案文）、反対に現地の方から東大寺側へ提出された文書によって構成されている。後者、すなわち、現地から東大寺側へ提出された文書のうち、少なからぬ文書が、「公文等」やこれに類する存在、「百姓等」を差出主体としたものである（かかる史料については第一節で言及する）。

こうした現地側から提出された文書は、東大寺に対して何らか事情を報告するものや[19]、あるいは現地側の要求を領主である東大寺側に訴えるなどの内容を含むものであった[20]。中世、荘園現地から領主に対して要求・訴えが表明されるとき、その方法の一つが、百姓等が申状を提出することであったことは周知の通りである。この百姓等による申状について論じた研究は多いが、その中で、いま、若狭国太良荘を事例に、その様式面等に留意して検討を行われた蔵持重裕[21]や、山本隆志[22]などの研究に注意したい。かかる蔵持、山本の研究に対しては、木村茂光[23]による批判があり、なお検討の余地を残すが、様式面から申状に迫るという視角自体は否定されていないのではなかろうか。現地から提出された申状について右のような分析視角を以て検討することは、ひろくは、農民闘争史などの研究分野において一定の成果を供する可能性を有するものと考えられる[24]。

翻って、蒲御厨の研究史を概観したとき、管見の限りではあるが、現地から差し出された文書それ自体についての具体的な検討は必ずしも十分ではなく、どちらかといえば、それらの文書が備えた豊かな内容についての検討に重点を置いて研究が進められてきたように思われる。(25)このような理解に基づき、本章では、右に述べた如く、先学が用いた様式面からの検討という分析視角・方法に学び、「公文等」などが提出した文書について検討することとしたい。したがって、本章は文書内容の具体的な検討に正面から立ち入ることはしない。文書それ自体についての検討という方法は、あるいは迂遠であるかもしれないが、ほかならぬそれらを提出した「公文等」などがその構成の一端を担っている蒲御厨における地域社会の様相について知る上での一助になるものと考える。

以上のような理解と問題関心に基づいて、本章では、蒲御厨の地域社会の様相の一端を探らんとするために、「公文等」などが現地から提出した文書についての整理検討を試みることとしたい。

一　「公文等」を差出とする史料を中心とした整理

本節は、「はじめに」において述べた問題関心にもとづいて、「公文等」を中心とする蒲御厨の現地の諸主体が差出であると考えられる史料についての整理を目的とする。対象とする時期は、蒲御厨が東大寺領となって以降、およそ一五世紀の間である。(26)すでに斎藤新が述べているように、(27)当該期の蒲御厨の関係史料は『静岡県史』資料編6・中世二（一九九二年）がカバーしている。以下、本章は基本的に同『静岡県史』に拠った。なお、蒲御厨に関係する史料は、東大寺に限られたものではなく、伊勢神宮に関係する史料のなかにも、蒲御厨関連の記述をみることができる。(28)そうした史料を検討の埒外に置くことを是とするものではないが、本章はさしあたり、一五世紀、蒲御厨に対して荘園領主としての立場から強い関係を有した東大寺の史料（「東大寺文書」）に素材をとって検討を進めることにしたい。

さて、蒲御厨現地から東大寺などへ宛てて文書を差し出している主体としては、現地に下された東大寺の使や、[29] 代官、[30] 政所[31]等々複数の主体が確認される。このうち、本章では、蒲御厨において地域社会を構成した主体であり、その差出からなる史料が比較的多く所見する「公文等」やそれに類する存在が差出にみえる史料に注目して検討を行うこととしたい。

このとき、確認しておくべき先学として、斎藤新の研究がある。[32] 斎藤はその論考のなかで、蒲御厨に関係する申状全二四点を整理し、さらにその整理を踏まえたうえで分析を加えている。論考の趣旨からか、必ずしも詳しく展開されてはいないものの、その整理とあわせて、そこでの斎藤の指摘は重要である。すなわち斎藤は、蒲御厨における東大寺への申状の提出の特徴として、イ．宝徳四年（一四五二）以前は全域（東方、西方の別なし）の「諸公文百姓等」が、ロ．享徳二年（一四五三）以後は東方、西方それぞれ独立した形で「諸公文」が提出主体であったことを指摘する。また、ハ．享徳二年以後は「百姓等」が参加せず、ニ．康正二年（一四五六）十二月には「例外的に」、東西の別なく「諸公文百姓等」（「百姓等」も加わっている）が提出主体となっている点も指摘している。[33]

本章は右の斎藤の研究成果に学んだうえで、次節以降の検討の前提とするためにも、「公文等」を中心に蒲御厨現地から提出される文書の整理を試みたい。その際、斎藤が取り上げた申状以外の文書も整理対象に含めるなど、斎藤の優れた成果を整理ならびに分析の到達点として、これを少しく進める意図をもって、蒲御厨の「公文等」が提出した文書の把握に努めたい。具体的には、斎藤が指摘した右のイ、ロ、ハ、などに学んで差出主体の別に注意し分類項目を設けるとともに、前述の通り、申状以外の文書にも可能な限り目を配ることなどがここでの整理内容となる。また、斎藤は、その整理において「公文等」などの集団でなく、個人の差出にかかる申状も掲出しているが、(34)この点に学び本章でも個人の差出にかかる文書へも把握対象を広げたい。なお、「公文等」を中心とした地域社会の構成主体を取り上げる本章は、斎藤が整理(35)している「蒲政所」の提出にかかる（長禄二年〈一四五八〉カ）三月　日付遠江国蒲御厨政所石田義賢申状案(36)などの若干の文書は本節の左の整理からは除外した。

なお、右に示した斎藤の所論にみえた通り、文書の差出には百姓も窺知されるが、それは単独では現れず、「蒲御厨諸公文御百姓等」(37)のような形で現れる。したがって、百姓については、特別に区別せず、公文に注目した左の整理のなかに組み込むことにしたい。本章が行うこのような整理は後述のように多分に限界性を内包しており、この整理に対して本章が確認する事項はやはり後述のように斎藤の成果を進め得たとはいい難いが、行論の都合上、整理を行っておきたい。

以上を踏まえ、「公文等」が差出として現れる史料をいくつかの分類を設けて整理すれば左のようである（各分類については後述する）。なお、左記する各分類の名称は本章が便宜的に設けたものであり、史料上の表記と必ずしも一致するものではないことを付言しておく。また、整理においては概ね、文書の性格ごとに編年順で整理することとした。(38)煩雑さを避け、西暦の並記は省略する。

【1．諸公文御百姓等】

(1)「東方」「西方」の別なし

①（宝徳元年）閏十月　日付遠江国蒲御厨諸公文百姓等申状(39)

②（宝徳三年カ）十月　日付遠江国蒲御厨諸公文百姓等申状(40)
③（年月日未詳）遠江国蒲御厨公文百姓等申状(41)
④康正二年十二月十三日付遠江国蒲御厨諸公文百姓等申状(42)

⑵「西方諸公文御百姓等」が差出
①（享徳三年カ）十月二日付遠江国蒲御厨西方諸公文百姓等申状(43)

【2．諸公文等】

⑴「東方」「西方」の別なし
①宝徳四年四月二十一日付遠江国蒲御厨諸公文等申状(44)

⑵「東方諸公文等」が差出
①享徳二年十二月二十日付遠江国蒲御厨東方諸公文等申状(45)
②（康正元年カ）十二月十七日付遠江国蒲御厨東方諸公文等申状(46)
③康正三年五月十七日付遠江国蒲御厨東方諸公文等申状(47)
④康正三年十月　日付遠江国蒲御厨東方諸公文等申状(48)
⑤（長禄二年）三月三日付遠江国蒲御厨東方諸公文等申状(49)
⑥（寛正五年）九月十一日付遠江国蒲御厨東方諸公文等申状(50)
⑦（年月日未詳）遠江国蒲御厨東方諸公文等重申状案(51)

(3)「西方諸公文等」が差出

①（享徳三年カ）八月七日付遠江国蒲御厨西方諸公文等申状(52)
②（享徳四年）二月十三日付遠江国蒲御厨西方諸公文等申状(53)
③（享徳四年カ）六月十九日付遠江国蒲御厨西方諸公文等申状(54)
④（康正三年）九月十四日付遠江国蒲御厨西方諸公文等申状(55)
⑤（康正二年）六月十七日付遠江国蒲御厨西方交名衆請文(56)
⑥（寛正二年カ）五月十日付遠江国蒲御厨西方公文等書状(57)

【3. 公文個人】

(1) 個人（単独）が差出

①享徳二年七月日付綿瀬道秀申状(58)
②（康正三年カ）七月八日付多母木久清申状(59)
③（享徳二年）九月二十六日付河井久吉書状(60)
④（享徳二年）十一月二十一日付河井久吉書状(61)
⑤（享徳三年）五月十四日付多母木清宗書状(62)
⑥（享徳四年カ）六月十九日付久家書状(63)
⑦（康正二年カ）十一月十三日付河井清友書状(64)
⑧（宝徳四年カ）七月六日付多母木清宗請文(65)

⑨応永二九年閏十月二十二日付遠江国蒲御厨鶴見郷年貢公事結解状[66]
⑩応永二九年閏十月□日付遠江国蒲御厨安富一色年貢結解状[67]
⑪寛正六年八月十六日付遠江国蒲御厨志沢方算用状案[68]
⑫寛正六年八月十六日付遠江国蒲御厨禰宜名・安富方年貢算用状[69]
⑬寛正六年八月十九日付遠江国蒲御厨別給村年貢算用状案[70]
⑭享徳三年十一月二日付遠江国蒲御厨東方公用銭送状[71]
⑮康正三年十月八日付遠江国蒲御厨東方年貢銭送進状[72]

(2)　個人（複数）が差出

①（康正元年カ）十一月二十六日付多母木清宗・大角治長連署申状[73]
②（年未詳）七月二十四日付河井清友・蒜田茂政連署申状[74]
③宝徳四年三月二十二日付遠江国蒲御厨東西諸公文代官在荘用途請文[75]
④康正三年五月二十八日付多母木清宗・西須賀猶昌連署年貢銭請文[76]
⑤（年未詳）二月十日付遠江国蒲御厨東方年貢等納状[77]

以上、前述した視角・方針にもとづいて、「公文等」や「御百姓等」、または公文にあたると判断される個人[78]が差出となっている史料を掲出した。このような観点から抄出した史料は、右の整理において細分類を設けて整理した通り、その差出の名称などに基づいて、いくつかに分類することができる。本節の結びとして、これらの整理に関して若干の説明を加えることとしたい。なお、予め結論を述べておけば、右の整理を受けて左に述べる分類上の特徴などは、おおよそ先述したような斎藤の指摘を確認する内容となっている。

まず、先に簡単に触れておいた、「公文等」に加えて、「百姓等」が差出に所見するケース、すなわち【1．諸公文御百姓等】についてみることとしよう。「諸公文」に加えて、「御百姓等」が所見するかかる文書はさらに「東方」・「西方」の別が明記されていないものと、「西方」が明記されているものの二類型が確認される。前者は⑴「東方」「西方」の別なし」として分類したもので、計四点が所見する。後者は⑵「西方諸公文御百姓等」が差出」として分類したもので計一点所見する。但し、この一点に該当する（享徳三年カ）十月二日付遠江国蒲御厨西方諸公文百姓等申状(79)は次の点で留意が要る。すなわち、本申状は、冒頭には「□(蒲)御厨西方諸公文御百姓等謹言上」とあり「御百姓等」の語がみえるが、差出には「遠江州蒲西方諸公文等」とだけあり、「御百姓等」の語がみえない。欠損も多くまた難解でもあるため、内容面から冒頭と差出のいずれを本申状の差出として認めるべきか断定することはできない。このように留意せねばならない点を残すものの、さしあたり、冒頭の表記に配慮し、⑵「西方諸公文御百姓等」が差出」として分類しておきたい。

次に、【2．諸公文等】であるが、これは右の【1．諸公文御百姓等】とは異なり、「御百姓等」の語はみえず、「公文等」のみが差出となっているものである。かかる「公文等」のみが差出となるケースは、「東方」「西方」の明記がない場合、「東方」の「諸公文等」が差出となっている場合、反対に「西方」の「諸公文等」が差出となっている場合、の以上三類型が確認される。この三類型について右の整理では、順に、⑴「東方」「西方」の別なし」、⑵「東方諸公文等」が差出」、⑶「西方諸公文等」が差出」の項目を設け整理した。

右にみた【1．諸公文御百姓等】や【2．諸公文等】が、その実態はともかく、少なくとも史料上の表現としては、「諸公文等」や「御百姓等」の如く身分・階層的な立場に基づくとともに一種の集団性・組織性を窺わせるのに対して、【3．公文個人】として分類した各史料は、「公文」の語を冠している場合も含め、[80]個人の名前を差出に記した史料である。但し、ここで個人の名前、といったとき、前述の如く「公文」と表記している場合や、史料内容や関連史料から差出主体が「公文」に該当することが比較的わかりやすい場合はよいとして、人名のみを記している場合など、「公文」であることが必ずしも明瞭でなく判断しがたい史料が少なからずある点には厳重に留意しておく必要がある。本章では、こうした判断のつかない史料については措くこととし、公文であることが比較的明瞭であると思われる史料を【3．公文個人】として掲出することとした。[81]この【3．公文個人】には、個人が単独で差出に当たっている場合＝「⑴個人（単独）が差出」と、複数名が連署する形で差出に確認できる場合＝「⑵個人（複数）が差出」とがある。また、とくに分類項目「⑴個人（単独）が差出」に顕著であるが、【3．公文個人】の史料の多くが、年貢の算用等にかかる帳簿やそれに類するとみられる史料[82]であることも特徴として指摘することができる。[83]

最後に、本節の整理には掲出しなかった史料のうち、次の三点について若干述べておくことにしたい。

ⅰ．（年月日欠）遠江国蒲御厨諸公文等申状[84]

ⅱ．（年月日欠）某申状[85]

ⅲ．寛正六年（一四六五）八月二十一日付遠江国蒲御厨東方小池方年貢納状[86]

まず、ⅰについて。右掲したⅰの文書名は『静』二の表記に従ったものであり、ⅰの内容から推して諸公文等による申状である蓋然性は高く、その意味で『静』二の判断は妥当と思われる。そのうえでなお「東方」、「西方」の別、あるいは「御百姓等」が含まれるのか否かなどの点で不明であり、これらに基準を設けて分類してきた本節の整理においてはいずれにも加え難いため、当面、措いた。なお、i、およびiiは斎藤新が蒲御厨関係の申状を整理されたなかに加えられており、(87)その意味では検討すべきと思うが、現時点ではその差出を詳らかにすることはできないため、措くこととする。最後に、iiiについて。iiiは、「蒲御厨小池方之御年貢銭」の納入にかかる史料であり、差出は「小池森房」となっているが、当面、判断を保留したい。

ここまで、検討を要するため本節の整理から除外した史料として右の三点を確認した。とくに、iiiのような年貢収納などにかかる史料についての本章の検討はきわめて不十分であり、年貢収納などの関連史料全体を通じた検討は今後の課題とせねばならない。(88)

以上、本節では、斎藤のすぐれた成果に学びつつ、「公文等」、「百姓等」が差出となっている史料、あるいは公文と判断される個人が差出となっている史料の整理を試みた。この整理は、既述した通り、分類項目【3．公文個人】などが、公文であると判断のつかない史料については含んでいない点などで大いに不十分さを残す。また、本節の最後に掲出した各史料については今後に検討を残すために、整理の対象に組み込めていないといった点においても、整理として決して十全なものとはいえない。したがって、さらに精緻化すべき余地を多分に残しているといわねばならない。このような不十分さを残すものの、次節以降、本章では右の整理のうち、【1．諸公文御百姓等】や【2．諸公文等】に分類される史料に対象を限定し検討を行いたいと思う。

二　蒲御厨における〈目安〉について

前節では斎藤新の仕事を前提として、蒲御厨の現地から「公文等」や「御百姓等」、あるいは「公文」とみられる個人が差出となっている史料について、不十分ながら整理を試みた。本節ではその整理を踏まえたうえで、各史料について様式面からした検討を試みることとしたい。もっとも、様々な内容を含むこれらの史料について、様式面から全面的な検討を行うことは、筆者の能力のために、また紙幅の都合からしても、困難な作業である。したがって、ここでは問題の焦点を絞ることとしたい。

このとき注目したいのは、史料上に散見する「目安」という文言である。[89]『国史大辞典』によれば、「目安」とは、[90]「本来、閲覧に便利なように、箇条書にした文書のこと」であり、箇条書き形式を採ること、書出に「目安」、書止に「目安言上如件」文言がみえ、こうした特徴に該当する文書を「目安」と呼称したという。また、必ずしも「目安」は箇条書き形式を採らなかった点も指摘されている。[91]もとより、「目安」それ自体の語義はこうした対文書呼称的な意味に収斂するものではない。[92]しかし、本章が問題としている蒲御厨においては、例えば、（享徳三年（一四五四）カ）八月七日付遠江国蒲御厨西方諸公文等申状[93]では、「定巨細検校方より以目安被申上候」とあり、「目安」が事情の報告のために用いられるものであることがわかる。また、（康正三年（一四五七））九月十四日付遠江国蒲御厨西方諸公文等申状[94]によれば、この文書は東大寺の「油倉人々御中」を宛所としたものであるが、その文書のなかには「為御訟訴《ママ》之以目安申上候」という文言がみえ、目安が訴訟のために用いられていることが窺知される。いま挙げた二点の史料も含め、「目安」の語が所見する史料については後に改めて検討するが、当面、以上確認されたことによれば、蒲御厨の現地およびその領主である東大寺との間では、「目安」とはなんらかの事情についての内容を備えたものであり、現地からの訴訟の際などに用いられる文書として通用する用語であったと考えられる。したがって、蒲御厨における「目安」は右にみたような、辞典類に示されるような一般的な「目安」の語義と一致する意味内容を備えた文言であったと考えてよかろう。

これを確認したうえで、次に問題としたいのは、右掲した如く指摘されている「目安」の文書様式的な特徴である。果たして、蒲御厨における「目安」には様式的な特徴を認めることができるであろうか。右にみた『国史大辞典』で指摘されていた「目安」の様式的特徴は、書出、書止の文言、また、箇条書き形式といった点に認められていた。本章では、かかる分析視角に学んだうえで、「目安」の様式的特徴に迫ることとしたい。

さて、まずは蒲御厨における「目安」についての全体的な把握のために、蒲御厨に関係する史料のうち、「目安」の語が所見する史料について管見に入ったものを掲出しておこう。なお、ここでも西暦の並記は省略させていただく。

A．（宝徳元年）閏十月　日付遠江国蒲御厨諸公文百姓等申状(95)……1―(1)―①
B．（宝徳三年カ）十月　日付遠江国蒲御厨諸公文百姓等申状(96)……1―(1)―②
C．宝徳四年四月二十一日付遠江国蒲御厨諸公文等申状(97)……2―(1)―①
D．（年欠）三月三日付某書状(98)
E．享徳二年七月日付綿瀬道秀申状(99)……3―(1)―①
F．享徳二年十二月二十日付遠江国蒲御厨東方諸公文等申状(100)……2―(2)―①
G．（享徳三年カ）八月七日付遠江国蒲御厨西方諸公文等申状(101)……2―(3)―①

H．（享徳三年カ）十月二日付遠江国蒲御厨西方諸公文百姓等申状[102]……1―(2)―①
I．（康正二年）六月十七日付遠江国蒲御厨西方交名衆請文[103]……2―(3)―⑤
J．康正二年十二月十三日付遠江国蒲御厨諸公文百姓等申状[104]……1―(1)―④
K．康正三年五月十七日付遠江国蒲御厨東方諸公文等申状[105]……2―(2)―③
L．（康正三年）九月十四日付遠江国蒲御厨西方諸公文等申状[106]……2―(3)―④
M．康正三年十月　日付遠江国蒲御厨東方諸公文等申状[107]……2―(2)―④
N．（長禄二年カ）三月　日付遠江国蒲御厨政所石田義賢申状案[108]
O．（寛正五年）九月十一日付遠江国蒲御厨東方諸公文等申状[109]……2―(2)―⑥
P．（年月日欠）遠江国蒲御厨東方諸公文等重申状案[110]……2―(2)―⑦

以上、右に掲出した全一六点の史料に「目安」の語を確認することができる。

これを踏まえた上で、次に注目したいのは、「目安」の語が所見する右に掲出した史料の多くが、第一節において行った、「公文等」などが差出にみえる史料の整理のうちに含まれる史料と合致するという事実である。右に掲出した「目安」の語が所見する史料と、第一節で整理した史料との対応関係について、右に掲出した各史料の文書名の下に、「……」以下数字を表記することで示した。この数字は第一節で整理した際の分類項目に対応している。この対応関係を見る限り、「目安」の語が所見する史料と、第一節で整理した「公文等」などを差出とする文書との間には一定の相関関係を看取することができる。これを踏まえたうえで、問題となってくるのはそうした「目安」が史料上にどのようにして現れるのか、ということであろう。次にこの点を検討してみたい。

右に掲出した「目安」の語が所見する史料と第一節の整理に含まれる史料との一致をみると、第一節における最も基底的な分類項目である【1．諸公文御百姓等】、【2．諸公文等】、【3．公文個人】いずれも確認することができる。いまそれぞれの項目に含まれる史料として、B、C、Eの三点を左に掲出し、これへの検討を手がかりに蒲御厨における「目安」の様式上の特徴について考えることとしたい。なお、史料1をはじめとして、左掲する各史料は長大なものを含むため、「目安」の語が所見する史料の冒頭箇所と、またのちの行論との関係で必要となる箇所として史料の末尾の箇所を中心に、必要な箇所に限って掲出し、それ以外の箇所は省略することとする。

史料1(11)

目安

遠州蒲御厨公文御百姓等謹言上、

右条者、応嶋方廿余年御代官候、其内十ケ年応嶋五郎衛門方御代官之間、御沙汰条々ちかい候へとも、上意をいかゝと依存候、此年月不申上候、

一段銭之事者、神明御造より外ハ有ましく候之処に、此御代官者上へ被召上候之間、御造候ハす候、か様之次第を堅依嘆申、諸公事免許の御奉書を下給候之間、公文等目出度畏入申候之処に、御奉書者入ましき由御代官仰候て被召候之間、廿一ケ年に仕候御造、はやそこはく依延引仕候、及社頭大破候、公私不可然候、

（以下、計九箇条省略）

一御使に自身十人廿人御就候て、譴責不及申候、如此題目にて候際、不入之御奉書を御申、可然御代官を急々下御申候ハてハ、田地に鍬を打申ましく候、来年の御年貢有ましく候、中〳〵応嶋方に置申候て御代

官候者、長乞食可仕候、以此旨預御披露候者畏入候、粗言上如件、

十月　日　　蒲御厨諸公文御百姓等

目安

御奉行所

史料2(112)

目安

蒲御厨諸公文謹言上、

右条者、就吉美方名公文職事、御尋之御奉書、惣公文方へ御下候、其子細□拝見申、五郎太郎入道召出、巨細被相尋之処ニ、代々之証文被出対候之間、御代官様被理運聞召分、彼在所之事者、雖五郎太郎入道理運至極、先御沙汰之前ハと被仰候て、公方へ被召置候之処ニ、渡瀬衛門太郎今月十五日より、きらとの〻御領の人を憑申、弓矢かまへを仕、同十六日未剋ニ強入部仕候之間、言語道断之次第に候、如此無理を企候て、公方様へ緩怠を至者候事に候間、皆々罷出、事之子細をも可相尋候へとも、御代官様御下向候ていか程も候ハて、御領之大事取出候てハ、公私不可然存、万事と堪忍仕如此注進申候、

（以下、計四箇条省略）

一今度御領之御公事懸大訴申、御領之公用過分を以罷上之時ハ、いかにも御領の大訴を最本と可申上之処ニ、私之訴訟を申上、結句御判をちやうたい仕候とて、御尋の御奉書もちい申さす、御代官様へ緩怠を至ましく候、地下へむき候てのふるまいとも言語道断之次第に候、仍粗言上如件、

宝徳〈二二〉卯月廿一日　　　　　　　　蒲御厨諸公文等

御奉行所

史料3[113]

目安

遠江国蒲御厨綿瀬沙弥道秀謹言上、

右子細者、入道心中数ケ度政所殿様へ申上間、今度御上洛ニ定而御披露哉、

（以下、計二箇条省略）

一申上候事憚入候へ共、去比近所ニはま松の庄引間普済寺之材木取おかれ所を、太郎さ衛門ぬすミ取かくしおき候事、其かくれなく候、彼寺之住寺一向入道か存知之由度々ニ被申、無面目次第にて候、其外不思儀之子細共御代官方へのふるまい無是非候、近々以上使、堅御尋宜預御成敗候、仍粗言上如件、

享徳弐年七月日　　　　　　　　沙弥道秀（花押）

御奉行所

以上、「目安」の語が所見する史料のうち、第一節で整理した「公文等」などの差出による史料として三点を掲出した。それぞれに興味深い内容を有する史料であるが、いま様式的な問題に注意し、右に掲出した各史料を比較検討した場合、看取されることとして以下の二点を指摘することができると思う。第一に、「目安」の語が文書の冒頭に記されているということ、第二に、それぞれの文書の書止が「粗言上如件」とされている点である

（史料2、3はそのうえに「仍」の語があるが、以下、この点はとくに問題としないこととする）。ほかに、先にみた「目安」の一般的な語義としてすでに指摘されている通り、一つ書を複数備えた箇条書き形式である点もあるいは指摘できるかもしれないが、一つ書き形式を採らない史料も確認される。(114) ただ、蒲御厨の場合、書出に「目安」、書止に「粗言上如件」という二つの要素を備えた史料の大半は一つ書きであるケースが多い。したがって、蒲御厨の場合、「目安」の語と箇条書きという形式との間には一定の相関関係を認めることができるという点も併せて確認しておきたいと思う。

いずれにしても、以上から、蒲御厨において、「目安」の語が文書冒頭に書き記されること、またその文書の書止には「粗言上如件」と記されることの二点を確認しておきたい。但し、この特徴に合致しない史料も存在している点にはなお留意する必要がある。次にこの点について検討しておこう。

右に、「目安」の語が所見される史料として掲げたAからPのうち、右に確認した二つの要素、すなわち冒頭の「目安」の語の所見と、書止における「粗言上如件」文言の二つの要素を備えた史料は次の通りである。B（前掲史料1に該当）、C（前掲史料2に該当）、E（前掲史料3に該当）、F、J、K、M、O、以上の八点である。したがって、反対に、右に述べた二つの要素を備えていないのは残る、A、D、G、H、I、L、N、Pの計八点ということになる。但し、これらのうち、D、G、H、I、Lは、本節冒頭に引いた（享徳三年カ）八月七日付遠江国蒲御厨西方諸公文等申状（すなわち前掲のGに当たる）や（康正三年）九月十四日付遠江国蒲御厨西方諸公文等申状（すなわち前掲のLに当たる）のように、史料の本文中に「目安」という語が所見する史料であって、冒頭に「目安」の語がみえるなどの特徴はなく、したがってここでの様式面の検討対象となる史料ではない。これらD以下の史料についての検討は本節では行わず、次節にて行うこととしたい。なお、NはD以下と同様、本文中に「目安」

の語が所見すると同時に、冒頭に「目安」の語が所見される史料でもある。したがって、Nについては、本節において様式面を、次節において史料中にみえる「目安」の語について検討することとしたい。以上を踏まえ、ここではA、N、Pの三点について検討することとする。

まず、Aについて。Aは、書止には「粗言上如件」と記されているものの、前欠のため、冒頭に「目安」の語が記されているかは不明である。ただ、冒頭ではないものの、史料奥、宛所である「御本所御奉行所」という表記の右上部には「目安」の語が確認される。このような「目安」の位置は、冒頭に「目安」・書止に「粗言上如件」を備えたB（前掲史料1）においても確認することができる。すなわち、Bでは、宛所である「御奉行所」の右上部に「目安」の語を看取することができる。管見の限りでは、この特徴はA、B以外、その他の史料には見受けられない。したがって、これを「目安」の様式の一つとして直ちに一般化することはできないが、かかるAとBの一致点は、Bの冒頭に「目安」の語がみえるのと同様にAの前欠箇所に「目安」の語が表記されていた可能性を想定させる要素の一つにはなり得るであろう。結論は得がたいが、Aが冒頭に「目安」の語の表記を備えていた可能性が少なからずある点には留意しておきたい。

次いで、Nについて。Nは「目安」の語を文書冒頭に確認できるが、文書の本文は「皆々侘○事にて候」という文言で結ばれており、書止に「粗言上如件」の文言は確認できない。(115)

ところで、冒頭に「目安」・書止に「粗言上如件」の二要素を備えた史料として確認できるのは既述の通り、B以下の計八点であった。本節は先に、「目安」の語がみえる史料として掲げたAからPまでの史料の大部分と、第一節で整理した「公文等」などが差出となっている史料とが合致する、すなわち、「目安」の語がみえる史料の多くが「公文等」などをその差出主体としていることを確認した。(116) B以下の計八点も同じように、「公文等」

などをその差出にしている。一方、Nはその差出を「蒲政所」としており、(117)B以下の計八点とはその差出の面でやや位相を異にしている。差出主体と様式の対応関係についていま論ずる準備はないが、Nについてこの点は留意しておきたい。

いずれにしても以上から、Nは書止の点でB以下計八点とは様式を異にした文書であるということになる。

最後に、Pについて。Pはその冒頭に「目安」の語を確認することができるが、後欠のため書止について確認することはできない。したがって、右に挙げた二つの要素を十全に備えているかどうかの判断は下しがたい、という結論を得る。

ここまで、A、N、P計三点についての検討を行った。その検討を通じて、A、N、Pには右に掲げたB以下の史料が備えた、冒頭の「目安」の語の所見、書止の「粗言上如件」文言という二つの要素のうちいずれかの要素のみが確認された。すなわち、N、Pには前者の要素、Aには後者の要素のみ確認された。但し、A、Pはそれぞれ前欠、後欠のためその該当箇所を確認できないという点には留意が要ることは前述の通りである。なお、Aについては、文書の奥に「目安」の語がみえるという点が、前者・後者いずれの要素も備えたB（前掲史料1）と一致することから、なお確定することはできないけれども、Aで前欠となっている箇所に「目安」の語が記されていた可能性をなお想定する余地があることも前述の通りである。さらに、Nについてはその差出が蒲御厨の政所であり、B以下などと差出の面で異なる点も確認した。以上の如く、A、N、Pは、B以下八点の史料が備えた二つの要素を十全に備えたものではないが、Nを措けば、A、Pは少なくともその二つの要素に相関関係のあることを排除する根拠としては十分なものではないといえよう。

以上、本節では、蒲御厨の関係史料に所見する「目安」の語に注目し検討を行ってきた。この検討によれば、

「目安」の語が冒頭にみえる文書の書止には「粗言上如件」がみえる、というように、様式上、一定の形式があったものと考えられる。また、すべてが合致するわけではないが、かかる形式を備えた文書の多くが一つ書き形式を備えている点についても触れた。さらに、本節では蒲御厨の関係史料にみえる「目安」の語から、報告、ないしは訴訟といった機能を備えたものとして「目安」が認識されていたことも確認した。以上、整理した蒲御厨における「目安」の在り方は、本節、冒頭で参照した『国史大辞典』に示されるような「目安」が備えた内容と相当程度一致するといえよう。なお、これとの比較からすれば、書止の文言が「粗言上如件」である点、多く一つ書形式を採っている点などが蒲御厨における「目安」の特徴としてあるいは挙げられるかもしれない。

いずれにしても、ここで重要なのは、蒲御厨において「目安」という一定の規式を備えた文書が通用していたということである。この点、あるいは自明視されてか、蒲御厨の先行研究において、管見の限りでは、十分に注目されてこなかったものと思われる。次節では、かかる「目安」についてさらに検討を進めることとしたい。なお、以下では、蒲御厨において通用していたとみられるこうした「目安」について、単に「目安」と表記する場合との混同を避けるため〈目安〉、と表記することとする。

三　〈目安〉を提出する主体

前節では、蒲御厨の関係史料のうち、「目安」という語が所見する史料について、様式面を中心に検討を行い、蒲御厨において一定の規式を備えた〈目安〉（前節末尾で述べた通り、その内容は概ね、一般的な「目安」の意味と一致するものであった）が通用していたことを確認した。本節では、こうした〈目安〉、あるいは「目安」の語が所見する史料についてさらに検討を進めることとしたい。

まず、差出についてみることにしたい。前節では、「目安」の語が所見する史料としてAからPまで計一六点の史料を掲げ、このうち、〈目安〉の様式を備えた史料として、B、C、E、F、J、K、M、Oの計八点が該当するとした。このほか、A、N、Pの三点についても同じく前節において検討したが、さしあたりこれらは措くこととする。したがって、B以下八点の差出について確認することとするが、これについてはすでに前節で、AからPまでを掲出した箇所につづく行論の中や、Nについて検討した箇所で述べた通り、「公文等」などがその差出となっていたことを確認した。ここでは、この「公文等」などが具体的にはどのような主体であったのかについて、より詳しくみていくこととする。このとき、「公文等」などが差出にみえる史料を、その差出にみえる主体の種類に注目して分類した第一節の整理において用いた分類項目を基準とする。〈目安〉に該当する史料として右掲したB以下が第一節のどの分類項目に該当するかについては、第二節における「目安」の語が所見する史料としてAからPまで列挙した箇所において、これら「目安」の語所見の史料と、第一節で整理した各史料との対応関係を示すために、「……」に続けて表記した番号によって確認可能である。いまこれを参照し、B以下計八点の史料を整理すれば次のようである。すなわち、B、Jは1―(1)、つまり【1．諸公文御百姓等】のうち「(1)「東方」「西方」の別なし」に該当する。Cは2―(1)、つまり【2．諸公文等】のうち「(1)「東方」「西方」の別なし」に該当し、F、K、M、Oは2―(2)、つまり【2．諸公文等】のうち「(2)「東方諸公文等」が差出」に該当する。Eは3―(1)、つまり【3．公文個人】のうち、「(1)個人（単独）が差出」に該当する。以上によれば、〈目安〉の差出としては右に掲げた各主体が存在したことを確認することができるが、これを踏まえれば、次の二点が指摘できるものと思う。

第一に、Eを除く、ほか七点の〈目安〉が【1.諸公文御百姓等】【2.諸公文等】のいずれかに該当するという点である。これによれば、〈目安〉が、公文の個人単独（あるいは複数名）によって差出されるというケースは蒲御厨において一般的とはいえず、むしろ集団として差出されるものであったと考えられる。

第二に、〈目安〉としての形式を備えたB以下八点にかんする限り、【1.諸公文御百姓等】のうち「(2)「西方諸公文御百姓等」が差出」、あるいは【2.諸公文等】のうち「(3)「西方諸公文等」が差出」に該当するものはなく、この点に注意するならば、「西方」は〈目安〉を差出していなかったという点である。

以上によれば、蒲御厨において〈目安〉は公文の個人的な差出による、というよりは、集団的な差出という傾向を有するものであるとともに、集団性を備えると思われる「西方」は〈目安〉の差出主体としては、ここまでの検討の限りでは確認できないということになる。

大山喬平が詳しく検討しその実相を明らかにして以降(118)、蒲御厨現地における「東方」と「西方」という区分は当該地域の地域社会について検討する際、不可欠な分析視角となっているといってよい。こうした点を踏まえたとき、前節末尾に述べたような〈目安〉について「東方」はその差出として確認され、一方の「西方」はその差出として確認されないという点は、両者の関係性、ひいては当該地域の地域社会の様相について知るうえで注目すべき事実ではなかろうか。

但し、「東方」が〈目安〉の差出主体となっており、「西方」は差出主体となっていないということと、両者の間における優劣関係などといった問題は別個に考えるべきであることには留意しておきたい。

また、右は、あくまでも〈目安〉の差出主体を問題とし、これにかんする検討によって得る結論であり、「目安」にかんする考察という点ではまだ検討を残している史料が存在する。史料の冒頭などではなく、史料の本文中に「目安」の語が現れるという理由から前節では検討対象から措いたD、G、H、I、L、および前節では様式面の検討に留めたNを加えた計六点がそれである。以下に、これら各史料のうち、「目安」の語がみえる適当な箇所を左に掲出する。これを参考にしながら、検討することにしよう。なお、D以下各史料の出典は第二節において「目安」の語が所見する史料を列挙した箇所の参照をお願いし、ここでは省略させていただいた。

D．……「（前略）私ょり目安をもつて、事之子細申上候、（後略）」

G．……「（前略）定巨細検校方より以目安被申上候、（後略）」

H．……「（前略）□《今カ》度就綿瀬名、以目安等注進申候、（後略）」(119)

I．……「（前略）既以前以目安如申上候、（後略）」

L．……「（前略）随而当年も大旱魃にて候間、為御訟訴《ママ》之以目安申上候、（後略）」(120)

N．……「（前略）自地下目安にて申上られ候ことく、（後略）」、「（前略）此由地下より目安をもんて住《注》進申候（後略）」(121)

さて、まず差出についてであるが、Dの差出は「国□」とあり、その実態は未詳である。また、Nの差出は第二節の検討の過程で確認した通り、「蒲政所」である。(122)これらを除いたG、H、I、Lは、いずれも「西方」の差出である。(123)これは第二節の「目安」の語所見の史料を列挙した箇所において、「公文等」などの差出にかかる史料を整理する際、第一節で用いた各分類・該当史料との対応関係を示した「……」以下の数字表記によっても確認できるところであろう。

このような「西方」が差出となっている右掲の各史料のうち、ここではHやLに注目しておきたい。右に掲げた通り、HやLにみえる「目安」は文脈からいって、差出主体である「西方」が提出したものと考えられる。ここで述べられている「目安」の具体的な中身については詳らかでないが、おそらくは本章が〈目安〉との表記で把握した文書と大きく異なるものではなく、何らか訴願などを目的としたものではなかったか。このように考えてよいとすれば、「西方」もまた〈目安〉を提出する主体として地域社会のなかに存在していた可能性がある。

いま、「西方」が〈目安〉の提出主体であった可能性に言及したが、このほか、右に掲出したGによれば、「検校方」、すなわち当該地域の蒲神明社の検校が、またNによれば、「地下」なども〈目安〉の提出主体であった可能性が窺われる。本節は先に、〈目安〉の差出主体が集団性を備えた存在ではなかったかということを想定したが、Gにみえるように検校が〈目安〉の差出主体であるとすれば、これとは合致しないことになる。この点、なお後考を要するものである。また、Nにみえる「地下」が具体的にはどういった実態を指したものであるかも筆者の力不足のために未詳とせざるをえない。

以上、本節では〈目安〉の差出主体に主眼を置いて検討を行った。なお不明な点を残すものの、本節の検討結果を踏まえれば、蒲御厨の地域社会では、本節で確認したごとき多様な存在が〈目安〉を提出する主体であったことが確認される。

おわりに

以上、本章では、一五世紀、蒲御厨を対象とし、現地から提出された文書のうち、とくに〈目安〉という文書に関する検討を主な方法として、当該地域の社会的な様相についての接近を試みた。第一節では、斎藤新の研究成果に学びつつ、斎藤が整理の対象とされた申状以外の文書にも配慮しながら、「公文等」や「御百姓等」、あるいは個人としての公文などを差出とする史料についての整理を不十分ながら試みた。続く第二節では、先学の成果に学んだうえで、蒲御厨における「目安」についてその様式面から検討を行い、当該地域においては一定の規式を有した〈目安〉という文書が通用しているという点を確認した。最後に第三節では、こうした〈目安〉の差出主体について検討を行った。それによれば、〈目安〉は蒲御厨現地における多様な存在によって提出されており、蒲御厨の地域社会における様々な存在の多様な意思は、ひとつにはこうした〈目安〉という媒体を介することによって交換されていたことが窺われる。逆にいえば、こうした〈目安〉という媒体が蒲御厨の地域社会の在り方に一定の規定性を与えていたと考えられる。

とくに、第三節でも述べた通り、大山喬平の研究以来[124]、蒲御厨現地における「東方」、「西方」という在り方は蒲御厨の地域社会の実相を知る上で重要な視角となってきた。第三節では、「西方」が〈目安〉を提出していた可能性に触れた。第三節で検討した史料からすればその蓋然性は一定程度認められるものと思う。しかしながら、所定の規式を備えた〈目安〉、すなわち文書そのものとして東大寺側に残されたのは、「東方」と「西方」に限っていうならば、「東方」のみであり、「西方」が差出となっている〈目安〉は管見の限りでは残されていない。この点を踏まえるならば、領主との意思交換という地域社会にとってきわめて重要な局面において、「東方」と「西方」では異なった在り方が存在していたことが想定される。領主との意思交換の点で、蒲御厨の地域社会においては不均衡が生じていたのである。

もちろん、これは〈目安〉という問題からみた地域社会の一側面に留まる。また、こうした地域社会の状況が生じた背景や、領主との関係性などさらに検討せねばならない課題は多いが、本章にこれらへの回答の準備はない。いずれも今後の課題とさせていただきたい。

注

（1）　以下、蒲御厨の概要については、池永二郎執筆「遠江国」のうち「蒲御厨」の項（網野善彦ほか編『講座日本荘園史5　東北・関東・東海地方の荘園』吉川弘文館、一九九〇年）、および『静岡県史』通史編2・中世（一九九七年）の第二編第四章第四節「蒲御厨」（永村眞執筆）などを参照した。以下、それぞれ池永二郎「遠江国」（『講座日本荘園史5』）、永村眞「蒲御厨」（『静岡県史』通史編2・中世）と略記する。

（2）　蒲御厨における郷・村などについては、山本隆志「室町期における東海荘園の知行構造」（『国立歴史民俗博物館研究報告』第一〇四集、二〇〇三年）の二五九頁などで検討されている。この点も含め、本章は同山本論文に多くを負っている。

（3）　蒲御厨における諸階層についての検討は、菊池武雄「戦国大名の権力構造」（『歴史学研究』第一六六号、一九五三年）がある。なお、同菊池論文（五頁）は「諸公文（名主）・平百姓・下人（奴隷）」の語で把握されているが、当面、本章では本文中のように表記しておく。

（4）　公文が負った役割については、前掲注2山本論文に詳しい。

（5）　前掲注3菊池論文。本文中で述べた通り、同菊池論文以降、積み重ねられてきた諸研究においても、公文についてのかかる理解は概ね退けられていないものと考えられる。本章も同様に、公文をいわゆる名主とする理解に従う。

（6）　蒲御厨の先行研究については、近年、湯浅治久「遠江蒲御厨と蒲検校――地域における『社会的権力』の実像」（高橋慎一朗編『列島の鎌倉時代――地域を動かす武士と寺社』高志書院、二〇一一年）が的確に整理されている（同湯浅論文一四九・一五〇頁）。以下、本章「はじめに」などにおいて触れる蒲御厨の研究史理解や整理は同湯浅論文をはじめ諸先学に学んだうえでのものである。

（7）前掲注3菊池論文。
（8）大山喬平「15世紀における遠州蒲御厨地域の在地構造」（『オイコノミカ』VOL.3、NO.1・2、一九六六年）。以下、本章が参照する大山の所論はすべて本論文による。
（9）前掲注8大山論文。
（10）前掲注6で述べた通り、蒲御厨の先行研究整理として前掲注6湯浅論文が近年のものであり、本章はこれに多くを学んでいる。なお、本文中以下に示す永村眞、山本隆志の研究については、同湯浅論文一四九・一五〇頁の整理がさらに詳しいため、あわせて参照されたい。
（11）前掲注1池永二郎「遠江国」。
（12）前掲注1永村眞「蒲御厨」。
（13）斎藤新「選択する公文たち――十五世紀における遠江国蒲御厨の動向」（『浜松市博物館報』第一四号、二〇〇一年）。なお、本斎藤論文の表題は、同『浜松市博物館報』第一四号の一〇四（九）頁によった。
（14）前掲注2山本論文。なお、本山本論文は、東海地域のいくつかの荘園のひとつとして蒲御厨を取り上げ分析したものであり、必ずしも専論といえないかもしれないが、管見では蒲御厨に対して多くの紙幅が割かれている。
（15）前掲注6湯浅論文。以下、本章において参照する湯浅の研究はすべて本論文による。
（16）松島周一「室町中期の遠江国蒲御厨をめぐる甲斐氏と吉良氏」（愛知教育大学日本文化研究室『日本文化論叢』第二一号、二〇一三年、「愛知教育大学学術情報リポジトリ」、URLは、http://hdl.handle.net/10424/4954）。以上、松島論文まで、蒲御厨関係の諸研究を挙げたが、筆者の力不足のために、なお蒲御厨に言及された研究についての遺漏もあろうかと思われる。この点、ご批判を賜れれば幸いである。
（17）前掲注6湯浅論文。
（18）前掲注6湯浅論文の一四九・一五〇頁（とくに一五〇頁）。
（19）例えば、（享徳四年（一四五五））二月十三日付遠江国蒲御厨西方諸公文等申状（「東大寺文書」『静岡県史』資料編6・中世二（一九九二年）の二二〇一号）。以下、同『静岡県史』資料編6・中世二は、『静』二、と略記し、史料番号を示す際は、文書名の下に、「東大寺文書」『静』二―二二〇一号のように表記する。なお、本章では、蒲御厨関係史料について基本的にすべてこの『静』二に拠り、文書名・文書群名についてもこれに従った。また本章は、『静』二が各史料に付している傍注や補注、年次や人物等の比定、さらに史料内容にかんする解題などについても参照するとともに、多くを学ばせていただいた。本注冒頭に示した（享徳四年）二月十三日付遠江国蒲御厨西方諸公文等申状（「東大寺文書」『静』二―二二〇一号）の年次比定も『静』二を参照したものである。この申状では、祝言の銭五十疋を「商人方」に渡したので受領されたい旨などが、「蒲西方諸公文等」から東大寺に対して伝達されている。

（20）在地側から東大寺に対して訴えた事例として著名なのは、代官応島氏の罷免を訴えた事例であろう。これに関係する史料としては、（宝徳元年（一四四九））閏十月　日付遠江国蒲御厨諸公文百姓等申状（「東大寺文書」『静』二―二一〇八号）、（宝徳三年（一四五一）カ）十月　日付遠江国蒲御厨諸公文百姓等申状（「東大寺文書」『静』二―二一二八号）、（年月日未詳）遠江国蒲御厨公文百姓等申状（「東大寺文書」『静』二―二一二九号）などがある。それぞれ年次比定は『静』二を参照した。また、（年月日未詳）の遠江国蒲御厨公文百姓等申状（前掲）について『静』二の史料奥の補注（一〇三四頁）はその年次を宝徳三年と推定している。この応島氏の罷免を在地側が訴えた事案について分析した研究として、いま前掲注8大山論文を挙げておく。

（21）蔵持重裕「『百姓申状』の性格について」（同著『日本中世村落社会史の研究』校倉書房、一九九六年、初出は一九八〇年）。

（22）山本隆志「荘園制と百姓等申状」（同著『荘園制の展開と地域社会』刀水書房、一九九四年。なお、同山本論文の第一節・第二節は一九九二年発表論文の補訂（この点、同山本著書「あとがき」（四一八頁）参照））。

（23）木村茂光「『百姓等申状』覚書」（同著『日本中世百姓成立史論』吉川弘文館、二〇一四年、初出は二〇〇七年）。本章は本木村論文から多くの示唆を得た。

（24）このとき、一揆史研究の中核史料である百姓らの提出による申状などはもちろん、史料へよりひろい視野をもってアプローチし、もって一揆史研究の進展を企図提言された黒川直則「中世一揆史研究の前進のために――史料と方法」（青木美智男ほか編『一揆』第五巻（一揆と国家）、東京大学出版会、一九八一年）などの指摘は改めて顧みる必要があると思う。本章の検討は、概ね申状を中心とするに留まったが、史料に対するアプローチや分析視角をはじめ、本章は本黒川論文に多くを学んだ。

（25）かかる研究状況にあって、前掲注13斎藤論文が、「表2　蒲御厨にかかわる申状」（斎藤論文一〇三（一〇）

頁）に所載）として全二四通の「申状」を整理され、分析を加えられている点は重要である（同論文一〇二（一一）頁）。論考の趣旨もあってか、必ずしも紙幅を割いて論及されてはいないものの、学ぶべき指摘が多い。斎藤の整理分析については具体的にかかわる第一節において取り上げることとしたい。

(26) 蒲御厨が東大寺領に至るまでの過程、およびそれ以降については、前掲注1永村眞「蒲御厨」などに詳しい。

(27) 前掲注13斎藤論文一〇四（九）頁。

(28) 例えば、宝徳四年（一四五二）四月八日付伊勢神宮祭主下知状写（「氏経卿引付」『静』二―二一四二号）など。

(29) （康正元年（一四五五）カ）十二月十七日付弥太郎書状（「東大寺文書」『静』二―二二三五号）。年次比定は『静』二を参照。『静』二は、本史料にかかる解題（一〇八一頁）において、弥太郎を「東大寺油倉下部」としており、史料内容からみても弥太郎は東大寺から下された人物と考えられ、本章もかかる見解に従いたい。

(30) 文安元年（一四四四）十月三日付応島久重遠江国蒲御厨代官職請文（「東大寺文書」『静』二―二〇四七号）など。但し、代官が常に現地に居たかという問題については留意が必要である。

(31) （長禄二年（一四五八）カ）三月　日付遠江国蒲御厨政所石田義賢申状案（「東大寺文書」『静』二―二三一一号）など。年次比定は『静』二を参照。なお、本文書については、のちにNとして、第二節、第三節において分析を加える。

(32) 前掲注13斎藤論文。

(33) 以上、前掲注13斎藤論文の一〇二（一一）頁を参照。引用箇所も同頁による。

(34) 前掲注13斎藤論文の一〇三（一〇）頁所載の「表2　蒲御厨にかかわる申状」参照。

(35) 前掲注13斎藤論文の「表2　蒲御厨にかかわる申状」（前注参照）。

(36) 「東大寺文書」『静』二―二三一一号。なお、『静』二は本文書の差出である「蒲政所」を「石田義賢」に比定している。

(37) 例えば、（宝徳元年（一四四九））閏十月　日付遠江国蒲御厨諸公文百姓等申状（「東大寺文書」『静』二―二一〇八号）など。年次比定は『静』二を参照。

(38) このとき『静』二によって設けられた文書名を参照した。

(39) 「東大寺文書」『静』二―二一〇八号。年次比定は『静』二を参照。以下に掲げる3―(2)―⑤までこの点の表記を省略する。

(40)「東大寺文書」『静』二―二二二八号。

(41)「東大寺文書」『静』二―二二二九号。なお前掲注20で示した通り、『静』二の史料奥の補注（一〇三四頁）は本史料について、宝徳三年と比定している。

(42)「東大寺文書」『静』二―二二五一号。

(43)「東大寺文書」『静』―二二九六号。なお、本史料は、冒頭には「□(蒲)御厨西方諸公文御百姓等謹言上」（傍注も『静』二を参照）と記されている一方で、日下には「遠江州蒲西方諸公文等」と記されているという差異が認められる。この点については本文中において後述する。

(44)「東大寺文書」『静』二―二二四三号。

(45)「東大寺文書」『静』二―二二八二号。

(46)「東大寺文書」『静』二―二三三六号。

(47)「東大寺文書」『静』二―二三六〇号。

(48)「東大寺文書」『静』二―二三七七号。

(49)「東大寺文書」『静』二―二三〇七号。

(50)「東大寺文書」『静』二―二四四九号。

(51)「東大寺文書」『静』二―二四五〇号。なお、本文中に示した文書名は『静』二に従ったものであり、確かに本史料は後欠ではあるが、なお「案」（案文）とできるかは判断を保留しておきたい。本史料は冒頭に「遠州蒲御厨東方諸公文等謹□□(言上カ)」（傍注も『静』二を参照）とあり、ここから『静』二が設けられた文書名のように「東方諸公文等」による差出と判断することができる。

(52)「東大寺文書」『静』二―二二八九号。

(53)「東大寺文書」『静』二―二三〇一号。

(54)「東大寺文書」『静』二―二三二一号。

(55)「東大寺文書」『静』二―二三七二号。

(56)「東大寺文書」『静』二―二三四七号。

(57)「東大寺文書」『静』二―二三九二号。
(58)「東大寺文書」『静』二―二一七二号。
(59)「東大寺文書」『静』二―二三六八号。
(60)「東大寺文書」『静』二―二一七六号。
(61)「東大寺文書」『静』二―二一七八号。
(62)「東大寺文書」『静』二―二一八五号。
(63)「東大寺文書」『静』二―二三二二号。
(64)「東大寺文書」『静』二―二三四八号。
(65)「東大寺文書」『静』二―二二五四号。
(66)「東京大学文学部所蔵東大寺文書」『静』二―一六五二号。
(67)「東大寺文書」『静』二―一六五三号。
(68)「東大寺文書」『静』二―二四八〇号。本史料の差出には「しさわ方」の語がみえる。本史料によれば、この「しさわ方」は「蒲御厨しさわ方御年貢」を納入している。当該単位に責任を負いこの所領単位の名称を用いている「しさわ方」についてここでは公文であるものとしておく。但し、なお後考を期す。
(69)「東大寺文書」『静』二―二四八一号。本史料の差出としては「ねきミやう」がみえる。本史料は、蒲御厨における「ねきミやう」、「やすとみ方」の年貢の納入について示しているものと思われる（但し、「ねきミやう」には「年貢」の語は見えない）。差出にみえる「ねきミやう」がこれらの納入に当たったものと考え、ここでは「ねきミやう」を公文と理解しておくが、なお後考を期す。
(70)「東大寺文書」『静』二―二四八二号。なお、（年月日未詳）遠江国蒲御厨小松方指出案（「東大寺文書」『静』二―二四八三号）の史料奥に付された補注（二―一九六頁）によれば、この遠江国蒲御厨小松方指出案、および（年月日未詳）遠江国蒲御厨次広名指出案（「東大寺文書」『静』二―二四八四号）は本史料に「貼り継がれている」という。
(71)「東大寺文書」『静』二―二一九七号。なお、本史料の差出には、「惣公文」の肩書きを有する「清宗」のほかに、「政所」の肩書きを有する「義賢」も加わっている。なお、『静』二が本史料に付した傍注によれば、「清宗」

は多母木清宗、「義賢」は石田義賢に該当するという。本章もかかる理解に従いたい。
(72)「東京大学文学部所蔵東大寺文書」『静』二―二二七四号。
(73)「東大寺文書」『静』二―二二三二号。
(74)「東大寺文書」『静』二―二二四九号。
(75)「東大寺文書」『静』二―二二四〇号。
(76)「東大寺文書」『静』二―二二六一号。
(77)「東大寺文書」『静』二―二二七五号。なお、『静』二（一一〇四頁）によれば、本史料は「折紙」であるとされている。
(78)公文であるという判断は前掲注8大山論文や前掲注2山本論文をはじめ本章「はじめに」で挙げたような蒲御厨の先行研究の成果や『静』二の解題・傍注などに学んだうえでのものである。但し、本章の整理に示されている判断の責はもちろん筆者が負うものである。
(79)「東大寺文書」『静』二―二一九六号。年次比定は『静』二の傍注を参照。また、以下引用する史料に付した傍注は、『静』二が付している傍注に倣った。
(80)応永二十九年閏十月二十二日付遠江国蒲御厨鶴見郷年貢公事結解状（「東京大学文学部所蔵東大寺文書」『静』二―一六五二号）など。本史料は、本節で整理した【3．公文個人】―「(1)個人（単独）が差出」―⑨に該当する。以下、本節で整理した各史料を指す場合、3―(1)―⑨、の如く表記する。なお、本結解状の差出「公文沙弥法誠」は、『静』二が本史料に付している傍注に拠れば、大隅氏に該当するという。
(81)それでもなお、遺漏、あるいは【3．公文個人】として掲出した史料のうち、「公文」とすることが妥当でない場合もあるかと思われる。この点、後考を期すとともに、ご批判を賜れれば幸いである。
(82)但し、その内容や様式は様々であり、なお検討を要するが、本章にはこれを十分に取り扱う能力はない。後考を期したい。
(83)以上ここまで、【3．公文個人】という視角から文書を整理してきたが、この項目全体にかかって留意しておくべき点として、差出における「公文」の表記の有無について補足しておくこととしたい。すなわち、差出の位置に「公文」の語が所見するのは、前掲注80に掲げた応永二十九年閏十月二十二日付遠江国蒲御厨鶴見郷年貢公事結解状（3―(1)―⑨に該当）などいくつかの帳簿類のみであり、ほか書状など多くの史料は差出には「公文」の語を冠さず、単に個人名のみが記されている。また、管見の限り、「(2)個人（複数）が差出」に分類した各史料のうちで、「公文」の語を「差出」に記しているものは皆無である。本章は以上の点にかんするなんらの私見ももっておらずこの点今後の課題とせざるを得ないが、本節の整理の限界性としてここに付記しておく。

(84)「東大寺文書」『静』二―二四五一号。前後欠。

(85)「東大寺文書」『静』二―二四五二号。後欠。

(86)「東大寺文書」『静』二―二四八五号。但し、本史料については、前掲注2山本論文（二五八頁）の見解があり、本文後述の本章の見解はなお検討を要することを付記しておく。

(87)前掲注13斎藤論文の「表2　蒲御厨にかかわる申状」（斎藤論文一〇三（一〇）頁所載）。

(88)なお、かかる問題について考える際、前掲注2山本論文の成果は重要である。この山本論文をはじめ先学の成果に学び、この点、後考を期したい。

(89)本章が対象とする範囲において「目安」の語が現れる史料については、後に、A以下、計一六点を掲出する。

(90)以下、「目安」にかんする説明は、『国史大辞典』第一三巻（吉川弘文館、一九九二年）の「めやす　目安」の項（瀬野精一郎執筆による㈠の記述を参照（七七四・七七五頁）)。引用箇所も同七七四・七七五頁による（引用の括弧は適宜、省略)。

(91)以上、前注に示した『国史大辞典』第一三巻の「めやす　目安」の項（瀬野精一郎執筆）による。なお、佐藤進一『新版　古文書学入門』（法政大学出版局、初版一九九七年（本章は新装版第五刷・二〇〇九年を閲覧））の一九八頁にも「目安」についての記述がある。

(92)『日本国語大辞典　第二版』第一二巻（小学館、第二版二〇〇一年）の「目安」の項（一一七八頁）は、「目安」の語義として、文書的な意味（例えば、同『日本国語大辞典　第二版』に語義として挙げられているうち、②、③などがそれに当たる）のほかに、「見た目に感じがよいこと。また、そのさま。」（語義の①による）などを挙げている。

(93)「東大寺文書」『静』二―二一八九号。年次比定は『静』二を参照。なお、本史料は後掲する「目安」の語が所見する史料のGに当たる。

(94)「東大寺文書」『静』二―二三七二号。年次比定、および本文引用箇所の傍注は『静』二を参照。なお、本史料は後掲する「目安」の語が所見する史料のLに該当する。
(95)「東大寺文書」『静』二―二一〇八号。年次比定は『静』二を参照。以下、本文中に示すPまで、この旨の明記は省略。
(96)「東大寺文書」『静』二―二一二八号。
(97)「東大寺文書」『静』二―二一四三号。
(98)「東大寺文書」『静』二―二一四四号。
(99)「東大寺文書」『静』二―二一七二号。
(100)「東大寺文書」『静』二―二一八二号。
(101)「東大寺文書」『静』二―二一八九号。
(102)「東大寺文書」『静』二―二一九六号。
(103)「東大寺文書」『静』二―二三四七号。
(104)「東大寺文書」『静』二―二三五一号。
(105)「東大寺文書」『静』二―二三六〇号。
(106)「東大寺文書」『静』二―二三七二号。
(107)「東大寺文書」『静』二―二三七七号。
(108)「東大寺文書」『静』二―二三一一号。
(109)「東大寺文書」『静』二―二四四九号。
(110)「東大寺文書」『静』二―二四五〇号。本史料の文書名については前掲注51を参照。
(111)(宝徳三年(一四五一)カ)十月　日付遠江国蒲御厨諸公文百姓等申状(「東大寺文書」『静』二―二一二八号)。年次比定は『静』二参照。『静』二が本史料に付している傍注はここでは省略させていただいた。なお、本史料は第一節の分類項目【1．諸公文御百姓等】に該当する史料として掲出したが、この分類におけるもっとも年次を遡る史料は、本文中にも示した、A．(宝徳元年(一四四九))閏十月　日付遠江国蒲御厨諸公文百姓等申状(「東大寺文書」『静』二―二一〇八号)がある。しかしながら、宝徳元年のこの史料は欠損が多いため、いま史料1を掲げることとした。

(112) 宝徳四年（一四五二）四月二十一日付遠江国蒲御厨諸公文等申状（「東大寺文書」『静』二―二一四三号）。『静』二が本史料に付している傍注はここでは省略させていただいた。また、『静』二は本史料の奥に付した補注（一〇四〇頁）において、本史料の紙継目には裏花押がみえ、その花押主は不明（「某」）である旨記されている。なお、割書については、「〈 〉」によって表した。

(113) 享徳二年（一四五三）七月日付綿瀬道秀申状（「東大寺文書」『静』二―二一七二号）。『静』二が本史料に対して付している傍注はここでは省略させていただいた。

(114) 康正三年（一四五七）十月　日付遠江国蒲御厨東方諸公文等申状（「東大寺文書」『静』二―二二七七号）など。なお、本史料は本文中に示した「目安」の語が所見する史料のうち、Mに該当する。

(115) 文書名以下、本節前掲の「目安」所見文書整理のNを参照されたい。

(116) なお、差出としての「公文等」はより詳しく分類し把握する必要があるが、この点は第三節において行う。

(117) 前掲注115同様、文書名以下、本節前掲の「目安」所見文書整理のNを参照されたい。

(118) 前掲注8大山論文。

(119) 本史料の「□《(今カ)》度」の傍注は、『静』二―二一九六号に付されている傍注を参照。なお、「綿瀬名」にも傍注が付されているがこれについては本章では省略した。

(120) 本史料の「御訟訴《(マヽ)》」の傍注は、『静』二―二一七二号に付されている傍注を参照。

(121) 本史料の「住《(注)》進」の傍注は、本文で引用した箇所以前に本史料中にみえる「住進」に対して、『静』二―二三一一号が「(注、下同ジ)」と傍注を付しているのを参照し本章が付したものである。なお、本文で掲出した箇所以外に本史料には文書冒頭に「目安」の語がみえるが、これは前節で確認したので、ここでの掲出は省略した。

(122) Nの文書名以下は前掲注115などと同様、第二節の「目安」所見文書整理箇所を参照されたい。

(123) 但し、Hが「公文等」のほか百姓をも差出主体に含む可能性がある点（この点、第一節参照）など、その差出主体はさらに細かく分類されるが、いまこの点を逐一表記することは省略する。

(124) 前掲注8大山論文。

附記　本章の一部は、悪党研究会・村落交流史合同研究会（二〇一五年四月二九日・於調布たづくり会館）における研究報告を踏まえたものである。研究会当日、貴重なご批判ご意見を賜った。参加者の方々に感謝申し上げます。
　なお、本章は日本学術振興会科学研究費補助金（特別研究員奨励費）（二〇一四〜二〇一五年度・研究課題番号：14J01491）による研究成果の一部である。

第五章　「境目」の地域権力と戦国大名
――遠州引間飯尾氏と今川氏

糟谷幸裕

はじめに

戦国期の地域権力論および地域社会論のひとつの焦点として、「境目」に注目が集まって久しい。ここでいう「境目」とは、複数の地域権力による支配が交錯する場であり、しばしば現出する「両属」状態によって特徴付けられている。

「境目」の地域権力論としては、いわゆる「外様国衆」論が代表的である。(1)「国衆」とは、戦国大名(2)の庶家や譜代被官によって構成される大名「家中」とは区別される、自身が「家中」を有する領主権力を指す。なかでも「外様国衆」は、戦国大名領国の外縁部に展開し、大名権力に従属しつつ、なおも高い自律性を保持していたとされる。もっとも「外様国衆」論については、その属性を固定的に捉えることへの批判がある。(3)「境目」を動態的に把握するかかる視角は、本章でも継承したい。

また、複数の勢力の接点となる「境目」は、地域権力間の交渉の舞台でもあった。近年進展著しい「取次」論では、[4]戦国大名間、あるいは戦国大名と国衆との交渉において、その担い手（＝取次）の重層性が指摘されており、「境目」に割拠する諸勢力も、しばしばその重責の一部を担ったとされる。その具体相は、さらに追究される必要があろう。

より直接的に勢力間の均衡を激変させる要素として、「境目」にある諸勢力自身の向背がある。かれらが、「戦局のキャスティングボートを握」る、戦国争乱の焦点とも称される所以である。[5]

本章が対象とする遠江国引間の飯尾氏もまた、戦国大名今川氏の領国外縁部において成立し、そして滅亡を迎えた、「境目」の領域的地域権力である。永禄六年（一五六三）、引間飯尾氏の逆心に端を発する争乱は、「遠州忩劇」と称される一国規模の内乱に発展し、今川領国の崩壊過程において重大な画期をなした。[6]かかる引間飯尾氏について、基礎的事実関係についてはすでに研究があり、[7]本章が付け加えうることはさほど多くない。しかし一方で、引間飯尾氏は、一般的には今川氏の「重臣」などとも称されるが、今川氏権力内における位置付けは、いまだ十分になされていないと考える。

本章では、引間飯尾氏の特質を「境目」の視角から読み解くことで、今川氏との関係の具体相と、そこに胚胎した矛盾が表出するに至る経緯を闡明したい。

一　引間飯尾氏の成立

引間飯尾氏の濫觴は、今川氏の遠江侵攻に求められる。今川氏親による遠江の領国化については、戦局の推移やその間の外交関係など、すでに豊富な研究の蓄積があり、[8]とくに近年では、今川氏と三河西条吉良氏（以下、吉良氏）の関係をめぐって、議論の進展が著しい。[9]本節では、かかる研究成果の上に立って、引間飯尾氏の成立過程を跡付けたい。

連歌師宗長は、引間飯尾氏と今川氏の機縁について、以下のごとく述べている。

史料１　「宗長手記　上」[10]

……浜松庄吉良殿御知行奉行大河内備中守、堀江下野守にくみしてうせぬ、其刻、飯尾善四郎賢連、吉良より申下され、しばらく奉行とす、すべて此父善左衛門尉長連、義忠入部の時に、当庄の奉行として、度々の戦忠、異他なり、剰、義忠帰国の途中にして凶事、名誉の防矢数射尽し、則討死、其息善左衛門賢連、其子善四郎乗連、伯父善六郎為清まで、其旧号を忘れたまはず……

大永二年（一五二二）、遠江国懸川で今川家重臣の朝比奈泰能亭に逗留した宗長は、朝比奈一族の功績を、遠江をめぐる抗争の経過を俯瞰しつつ筆録した。史料１はその一節である。

引間を中心とする遠江国浜松庄は、室町期以来、吉良氏の知行地であり、その「奉行」大河内備中守は、近接する同国村櫛庄の堀江下野守とともに今川氏に抗戦するも、かなわずして逃走、大河内の跡を飯尾賢連が襲った

という。その時期は明言されないが、文亀年間（一五〇一～一五〇四）に比定されている。(11)

宗長によれば、賢連の浜松庄奉行就任には、今川氏の意向が強く反映されていた。賢連の父長連も浜松庄奉行であったが、氏親の父義忠の遠江侵攻に呼応し、義忠の横死（文明八年（一四七六））に際しても、最期まで防戦に奮闘したという。この長連は、応仁二年（一四六八）、公家山科家を京都に訪ねた「吉良殿内飯尾善四郎」の後身であろうか。(12)飯尾氏は、吉良家中における親今川派の筆頭格であったのである。しかし、賢連の引間入部が、あくまで吉良氏の任命に基づいていたことも、等閑視できない。引間飯尾氏は、吉良家中にありながら今川氏に接近するという、「両属」性を濃厚に帯びていた。

かかる飯尾氏の引間支配は、順調には進展しなかった。遠江は斯波氏の守護分国であり、斯波氏に与同する勢力も少なくない。明応年間（一四九二～一五〇一）に口火の切られた侵攻は、数次にわたる斯波氏との直接対決を挟みつつ、断続的な反抗に直面した。そして引間も、一旦は浜松庄奉行を逐われた大河内備中守との抗争によって、たびたび戦火にさらされることとなる。

宗長によれば、大河内の蜂起は「三、四ヶ度」に及んだ。一度などは、「浜松庄に打入、引間にして、当国牢人等百姓以下を楯籠ら」せたものの、今川方の反撃により、大河内は自害寸前まで追い込まれた。しかしこのとき、「吉良殿、御代官につきて懇望」（ここでの「代官」は、「奉行」と同意であろう）により赦免されたという。(13)

文書史料においても、今川方として従軍した伊達忠宗の軍忠状から、永正七年末から同九年閏四月にかけ、戦火が遠江西部一帯に及んだことが知られる。(14)敵方には、斯波家当主義達の親率する「武衛衆」、北遠の有力国衆井伊氏の「井伊衆」、そして「引間衆」が見える。この「引間衆」は、大河内の軍勢と見てよい。大河内は、反今川勢力の一方の中核であった。

かかる大河内を掣肘すべく、今川氏は、大河内の主筋にあたる吉良氏に対処を求めた。近年、その具体相を示す、興味深い史料が紹介された。

史料2　吉良義信書状(15)

（封紙ウハ書）「（異筆）「永十卯参到来」
　修理大夫殿御返報　　義信」
（端裏）「（切封墨引）」
就大河内備中守働、可差下仁躰之由、度々示給候、難辞之条、荒河播摩（磨）入道ニ申付候、下著御快然之儀候、仍而浜松庄之内国・本所事、可任成敗之由承候、先以祝着候、於時儀者、播磨入道所へ申候間、令省略候、
　恐々謹言、
　　三月廿八日　義信（吉良）（花押）
　　（今川氏親）修理大夫殿御返報

史料2には、谷口雄太による詳細な検討がある。(16)谷口は本書状を永正一〇年に比定し、吉良家当主義信は家中の分裂（今川―飯尾派と斯波―大河内派）に際して、一方への積極的な加担を回避していたものの、ついには今川氏からの要請を受諾し、その見返りに浜松庄の知行について保証を取り付けたものとする。しかし、のちに見るごとく、大河内は結局、今川氏によって討滅されている。つまり、吉良氏は大河内を統御しえなかったのであり、ために浜松庄は今川氏に没収され、以後、飯尾氏が今川氏のもとで同庄奉行を務めたと評価している。

たしかに本書状からは、今川氏からの再三の要請に消極的な吉良氏の姿勢が看取される。しかしそれは、大河内・飯尾両派間で中立を図ったというより、むしろ吉良家中における大河内の権勢の反映ではないか。翻ってみれば、吉良氏による大河内の赦免要請は、「御代官につきて」がその理由であった。谷口はこれを宗長の誤記とするが、(17)宗長は史料1において、賢連が「しばらく」奉行とされたとしている。飯尾氏が任じられた浜松庄奉行は、ほどなく大河内に還付されたのではないか。一方、飯尾氏の消息は、暫時まったく途絶する。これには史料残存の偶然性もあろうが、同時に、飯尾氏の実勢を示すものでもあろう。大河内による引間支配は、容易に飯尾氏の容喙を許さないものがあった。

その大河内も、永正一四年八月の引間陥落により、ついに切腹を遂げる。同じく引間にあった斯波家当主義達は、出家を条件に一命を永らえ、尾張に放逐された。(18)ここに斯波氏の遠江奪還計画は水泡に帰したが、その最後の拠点が引間であった点は重要である。引間および浜松庄の戦後処理は、今川・吉良双方にとって喫緊の課題となったであろう。

ここに至り、ようやく飯尾氏が史料上に再び姿を現す。すなわち、史料1にも見える賢連の弟為清が、永正一四年末、駿河の柴屋軒に宗長を尋ねている。(19)為清が何故、また何時から駿河にあったかは詳らかでない。しかし、情勢からすれば、飯尾氏の引間復帰をめぐって今川氏との折衝があったことは、想定されてよい。

大永二年、懸川に宿泊した宗長は（史料1）、ついで「浜松庄奉行」飯尾乗連を訪ね、ここに「一両日逗留」している。(20)大永年間には飯尾氏の引間復帰が確認され、以後、いわゆる「遠州忩劇」における永禄八年（一五六五）の滅亡まで、引間を拠点に領域的支配を展開することとなる。

その支配領域は、いかなる範囲であったのか。これを直接に示す史料はないが、以下からおおよその推察は可能である。

史料3　松平家康判物写[21]

［　］

一、入野の郷弐百五拾貫

一、神谷両郷弐百拾貫

一、阿多古之郷七十貫此外公六人給恩有之、

一、山崎塩浜五十貫

一、寺嶋百貫給共、

一、瓜内之郷五拾貫

一、しとろ之郷米三百五拾俵此代七十貫

一、嶋之郷弐百五拾貫

一、里之郷百貫給共ニ、

一、塩之郷百貫

一、人見之郷米百俵此代弐拾貫

一、舞坂内まこほり弐拾貫舟共、

一、引間宿中諸役共屋敷、如前々弐十貫余

合千弐百弐拾貫文

右条々、為引間本領之内間（ママ）出置之上、永不可有相違者也、仍如件、

永禄九年丙寅年　　松（松平家康）蔵

二月十日　　御諱御判

江馬加賀守殿

引間飯尾氏滅亡後、その遺臣江馬加賀守に対し、松平（徳川）家康が「引間本領之内」の宛行を約した判物で

ある。ここに挙げられる地名はいずれも浜松庄内であり、[22]領域的にもほぼ一円的なまとまりを見せるが、興味深いのは阿多古郷の存在である。阿多古郷は浜松庄の飛び地とされ、明応七年、郷内の天照太神宮の造立に「大河内兵庫守（ママ）」が一貫文を奉加している。この兵庫は、備中守の前身であろうか。そして引間飯尾氏も、天文一〇年・永禄四年に「飯尾豊前守」が、それぞれやはり一貫文を奉加している。[23]以上からすれば、史料3がそのすべてではないにしても、[24]引間飯尾氏の支配領域は、「浜松庄」の枠組に大きく規定されていた可能性が高い。[25]

かかる規定性は、支配領域の地理的範囲に限定されるものであろうか。引間飯尾氏は、通説的には今川氏の被官とされており、飯尾氏の引間入部の経緯からすれば、たしかにその蓋然性は認められる。しかし、以下の史料からは、また異なる様相が看取される。

史料４　吉良義尚寄進状校正案文（後掲表２No.１）

寄附　授竜庵
遠江国浜松庄宇間郷料所方之内地蔵堂幷夷宮加寄進之地等、同郷給人方畠壱段等事
右、所令寄附当庵也者、任先例可致沙汰之状如件、
　　正法院殿様（吉良義尚）
　応永卅四年八月十九日　御判
　于時大永三年未年、就下地之儀従奉行被申子細有之、以此御判申披候、
　　証明　飯尾善六郎（為清）殿
　　奉行　飯尾善四郎（乗連）殿

右、以批判無相違者也、

正法院方当代官

珠栴（花押）

応永三四年（一四二七）に吉良義尚が浜松庄内の授竜庵に宛てた寄進状を[26]、大永三年に至り、正法院方代官の珠栴が保証した文書である。詳細は不明ながら、授竜庵の下地について「奉行」飯尾乗連が「子細」を申してきたのに対し、珠栴が義尚寄進状をもって弁明したところ、乗連も了承したという。これには、「証明」として飯尾為清の介在もあった。

ここではまず、署判者の珠栴に着目したい。浜松庄内には「国方」「木寺方」（後掲表1No.1）や「国・本所」（史料2）といった区分が見えるが、「料所方」や「正法院方」も同様の呼称であろう。浜松庄「奉行」飯尾乗連の統括のもと、「〜方代官」が置かれていたと推察される。

珠栴は天文一九年、授竜庵に対し、浜松庄内の寺嶋のうち三貫文を寄進しているが、それは、「前住東福玉浦《珠珍》和尚大禅師御影」を授竜庵に安置するに伴ってであった[27]。東福寺と吉良氏の関係は深く、吉良氏の菩提寺、三河実相寺は東福寺末であり、義尚の葬儀にも東福寺僧の深い関与が知られる[28]。玉浦珠珍御影の扱いにも、吉良氏の意向を見るべきであろう。すなわち、珠栴は吉良氏の意を受ける位置にあり、史料4も、その立場から作成されたのではないか。吉良氏の影響力は、依然として浜松庄、そして飯尾氏に及んでいたのである。

谷口雄太は、大河内の滅亡から天文年間（一五三二〜一五五五）のなかばにかけての、今川・吉良両氏の「蜜月」関係を指摘している[29]。かかる融和を担保したのは、浜松庄および飯尾氏の「両属」ではなかったか。

引間飯尾氏は、今川・吉良両勢力のまさに「境目」において成立を見たのである。

二　引間飯尾氏の政治的位置

前節において、引間飯尾氏の今川・吉良両勢力への「両属」を見たが、しかし、その関係性は固定的ではなかった。「境目」が勢力間の均衡によって生じる空間である以上、今川領国の伸縮は、引間飯尾氏の「両属」の基盤を揺るがすものであった。本節では、引間飯尾氏の立ち位置の推移を追っていきたい。

ここでまず、引間飯尾氏の歴代について確認しておきたい。前節で見たごとく、長連は文明八年（一四七六）に戦死し、その子息賢連は文亀年間（一五〇一～一五〇四）に「浜松庄奉行」とされるものの、その後の消息は不明である。大永二年（一五二二）には賢連息の乗連の引間在城が見える。乗連の活動期間は長く、永禄八年（一五六五）一〇月までの存命が確認される（表2No.6）。

もっとも、引間飯尾氏の家督は、すでに乗連の生前に譲渡されていたようである。通説的には連龍が次代とされ、永禄六年三月には授竜庵に判物を下している（表2No.3）。これが「連龍」名義の初見史料であり、代替わりの安堵と評価されている。(30)

しかし、従来は歴代に数えられていないが、注意を要すべきは「元連」なる人物である。弘治三年（一五五七）一一月、浜松庄の飛び地である阿多古郷の土豪青谷弥太郎に宛てた今川義元判物に、「向後元連雖有違乱、不可許容」（表1No.11）とある。同趣旨の判物が永禄五年二月にも今川氏真から下されており（表1No.13）、やはり元連の名が見える。元連は阿多古郷の領主であり、先行研究においても、引間飯尾氏の一族と見なされている。(31)

たしかに、前節で見た引間飯尾氏と阿多古郷の関係、さらに実名の「連」からすれば、元連は引間飯尾氏と見てよい。一方で、「元」が今川義元からの偏諱であることも、やはり確実ではないか。してみれば、元連は引間飯尾氏にあって相当の身分にあり、踏み込んでいえば、乗連の次代はこの元連ではなかろうか。

この点を補強する材料として、弘治二年以降に見える「飯尾善四郎」が挙げられる（表1No.10、など）。善四郎は引間飯尾氏嫡流が継承する仮名であるが（史料1参照）、『静岡県史』や『戦国遺文　今川氏編』などの史料集では、この善四郎は乗連に比定されてきた。しかし、すでに受領名豊前守を称していた乗連をあえて仮名で呼ぶ必然性は乏しく、別人と見るべきであろう。すなわち、元連こそが弘治二年以降の「飯尾善四郎」に該当するのではなかろうか。(32)

ここで検討すべきは、連龍と元連の関係である。元連の所見史料はいずれも連龍の初見以前であるから、二通りの解釈ができよう。すなわち、元連が連龍と改名したとするか、両者を継承関係（父子関係など）と見るかである。断定は困難なものの、連龍の初見史料の段階（永禄六年三月）で今川氏からの偏諱を廃するとも考えがたく（同年一二月には「遠州忩劇」が勃発するのであるが）、ここでは別人と見なしておきたい。(33)

以上が引間飯尾氏当主の歴代であるが、もっとも活動期間が長く、その事績を具体的に辿りうるのが乗連である。乗連は、今川軍の一翼として今川領国の東西に在城している。そして、この軍事行動における今川氏との一体化が、引間飯尾氏の自律性を漸減させていくのである。

乗連の出征は、天文一三年が初見である。今川氏と小田原北条氏が駿河東部をめぐって対陣した河東一乱(34)のさなか、最前線の蒲原城に乗連はあった。

天文一三年、東国歴覧の旅路に就いた連歌師宗牧は、一二月一四日に引間に入るが、「豊前守」乗連は「蒲原城当番」のために留守であった。さらに東下した宗牧が蒲原において乗連の歓待を受けたのは翌年の正月二六日、これには原六郎・二俣近江守ら遠江の諸氏も陪席した。(35)

蒲原における乗連の在番期間は不詳であるが、以後の乗連の動向は、一転して今川領国の西方、三河において確認される。

すなわち、北条氏の駿河撤退によって河東一乱が終結し、東方に一応の安定を得ると、今川氏は三河侵攻へと軍事方針を転ずる。その最初の戦略目標は、田原戸田氏が押さえる今橋（吉田）城攻略となった。出兵に先だち、今川氏は今橋の旧領主である牛久保牧野氏(36)と交渉を開くが、三河侵攻軍の総指揮を執る太原崇孚雪斎が牧野保成に宛てた書状に、引間飯尾氏が現れる。

史料5　太原崇孚書状写(37)

両度以書状申候、参着候哉、仍御人数之儀、飯豊（飯尾乗連）・井次（井伊次郎）其外境目之衆悉被仰付、西郷谷へ可有着陣候、其地御用次第可被召置候、兵粮之儀肝要候、今橋へ弾（戸田宗光）・橘（戸田宣成）入城候者、於彼地商買之儀、可為不弁之条、此方より尾奈・比々沢迄可届申候、其間之儀、御調法候てめしよせられへく候、兵粮方之儀者、涯分つゝけ申へく候、御本意之上、可有御返弁候、此由西郡へも申度候、委細先書申候間、不能詳候、恐々謹言、

八月廿九日　崇字（孚）判

雪斎

牧野田三郎（保成）殿御宿所

戸田家当主宗光らの今橋入城を警戒する記述から、天文一五年一一月の今橋攻略(38)以前の文書と判断され、同年に比定できる。ここでは、飯尾乗連は井伊次郎とともに、三河の西郷谷に着陣予定とある。注目すべきことに、両者は「境目之衆」と一括されている。前節で見たごとく、井伊氏は、今川氏の遠江侵攻に際して頑強な抵抗を示し、今川氏への服属以後も、その自律性は相対的に高かった(39)。ここに、今川氏からする引間飯尾氏の位置付けが端的に窺えよう。そして、両者は保成の「御用次第可被召置」とされている。その前提として、両者と牧野氏との、従前からの密接な関係が想定されよう。戦国大名領国の「境目」にある国衆や在番衆が、領国外部との交渉において仲介役（「取次」）にあたったことは、つとに指摘がある(40)。ここでは引間飯尾氏・井伊氏が、同様の役割を期待されていたと見てよい。

しかし、引間飯尾氏と井伊氏には相違もあった。引間飯尾氏には牧野氏宛の文書発給が確認され、しかもそれは、雪斎との連署であった。

史料6　太原崇孚・飯尾乗連連署書状(41)

今度以忠信之儀、被出身血無二可有御奉公之由御申、誠御勲功之至候、仍長沢之事、国一途之間者、駿遠御人数在城可被仰付由、是又別而御入魂御申、御祝着候、於静謐之上者、如先日御約諾可被渡置候、若又彼地始終御所望之儀候ハヽ、改替可被仰付候、不可有別儀候、就中松平三助・山田源助両人之事者、以前以御扱如此成来候、其時被仰合之儀候、可有御同陣、是又不可有御違背候、心得申候、恐々謹言、

九月十九日　（飯尾）乗連判

崇字（孚）判

牧野田三郎（保成）殿

御宿所

年未詳であるが、宛所の田三郎保成は、天文一九年一一月には出羽守を称しているから、[42]それ以前の文書である。長沢への「駿遠御人数在城」に保成が同意したことに対して、雪斎と乗連が謝辞を呈する内容である。長沢は、三河侵攻に先だつ牧野氏と今川氏の折衝において保成が領有を求めており、今川氏は、今橋攻略後の一一月二五日付でこれを了承している。[43]今川方の証判者は雪斎のほか、朝比奈親徳・同泰能の三名の重臣であった。史料6に雪斎が署名するのは、以上の経緯からして容易に理解されるが、[44]興味深いのは乗連による連署である。これはやはり、牧野氏と今川氏の接触において、引間飯尾氏が「取次」を務めたことを示唆するのではないか。

天文一五年に始まる今川氏の三河侵攻の過程において、引間飯尾氏の今川氏への接近が顕著となるが、やがてこれは今川氏と吉良氏、ひいては引間飯尾氏と吉良氏との決定的な関係変化に帰結した。すなわち、前節で触れたごとく、今川氏と吉良氏は大永年間（一五二一～一五二八）以降、「蜜月」とも評される良好な関係にあったとされるが、これが暗転し、吉良氏の本拠西条への今川軍侵攻へと至った。天文一八年のことである。

今川氏と吉良氏の決裂は、吉良氏の尾張織田氏への接近に起因する。その背景として、今川氏の三河侵攻が、同国における吉良氏の地位侵害と見なされたとする指摘がある。[45]もっともこの吉良氏の敵対は、当主義安の意向ではなく、「御外戚後藤平大夫可為奸謀」と今川氏は見なしていた。[46]吉良家中においては、反今川派が勢力を挽回しつつあったのである。

今川氏の西条侵攻において、引間飯尾氏はいかに身を処したか。

天文一八年九月一〇日、西条城下の無量寿寺に対し、今川氏の制札が発給された。署判者は、奥から雪斎、「前紀伊守」某、そして「前豊前守」乗連である。[47]さらに、乗連の前には「前伊豆守」の署判があるが、塗抹されている。

かかる形式の不備によるものか、翌々日付で、やはり無量寿寺宛に同様の制札が下されている。[48]しかしその差出からは、前伊豆守の署判ばかりでなく、乗連の花押も消えていた。代わりに異筆で「荒河在陣」との付記があり、すでに乗連は西条を離れていたのである。

両通の制札は、署判者をめぐる今川氏と無量寿寺との折衝を推察させる。前伊豆守が何者で、何故署判が不要とされたかは不明なものの、二通目における乗連の署判をめぐる混乱は、その人選が必ずしも今川方の意向ではなかったことを示唆しよう。すなわち引間飯尾氏は、西条の地域社会から、今川氏への執りなしを期待されたのである。引間飯尾氏の、今川氏・吉良氏への「両属」の所産といえよう。

しかし、同時にこの制札は、今川・吉良両氏の関係破綻に臨んで、引間飯尾氏が今川方の旗幟を闡明した証左でもある。もっとも、この時点での今川氏は、吉良家当主の問責には消極的であったようである。今川氏にとって本家筋にあたる吉良氏の排斥には、なお容易ならざるものがあった。[49]吉良氏の滅亡は弘治元年（一五五五）、今川氏との再度の断交の結果、ついに当主義安が駿府に幽閉されるに至る。[50]この再乱に際しての引間飯尾氏の動向は、不詳である。

今川氏の三河侵攻は、今川領国の前線を西進させた。従来、領国の西端に位置していた引間も、地理的にはすでに「境目」たりえない。そして政治的にも、今川氏・吉良氏の決裂によって、「両属」の条件はまったく失われたのである。

それでも引間飯尾氏は、領国外部との折衝において、なおも「取次」の任を果たし続けた。特筆すべきは、上方に連なるその人脈である。

天文二〇年六月二八日、将軍足利義藤（義輝）は、伯父で関白も務めた近衛稙家に対し、今川氏への織田氏との講和勧告について、今川義元の説得と、今川家「年寄中」に義元へ「意見」せしむることを依頼した。(51) これを受けて稙家は七月五日付で、義元・雪斎・朝比奈泰能宛の書状を認めているが、(52) 飯尾乗連宛にも、ほぼ同内容の書状が起草された。

史料7　近衛稙家書状案(53)

就土岐美濃守（頼芸）入国之□（儀カ）、尾州織田備後守（信秀）相談□（之カ）由候、然此節、不及再破□（之カ）様、年寄中被申談□（弥カ）無事尤可為御祝着之□□（至候カ）、武家御内書如此候、□執成肝要候、猶使僧可申伝候也、謹言、

七月五日　（近衛稙家）（花押）

飯尾豊前守（乗連）□□（とのカ）

義藤の講和勧告には、美濃を逐われていた土岐頼芸の帰国を実現する狙いがあった。それには、今川・織田両氏の協調に基づく支援が不可欠と見なされたのである。ここでは、雪斎・朝比奈泰能の今川家中枢に伍して、飯尾乗連も「年寄中」として和平維持に期待を寄せられている。その背景としては、引間飯尾氏が今川氏の対織田氏「取次」を務めていた可能性も挙示しうるが、(54) ここではまず、引間飯尾氏が有する京都との回路の存在を確認しておこう。「年寄中」については、本節の最後に触れたい。

引間飯尾氏と室町幕府との音信は、すでに河東一乱段階において事例を徴しうる。

乗連は天文一四年四月二四日、将軍義藤の側近たる大舘晴光に宛てた書状で、[55]「上意御使」として東国に下向していた進士修理亮の、近日中の上洛予定を伝えている。乗連はおそらく、晴光からの「御懇札」において、修理亮の「路次」の保障に便宜を図るよう依頼されていたのであろう。義藤の「上意」とは、この時期、聖護院門跡の道増を介した今川氏と北条氏の和与が模索されているから、[56]これに関わる可能性が高い。

先述のごとく乗連は、天文一三年一二月から翌年正月にかけての蒲原在陣が確認される。四月の時点においても、なお蒲原にあったのであろう。ここでの引間飯尾氏の役割が、たんなる使者の通行保障に止まるものか、史料7のごとく今川氏の意思決定への関与を期待されたものか、それを判断するには材料が乏少であるが、さしあたり、かかる京都との交渉の蓄積が、史料7の前提をなしたことは指摘できよう。

東海道の要衝たる引間は、街道を上下する公家や文化人の記録に多く登場し、彼らと引間飯尾氏との交流の一端が窺える。

たとえば、弘治二年から翌年にかけて駿府に滞在した公家の山科言継は、下向の途次、引間の「飯尾善三郎」に太刀を遣わし、「人夫・伝馬之事」を依頼したが、「三川へ出陣留守」であった。後述する復路の記事から、「善三郎」は「善四郎」の誤記と解され、先の想定が正しければ元連に比定される。出陣先は岡崎であろう。ここで注目されるのは、言継が元連の母に言及している点である。元連母の出自は不詳であるが、言継と知己と思しきことからすれば、京都に連なる女性であった可能性が高い。もっとも、元連母も「仏詣」のため不在であった。結局、言継は引間を通過し、その日は見付に投宿している。[57]

翌年、言継の帰京に際しても、やはり「当所《（引間）》之飯尾善四郎、三州岡崎之番也、留守」であった。しかし往路とは異なり、言継は「内之者絵（江）馬ニ一宿」している。言継が岡崎に到着すると、元連は食事や乗馬、伝馬を差配し、謝礼として太刀と典籍を授与された。[58]

以上から、弘治年間（一五五五～一五五八）における飯尾元連の岡崎在番が知られるが、引間飯尾氏の岡崎在城は、乗連の代より確認される。つぎに、今川氏の三河支配における引間飯尾氏の関与のあり方を見ていきたい。

天文二〇年、東条松平氏の甚二郎が今川氏から離反すると、東条松平家中の親今川派（松井忠次ら）はこれに従わず、弟忠茂の擁立を図った。今川氏は、同年一二月一一日付の義元判物によって忠茂・忠次の忠節を賞し、知行を安堵するが、[59] それに先だって、飯尾乗連・二俣扶長・山田景隆の三名は一二月二日付で、忠茂宛に血判起請文を認めている。[60]

起請文は、忠茂の「御屋形様（今川義元）幷竹千代丸（松平元康）江忠節」を認め、「甚二郎あとしき」を相違なく渡す旨を誓約し、諸事を「松井（忠次）・山内両人」に任せるとする。史料中、直接に乗連らの居所を示す文言はないものの、東条松平氏の本拠（青野）との位置関係、および松平本宗家家中の酒井忠次から委細を申すとしていることから、岡崎と判断される。乗連と連署する二名のうち、山田景隆は駿河の人で、今川義元の寵臣であり、永禄三年の桶狭間合戦では義元のあとを追って討死した人物である。岡崎においては天文二二年、桜井寺からの制札申請に対応したことも知られる。[61] 二俣扶長は、先に見た乗連の蒲原在城において、宗牧をともに歓待した二俣近江守と同一人物か、その後継であろう。

飯尾乗連の岡崎在城を示唆する史料としては、以下を徴することもできる。

史料8　今川義元書状写(62)

就高橋筋之儀、早速至于岡崎着陣之由候、□気之時分、辛労無是非候、飯尾豊前守・二俣近江守有談合、馳走専要候、所注進可差遣之人数候、猶朝比奈備中守（泰能）可申候、恐々謹言、

十二月二日　義元（今川）判

奥平監物丞（定勝）殿

奥三河の国衆、作手奥平氏の定勝に対し、「高橋筋之儀」についての岡崎への着陣を称揚し、「飯尾豊前守・二俣近江守」と談合のうえ、馳走すべきとしている。年欠であるため、年代を絞り込んでみよう。「高橋」に着目すると、以下の史料が浮上する。

史料9　太原崇孚書状写(63)

御同名八大夫殿御越候、委細承候、仍山田源助御判給、御知行之内より万疋可請取之由被申候哉、愚僧事、就善得寺造営、昨日河原ニ候へハ、今朝承驚入候、殊山源五六日以前河原へ被越候間、其時ハ以別事対談候、此訴詔（訟）之事、愚僧ニ一言も不被申出候、衣鉢三安云々、不存候間、不及押置候、如何様之申掠ニ候哉、御判被出候、不審ニ候、朝丹（朝比奈親徳）無疎意候、諸老も別儀不被存候、涯分可被申立候、定依申掠一端被仰出候哉、於御心中有御疎略間敷候、尚口上申候、恐々謹言、

就高橋雑説、自最前岡崎筋御馳走、御陣労察存候、

林際寺（ママ）

十二月十五日　　崇孚（孚）判

牧野出羽守（保成）殿

御返報

史料6で見た、長沢城をめぐる牧野保成との折衝の、後日談ともいうべき書状である。本文の検討に入る前に、追而書の部分を確認しておこう。「高橋雑説」について、保成の岡崎在陣が知られる。「高橋雑説」の詳細は不明ながら、日付の近さから見て、史料8の「高橋筋之儀」と同一の事態を指しているのだろう。よって、史料8と史料9は同年と判断してよい。すなわち、両史料は雪斎の存命中の文書であり、天文二三年以前に比定される（雪斎は弘治元年閏一〇月一〇日示寂）。[64] 先述のごとく、元連は弘治年間に仮名「善四郎」を称しているから、史料8の「飯尾豊前守」は、やはり乗連に比定してよい。

史料9本文の検討に入ろう。発端は、山田源助らが保成の「知行之内より万疋可請取」と今川氏に訴訟し、義元から承認の「御判」を賜ったことにあった。これに抗議するため、保成は同名八大夫を雪斎のもとに派遣した。その回答が史料9である。雪斎は不測の事態であることを強調する一方、「御判」は「申掠」による不当なものであり、朝比奈親徳に保成への「疎意」はなく、「諸老」から義元に「涯分可被申立」ことを述べている。八大夫は三浦氏員・葛山氏元も訪ねており、両名からも同趣旨の書状が遣わされている。[65]「諸老」には、彼らも含まれているのであろう。

ここで、長沢の一件における飯尾乗連の立ち位置を考えてみよう。史料6において、長沢城への今川軍駐留の容認と引き替えに、将来における長沢の返還を保成に保証したのは雪斎と乗連であり、また、保成を介した山田源助らの服属交渉を差配したのも、また同様であった。だが、史料9に見える相論において、乗連の関与に明証は得られない。

しかしこのとき、乗連が保成とともに岡崎にあったと想定されるのであれば、そこにはやはり、乗連の介在があったと見るべきではないか。翻ってみれば、東条松平氏の一件においても、乗連は山田景隆・二俣扶長とともに、三河国衆の進退を保障する立場にあったのである。

その背景をなすのは、吉良氏被官という出自、そして三遠国境に近い引間を根拠とする地政学的要因から培われた、三河諸氏との人脈であったであろう。史料5や史料6は、その一端を示すものといえる。(66)引間飯尾氏が今川氏から期待されたのは、その人脈を駆使した三河国衆の誘降であった。一方で、今川氏による三河支配の拡大、なかんずく吉良氏の失墜は、引間飯尾氏の今川氏への接近を招来した。それは、引間飯尾氏の自律性を担保した属性――「境目」「両属」の喪失と表裏だったのである。

かくして引間飯尾氏は、雪斎ら今川氏権力中枢に伍して三河諸勢力との交渉に与った。では、引間飯尾氏が今川家中に包摂されたかといえば、疑義が生じる。なにより、乗連ら引間飯尾氏当主は、駿府における活動がまったく確認できず、(67)この点で、雪斎はもとより、同じく今川領国の外縁部に位置していた駿河河東の葛山氏(68)とも、様相を異にしている。

以上からすれば、史料7において、引間飯尾氏が「年寄中」の構成員とされていたことは、いかに解釈されるべきか。この点、領国の外部と内部とでは、家中の枠組に相違があるとの指摘は興味深い。(69)今川領国外部からする引間飯尾氏の位置付けと、領国内部における実態とは、ひとまず別に考える必要がある。

そこで次節では、引間飯尾氏の浜松庄における領域支配の具体像と、今川氏の浜松庄への関与のあり方、とくにその変遷から、両者の関係を検討し、結論を導きたい。

三　引間飯尾氏の領域支配と今川氏

本論に入る前に、まず、表について説明しておこう。表1は、今川家当主やその被官が、浜松庄内の諸権益に関わって発給した文書の一覧である。(70)永禄六年（一五六三）一二月で区切りとしたのは、一二月には「遠州忩劇」の勃発が確認されるからである。本節では、「遠州忩劇」に至る過程の分析に主眼を据えたい。(71)表2は、引間飯尾氏が発給に関与した、浜松庄内宛文書の一覧である。

第一節で見たごとく、大永三年（一五二三）、飯尾乗連らは授竜庵に対し、応永三四年（一四二七）の吉良義尚寄進状を保障して畠地一段を安堵しているが（史料4）、天文一〇年（一五四一）に至り、その畠地を含み込んで検地が施行された。

史料10　飯尾乗連判物（表2No.2）

遠州浜松庄宇間郷向宿受領庵領事、正法院殿（吉良義尚）被載御寄進状者畠壱段也、以次改地下田畠、彼庵領検地之処者畠弐町也、壱段者御判之旨明鏡也、残而壱町九段者、□（雖）可令遂落、為乗連新寄進令寄附也、末代不可有相違処如件、

天文拾年辛丑

三月十六日　飯尾豊前守

乗連（花押）

受領《（ママ）》庵

授竜庵領での検地の結果、畠地は二町とされ、実に二〇倍にも達する大幅な増分が打ち出された。義尚寄進状に載る一段以外は収公されるべきところ、乗連の「新寄進」の形式をとって寺家に安堵された。本史料からは、この検地への今川氏の関与は看取しえず、引間飯尾氏独自の、給人検地と見るべきである。[72]

一体、今川氏による浜松庄への関与は当初、きわめて抑制的であった。遠江をめぐって斯波氏との抗争が展開されていた永正二年（一五〇五）二月、奥三河の奥平貞昌に「遠江国河西所々」の宛行を約した今川氏親判物（表1No.1）では、浜松庄内の「国方」「木寺方」も挙げられている。一見、引間飯尾氏、ひいては吉良氏の権益を侵害する内容であるが、しかし、この約定が履行された形跡はない。

その後、遠江侵攻も終局を迎えようとする永正一三年一〇月、庄内の鴨江寺に軍勢の乱暴狼藉を禁ずる制札が与えられ（表1No.2）、翌年、引間陥落後の一〇月には、やはり鴨江寺に当知行が保証されるなど（表1No.3）、軍事的緊張下において事例が散見されるものの、戦乱が収束し、飯尾氏が引間再入部を果たすと、浜松庄関連の今川氏発給文書は以後、三〇年近くにわたって途絶する。[73] 例外として、頭陀寺千手院に宛てて、浜松庄内の白山先達職について定めた三通（表1No.4・5・6）があるが、頭陀寺は浜松庄外にある寺院であり、庄域を越えた広範囲にわたる権益については、引間飯尾氏の管掌の及ぶところではなかったのであろう。

引間飯尾氏の支配領域内に生起した諸問題に今川氏が対応を見せるのは、管見の限りでは弘治二年（一五五六）以降のことである。その最初の事例を見てみよう。

宛所	出典	刊本	備考
奥平八郎左衛門入道殿(貞昌)	松平奥平家古文書写	160	
鴨江寺	鴨江寺文書	297	
鴨江寺衆徒中	鴨江寺文書	305	
頭陀寺千手院	頭陀寺文書	384	白山先達職関連
頭陀寺千手院	頭陀寺文書	453	白山先達職関連
頭陀寺千手院	頭陀寺文書	468	白山先達職関連
池谷備前守殿	賀久留神社文書	647	要検討文書
飯尾豊前守殿(乗連)	賀久留神社文書	660	要検討文書
大日別当	遠江国風土記伝巻二	1206	「松下将監…知行」
曹源院	宗源院文書	1300	
青谷弥太郎殿	中村文書(両島)	1373	
妙香城寺	古簡編年二	1675	
青谷弥太郎殿	中村文書(両島)	1793	
中村右衛門太郎	中村文書(宇布見)	1797	
「中村」右衛門太郎殿	中村文書(宇布見)	1895	村櫛庄関連／宛所の「　」は後筆ヵ
妙香城寺	古簡編年二	1899	
酒間紹可／中村右衛門大郎／「伊久美源兵衛殿」	中村文書(宇布見)	1900	村櫛庄関連／宛所の「　」は後筆ヵ
妙香城寺	古簡編年二	1916	
五ヶ村百姓等	中村文書(宇布見)	1929	村櫛庄関連
	中村文書(宇布見)	1930	村櫛庄関連／宛所欠
養徳院／中村源左衛門とのへ	中村文書(宇布見)	1931	村櫛庄関連／差出欠
妙香城寺	古簡編年二	1940	

※「刊本」欄には『戦国遺文　今川氏編』の文書番号を示す。

出典	刊本	備考
寿量院文書	375	「証明　飯尾善六郎殿(為清)／奉行　飯尾善四郎殿(乗連)」
寿量院文書	661	
寿量院文書	1901	
中村文書(宇布見)	2016	
中村文書(宇布見)	2059	
中村文書(宇布見)	2060	

※「刊本」欄には『戦国遺文　今川氏編』の文書番号を示す。

表1 今川氏の浜松庄関係発給文書(永禄6年11月以前)

No.	年月日	西暦	文書名	差出
1	永正2年2月5日	1505	今川氏親判物写	「今川氏親之書判有之」判
2	永正13年10月16日	1516	今川氏親判物	(袖花押)(今川氏親)
3	永正14年10月18日	1517	今川氏親判物	修理大夫(花押)(今川氏親)
4	大永5年8月28日	1525	朝比奈時茂・福嶋盛広連署奉書	盛広(花押)(福嶋)/時茂(花押)(朝比奈)
5	大永8年8月13日	1528	今川氏輝判物写	氏輝(花押)(今川)
6	享禄3年2月23日	1530	朝比奈泰能奉書	泰能(花押)(朝比奈)
7	天文9年3月18日	1540	今川義元判物写	治部大輔(花押)(今川義元)
8	天文10年3月10日	1541	今川義元判物写	治部大輔(花押)(今川義元)
9	天文23年12月17日	1554	今川義元判物写	(花押)「義元判」(今川)
10	弘治2年9月2日	1556	今川義元判物	治部大輔(花押)(今川義元)
11	弘治3年11月27日	1557	今川義元判物	治部大輔(花押)(今川義元)
12	永禄4年4月1日	1561	今川氏真判物写	氏真(花押)(今川)
13	永禄5年2月16日	1562	今川氏真判物	氏真(花押)(今川)
14	永禄5年2月24日	1562	今川氏真判物	(花押)(今川氏真)
15	永禄6年2月吉日	1563	神尾元直・但阿連署状	神尾織部祐元直(花押)/養徳院但阿(花押)
16	永禄6年3月10日	1563	今川氏真判物写	上総介(花押)(今川氏真)
17	永禄6年3月12日	1563	今川氏真朱印状	(朱印・印文「如律令」)
18	永禄6年5月23日	1563	今川氏真判物写	上総介(花押)(今川氏真)
19	永禄6年9月2日	1563	今川氏真朱印状	(朱印・印文「如律令」)
20	永禄6年9月9日	1563	今川氏真朱印状	(朱印・印文「如律令」)
21	永禄6年9月9日	1563	今川氏真判物写	
22	永禄6年10月19日	1563	今川氏真判物写	上総介(花押)(今川氏真)

表2 飯尾氏関連浜松庄内宛発給文書

No.	年月日	西暦	文書名	差出	宛所
1	大永3年	1523	吉良義尚寄進状校正案文	正法院方当代官珠栴(花押)	
2	天文10年3月16日	1541	飯尾乗連判物	飯尾豊前守乗連(花押)	受領庵
3	永禄6年3月17日	1563	飯尾連龍判物	飯尾豊前守連龍(花押)	授龍庵
4	永禄7年10月19日	1564	飯尾連龍判物	(花押)(飯尾連龍)	宇布見領家
5	永禄8年10月29日	1565	飯尾乗連判物	(花押)(飯尾乗連)	領家源左衛門かたへ
6	永禄8年10月30日	1565	飯尾乗連判物	(花押)(飯尾乗連)	うふミ領家年寄之百姓等

史料11　今川義元判物（表1No.10）

来迎寺領之事

右、普済寺二代華蔵和尚在世之時、拈花院殿（吉良義真）所有寄附之也、然而曹源院在天和尚本寺建立依異于他、為其労功、彼来迎寺領曹源院江被付置之云々、只今以飯尾善四郎母女儀、別人可申付旨雖有之、如年来永不可有相違、雖為何時、以此判形可申断者也、仍如件、

弘治弐年

九月二日　　治部大輔（今川義元）（花押）

曹源院

浜松庄内の曹源院に対し、年来付け置かれてきた来迎寺領を安堵した内容である。興味深いのは、曹源院が今川氏に保障を求めた契機が、来迎寺領を「以飯尾善四郎母女儀、別人可申付旨」にあったことである。この「飯尾善四郎母女」は、前節において、山科言継が駿府下向の途次に接触を図った、元連母に比定した女性であろう。引間飯尾氏内において、相当影響力のある人物であったらしい。しかし今川氏は、その元連母の意向を覆す裁定を下したのである。

今川氏の同様の対応は、ほかにも見受けられる。たとえば、先にも若干触れたが、弘治三年一一月二七日付の今川義元判物（表1No.11）は、浜松庄の飛び地、阿多古郷青谷村の青谷弥太郎に対して、「吉良殿御判形之旨」に任せて「父左衛門次郎給恩分」を安堵し、「元連」の「違乱」があっても許容しない旨を保証している。また、永禄四年四月朔日付の今川氏真判物（表1No.12）は、庄内の妙香城寺に対して、「先判形」（現存せず）の旨に任せ

て「国役幷守護役」等を免許するものであるが、その第二条では「地頭不入」が謳われ、本文でも「無地頭綺可令寺務」とされていた。この「地頭」もまた、引間飯尾氏を念頭に置いた文言であろう。

今川氏権力の浜松庄への浸透を誘引した要因はなにか。前節に照らして弘治年間の引間飯尾氏を見るならば、三河の今川領国化の進展によって「境目」は西方に遷移し、すでに吉良氏も滅亡して、引間飯尾氏の「両属」性を支える条件は失われていた。今川氏は、引間飯尾氏の唯一の上位権力として浜松庄支配に臨みうる立場にあったのである。当主元連は前線の岡崎にあり、当主の長期不在によって、領域支配の円滑に支障をきたしていた事情も想定されよう。

今川領国が拡大を続ける限りにおいては、引間飯尾氏と今川氏との矛盾は表面化しなかった。これが一変するのが、永禄三年、桶狭間での敗戦と、続く三河における松平氏の自立である。今川氏の勢力後退により、引間周辺は再び領国の「境目」と化した。

今川氏は頽勢を挽回すべく、永禄六年、「三州急用」を名分として、戦費捻出のために棟別等の臨時課役を領国全域（=惣国）でおこなっている(74)。この賦課は当然、浜松庄内にも及んだため、庄内の妙香城寺はとくに今川氏の判物によって、「寺中棟別雖為惣国次免許」の保障を獲得している（表1№18・22）(75)。

しかし、永禄六年は、「遠州忩劇」の起点でもあった。その経過を先行研究(76)に拠りつつ概観すれば、一二月、浜松庄に隣接する蒲御厨内飯田において最初の戦闘が確認され(77)、閏一二月には北遠の天野氏も逆心に及び(78)、戦火は遠江各地に拡大した。翌年には「飯尾豊前守《（連龍）》赦免」（後掲史料13）によって一旦は収束するも、永禄九年には「去年飯尾豊前成敗刻」と見え(79)、永禄八年、引間飯尾氏は終焉を迎えた。その遺臣江馬氏は、松平家康に接触してなおも抵抗を図るも（史料3）、永禄九年四月には今川氏真から浜松庄内に知行を宛行われており(80)、ここに、引間における反今川勢力は鎮定された。

興味深いのは、永禄六年に至り、再び引間飯尾氏による判物発給が確認されることである（表2No.3）。前節で見た、連龍の初見文書がそれである。引間飯尾氏の浜松庄内宛の判物発給は、史料10以来、実に二十数年ぶりのことであった。

しかも、引間飯尾氏の判物発給は、「遠州忩劇」の渦中においても継続された。すなわち、飯尾連龍の赦免直後の永禄七年一〇月、連龍は、浜松庄内の「宇布見領家」（中村源左衛門）に対して「引物」（免）を定めている（表2No.4）。翌年一〇月には、乗連判物が復活する。その一通は、宇布見郷に「かけくりや」（厨役）を免除するものであり（表2No.6）、もう一通は、以下の過所である。

史料12　飯尾乗連判物（表2No.5）

国中ニてかい候てつけこし之■（事）也、五駄ほとハ河西へもくるしからす候、但引間ニてかい候て出候ハヽ、此
はんいるましき者也、但定はん也、仍如件、
永禄八年乙丑十月廿九日（飯尾乗連）（花押）
領家源左衛門かたへ

「国中」とは、遠江府中である見付周辺と考えられる。「河西」の「河」とは、天竜川であろうか。「河西」の呼称は表1No.1にも見られ、具体的には浜松庄や刑部郷、堀江郷等が挙げられている。

引間飯尾氏は、「国中」で買い付けた商品については「河西」への移入に制限を設ける一方、引間で購入した

商品を移出する際には、「此はん」（史料12）は不要としている。「国中」から「河西」への移入においては、規定以内（「五駄ほと」）であっても、「此はん」の提示が必要ということであろう。「但定はん也」とは、一回性の措置ではなく、永続的な規定である旨を示すものであろうか。

ここで懸案となっている商品を特定することはできないが、移出よりも移入に制限が加えられていることからすれば、引間飯尾氏によるかかる流通統制は、領内の産業保護を眼目とした措置と評しうるのではなかろうか。

以上のごとく、引間飯尾氏は永禄六年以降、領域支配を急速に充実させつつあった(81)。それは、今川氏権力の浜松庄内への進出に対して、引間飯尾氏もまた、その存在感を庄内に示すかのごとくであった。

今川氏権力の浜松庄への浸透と、引間飯尾氏の支配の深化は、地域社会内部における競合関係に結びついた。その矛盾は、「遠州忩劇」において顕在化することとなる。

史料13　今川氏真判物(82)

就今度飯尾豊前守（連龍）赦免、頭陀寺城破却故、先至他之地可有居住之旨、任日瑜存分領掌了、然者寺屋敷被見立、重而可有言上、頭陀寺之儀者、云今度悉焼失、日瑜云居住于他所、以連々堂社（ママ）寺家可有再興、次先院主并衆僧中、以如何様忠節、令失念訴訟之上、前後雖成判形、既豊前守逆心之刻、敵地江衆徒等悉雖令退散、日瑜一身同宿被官已下召連、不移時日頭陀寺城被相移以忠節、頭陀寺一円補任之上者、一切不可許容、兼亦彼衆徒等憑飯尾、頭陀寺領事、雖企競望、是又不可許容者也、仍如件、

永禄七年

十月二日　上総介（今川氏真）（花押）

千手院

「遠州忩劇」に際して、浜松庄近隣の頭陀寺においては、寺内が引間飯尾氏派と今川氏派に分裂していた。先院主[83]や衆僧中の大半が引間飯尾氏のもとに奔るなか[84]、千手院の日瑜は今川方を堅持し、その忠功に対して「頭陀寺一円補任」の報賞が加えられている。一方で、引間飯尾方の衆徒に対しては、引間飯尾氏の赦免にかこつけて訴訟することがあっても、これを容認しないとしている。

千手院は、白山先達職を安堵されるなど、今川氏との関係は従前から深く（表1№4～6）、それだけに先院主の離反は不可解ではあるが、他の衆徒ともども、今川氏権力を後ろ盾とする日瑜に対抗すべく、引間飯尾氏に結びついたのであろう。

浜松庄周辺の再「境目」化により、引間飯尾氏が自律性を回復する条件が整うなか、地域社会内部の対立において、今川氏の支持を得られなかった側が引間飯尾氏に依拠する。かかる構造が、引間飯尾氏を反今川勢力の盟主に押し上げたのである。

おわりに

以上、引間飯尾氏の成立から「遠州忩劇」におけるその滅亡までを追うとともに、今川氏と引間飯尾氏との関係の変遷を辿った。それは、以下のようにまとめられよう。

引間飯尾氏は、三河西条吉良氏の被官に出自するが、今川氏の遠江領国化に伴い、大永年間（一五二一～一五二八)には引間に定着し、浜松庄を知行する。しかし、浜松庄への吉良氏の影響力は残存し、一方で、今川氏の浜松庄への関与は抑制的であった。引間飯尾氏は、吉良氏の「浜松庄奉行」として今川氏に従属するという、「両属」性を帯びていたのである。しかも浜松庄は、今川氏勢力圏の西端に位置する「境目」の地であり、かかる地政学的要因も、引間飯尾氏の「両属」性を担保していた。

かかる状況は、天文一五年(一五四六)以降、今川氏の三河侵攻の本格化によって転換する。引間飯尾氏は、軍事的にも、また「境目」において培われた人脈に基づく折衝においても、今川氏との一体化を強めた。その過程において吉良氏が没落し、引間飯尾氏の「両属」性は払拭された。また、今川領国の拡大は前線の西進を意味し、浜松庄周辺の「境目」性も希薄となっていった。ここにおいて、引間飯尾氏は、対外的には今川氏の宿老格とも見なされるようになるが、実態としては一貫して前線にあり、駿府における今川氏権力の中枢とは一線を画していた。

その一方で、浜松庄には、しだいに今川氏権力が浸潤し、ときには引間飯尾氏の領域支配に抵触する局面も現出した。その矛盾は、今川領国の拡大過程にあっては顕在化しなかったが、ひとたび勢力が縮小に転じ、浜松庄周辺が再「境目」化するに及んで、噴出することとなる。それは、「境目」という自律性回復の条件を備えた引間飯尾氏の領域支配と、今川氏の影響力とが交錯するなかで、地域社会内部の対立の構図が両者に投影されることで深刻化した。永禄六年(一五六三)に始まる「遠州忩劇」は、かくして今川領国を揺るがす大乱となったのである。

注

（1）黒田基樹『〔増補改訂〕戦国大名と外様国衆』（戎光祥出版、二〇一五年）など。

（2）戦国大名概念をめぐっては、規模の大小のみならず、それぞれ地域的な特質をも帯びた多様な地域権力の実態から、いかに普遍的な戦国大名像を打ち出すかという難題がある（たとえば市村高男は近年、具体的には北条氏と毛利氏を比較しつつ、列島の地域性と歴史的前提を踏まえた地域権力論の必要を提唱している。なお、市村は、両事例を戦国大名の発展形態として「地域的統一権力」と概念化している〔市村高男「地域的統一権力の構想」『岩波講座日本歴史　中世四』岩波書店、二〇一五年〕）。本章ではさしあたり「戦国大名」を、上位権力による承認や保護を必要条件とせず、独自の領域的支配を展開する武家領主として用い、戦国大名の従属（保護）下にある「国衆」と区別する。

（3）村井良介「戦国大名分国における領主層の編成原理をめぐって」（『市大史学』一七、二〇一四年）。なお、村井は、黒田の「家中」理解についても疑義を呈しているが、本章では、この問題には踏み込まない。

（4）丸島和洋『戦国大名武田氏の権力構造』（思文閣出版、二〇一一年）など。

（5）山本浩樹「戦国期戦争試論」（池上裕子・稲葉継陽編『展望日本歴史』一二、東京堂出版、二〇〇一年、初出一九九七年）。

（6）小和田哲男「今川家臣団崩壊過程の一齣」（同『今川家臣団の研究』清文堂、二〇〇一年、初出一九八九年）、久保田昌希「「遠州忩劇」考」（同『戦国大名今川氏と領国支配』吉川弘文館、二〇〇一年、初出二〇〇〇年）。

（7）坪井俊三執筆「今川氏と浜松地方」（大塚克美編『浜松の歴史』東洋書院、一九八三年）。

（8）秋本太二「今川氏親の遠江経略」（有光友學編『今川氏の研究』吉川弘文館、一九八三年、初出一九七九年）、家永遵嗣「足利義高・細川政元政権と今川氏親・伊勢宗瑞」（同『室町幕府将軍権力の研究』東京大学日本史学研究室、一九九五年）、久保田昌希「今川氏親の領国形成」（前掲注6同著書、初出一九九七年）など。

（9）戦国期の吉良氏については、松島周一「永正前後の吉良氏」（青山幹哉『尾張・三河武士における歴史再構築過程の研究』文部科学省科学研究費補助金研究成果報告書、二〇〇七年）、村岡幹生「天文年間三河における吉良一族の動向」（『安城市史研究』九、二〇〇八年）、小林輝久彦「天文・弘治年間の三河吉良氏」（『安城市歴史博物館研究紀要』一九、二〇一二年）、谷口雄太「戦国期における三河吉良氏の動向」（『戦国史研究』六六、二〇一三年）など。
(10)　島津忠夫校注『宗長日記』（岩波書店、一九七五年）九頁。以下、「宗長手記」の引用は、同書の頁数のみを記す。
(11)　前掲注8の諸研究を参照。
(12)　『山科家礼記』応仁二年七月四日条。
(13)　「宗長手記　上」（一二・一〇頁）。
(14)　伊達忠宗軍忠状（「京都大学総合博物館所蔵駿河伊達文書」『戦国遺文　今川氏編』二五五号（以下、『今』二五五のごとく略記。なお、句読点の打ち方等、適宜改めた場合がある）。
(15)　「竹内文平氏所蔵文書」（『今』二六八三）。
(16)　前掲注9谷口論文。
(17)　前掲注9谷口論文の注（19）。
(18)　「宗長手記　上」（一二頁）、『宣胤卿記』永正一四年九月七日条。
(19)　「宇津山記」（『静岡県史　資料編7中世三』六七一号、以下、『静』七―六七一のごとく略記）。なお、為清と宗長は永正元年に連歌の席を同じくしており（「何人連歌」『静』七―三五六）、両者には以前から親交があった。
(20)　「宗長手記　上」（一四頁）。宗長はその後も、大永四・六年に飯尾氏訪問が知られる（「宗長手記　上」四七・八一頁）。
(21)　「国文学研究資料館所蔵紀伊国和歌山本居家旧蔵紀伊続風土記編纂史料所収藩中古文書四」（『今』二〇七七）。
(22)　『静岡県の地名』（『日本歴史地名大系』二二、平凡社、二〇〇〇年）の各項目を参照。
(23)　棟札銘（浜松市天竜区青谷・神明宮所蔵、『今』一一八・一六〇・一七七三）。なお、飯尾氏の二度の奉加には、江馬加賀守もともに五〇〇文を拠出している。
(24)　史料3には見えないものの、宇間郷（史料4）・宇布見領家（史料12ほか）も飯尾氏の支配下にあったことが知られる。両者はいずれも浜松庄内である。
(25)　もっとも、浜松庄全域が飯尾氏の支配下にあったわけではなく、「大河内備中守退治之刻」、松下重勝の祖父六郎右衛門尉に庄内の高林村・若林村が宛行われている（永禄九年六月一三日付今川氏真判物写「国立公文書館所蔵参遠古文書覚書」『今』二〇九四）。浜松庄の一部は、今川氏により闕所とされていた。また、岡部郷にも「松下将監・同名右近知行」が確認される（表1№9）。
(26) 正文も「寿量院文書」として現存している（『静』六―一六九九）。
(27) 珠栴寄進状（「寿量院文書」『静』七―二〇二七）。
(28) 『碧山日録』応仁二年六月六日条に、義尚葬儀の法語が引用されている。谷口雄太「吉良義尚と義真」（『静岡県地域史研究』二、二〇一二年）に、その分析がある。
(29) 前掲注9谷口論文。
(30) 前掲注7坪井論文。
(31) 同前。
(32) 後述するごとく、天文一八年に乗連が「前豊前守」を称していることも、この時点で乗連がすでに家督を譲っていたことに関わるのであろうか（「無量寿寺文書」『今』九〇九・九一〇）。もっとも乗連は、以後にも「豊前守」と署名している（「観泉寺所蔵東条松平文書」『今』一〇四九など）。また、家督を譲ったといっても、乗連は依然として前線にあり、実権も保持し続けていたと見られる。
(33) 以上の想定が成立する場合、阿多古郷天照太神宮の永禄四年の棟札銘（前掲注23参照）に見える「飯尾豊前守」には、乗連・元連・連龍の三者が該当しうる。この比定についても、現状では判断材料を持ちあわせておらず、後考に俟ちたい。
(34) 河東一乱については、有光友學『今川義元』（吉川弘文館、二〇〇八年）参照。
(35) 「東国紀行」『静』七―一七一六。
(36) 牛久保牧野氏については、山田邦明『戦国時代の東三河――牧野氏と戸田氏』（あるむ、二〇一四年）参照。
(37) 「東京大学総合図書所蔵松平奥平家古文書写」（『今』八三八）。
(38) 天文一五年一一月二五日付天野景泰宛今川義元感状（「東京大学史料編纂所所蔵天野文書」『今』八一四）。
(39) 井伊氏については、大石泰史「「国人領主」井伊氏の再検討」（静岡県地域史研究会編『戦国期静岡の研究』清文堂出版、二〇〇一年）参照。
(40) 前掲注4丸島著書参照。
(41) 「東京大学総合図書所蔵松平奥平家古文書写」（『今』九六四）。

（42）「雑賀寺文書」（『今』九七四）。
（43）天文一九年九月二八日付牧野保成条目写（「東京大学総合図書所蔵松平奥平家古文書写」『今』八〇六）。
（44）なお、朝比奈泰能も九月一六日付で、長沢の件を賞する今川義元「御書」（現存せず）の副状を牧野保成に宛てている（「東京大学総合図書所蔵松平奥平家古文書写」『今』九六二）。
（45）前掲注9小林論文。
（46）天文一八年九月五日付駿遠軍中衆矢文写（「島原松平文庫所蔵士林証文」『今』九〇七）。従来、本史料は偽文書とされてきたが、近年の小林輝久彦の検証により、再評価がなされている（「駿遠軍中衆矢文写について」『静岡県地域史研究会報』一三〇、二〇〇二年）。
（47）「無量寿寺文書」（『今』九〇九）。
（48）「無量寿寺文書」（『今』九一〇）。
（49）前掲注46駿遠軍中衆矢文写。また、天文一九年に至っても、浜松庄内授竜庵への寄進に吉良氏の関与が想定されることは、前節で見たごとくである。
（50）前掲注9小林論文、同谷口論文。なお、両論文には、吉良氏離反の主導者について見解の相違があるが、本章では、吉良家中の動向を重視する谷口説に従いたい。
（51）「御内書要文」（『今』一〇一七）。
（52）近衛植家書状案（「近衛家文書」『今』一〇一九〜一〇二二）。
（53）「近衛家文書」（『今』一〇二三）。
（54）年未詳三月二八日付安心宛鵜殿長持書状（「島原松平文庫所蔵士林証文」『今』一〇〇八）には、織田信秀から飯尾乗連に宛てられた「御一札」に言及がある。しかし、本書状は文言に疑義があり、本章では採用しない。
（55）「国立国会図書館所蔵古簡雑纂巻十一」（『今』七七四）。
（56）天文一四年三月二六日、駿府に寄寓する公家の冷泉為和は、東国に下向する道増への餞別として和歌を詠んでいる。道増は七月七日には駿府に戻っているが、交渉は不調に終わり、一八日に道増は帰洛の途に就いている（「為和集　五」『静』七―一七三〇・一七四〇・一七四三）。
（57）『言継卿記』弘治二年九月二一日条。

(58) 『言継卿記』弘治三年三月九・一二～一四日条。
(59) 「観泉寺所蔵東条松平文書」(『今』一〇五三・一〇五四)。
(60) 「観泉寺所蔵東条松平文書」(『今』一〇四九)。
(61) 「山田景隆」(戦国人名辞典編集委員会編『戦国人名辞典』吉川弘文館、二〇〇六年)。
(62) 「東京大学総合図書所蔵松平奥平家古文書写」(『今』一三五二)。
(63) 「東京大学総合図書所蔵松平奥平家古文書写」(『今』九九二)。
(64) 太原崇孚頂相賛(『静』七―二二九八)。
(65) 「東京大学総合図書所蔵松平奥平家古文書写」(『今』九九一・九九三)。両史料では、保成の糾弾は「長沢両人」に向けられている。「長沢両人」とは、史料6に見える松平三助と山田源助を指すのであろう。また、葛山氏元書状では、朝比奈親徳は「御奏者」とされている。
(66) このほか、天文二一年、浜名湖西岸にある本興寺の仏殿修覆の棟札銘写(『今』一一一二)が挙げられる。飯尾乗連代官のほか、鵜殿長持、西郷将員ら東三河の国衆の名が見える。
(67) 駿府において活動した飯尾一族としては、善右衛門尉元時が天文一五年一〇月、冷泉為和の月次歌会の頭役を務めている(「為和集　五」『静』七―一八一七)。元時は、天文一六年には天野景泰の軍忠を義元に披露するなど、遠江国衆天野氏の奏者でもあった(飯尾元時書状「東京大学史料編纂所所蔵天野文書」『今』八五二)。このほか、「言継卿記」には、駿府滞在中の言継の「奏者」を務めた飯尾長門守(弘治二年一一月一九日条、ほか)、氏真の近臣と見られる飯尾若狭守(弘治三年正月五日条、ほか)が現れる。しかし、彼らと引間飯尾氏との系譜関係は不明である。
(68) 今川氏権力における葛山氏の位置付けについては、別稿に譲りたい。
(69) 前掲注2村井論文。
(70) なお、№15・17・19～21は、浜松庄内宇布見の土豪中村家に伝来する文書であるが、内容は、隣接する村櫛庄堀江の中安氏に係る事例であるため、検討から除外する。
(71) 「遠州忩劇」の関連史料については、前掲注6久保田論文に一覧表があるので参照されたい。
(72) 今川領国における検地事例を網羅した有光友學「今川氏公事検地論」(同『戦国大名今川氏の研究』吉川弘文

館、一九九四年）の「表1」においても、本史料は「飯尾氏地検」とされている。なお、今川領国下の給人検地については、尾崎晋司「今川領国下の分限帳と給人検地」（『戦国史研究』五五、二〇〇八年）がある。
(73) 表1№.7・8は、花押型が今川義元の通常のものとはまったく異なるため、ここでは検討から除外する。
(74) 拙稿「今川氏の永禄六年――「三州急用」と「惣国」」（『戦国史研究』六〇号、二〇一〇年）。
(75) 両文書はほぼ同文であるが、重ねての発給の経緯は不詳である。
(76) 前掲注6参照。
(77) 「静岡県立中央図書館所蔵大宮司富士家文書」（『今』一九四七）ほか。
(78) 「静岡県立中央図書館所蔵掛川誌稿巻九尾上文書」（『今』一九五五）。
(79) 「小栗文書」（『今』二〇八七）。
(80) 「国文学研究資料館所蔵紀伊国和歌山本居家旧蔵紀伊続風土記編纂史料所収藩中古文書四」（『今』二〇八五）。
(81) なお、時期は不明ながら、永禄七年四月以前、飯尾乗連は庄内の東漸寺に対し、「為母菩提停止棟別・反銭・諸役」していたという（「東漸寺文書」『今』三三四九）。
(82) 「頭陀寺文書」（『今』二〇一五）。
(83) 永禄三年一〇月、頭陀寺領を安堵する今川氏真判物の宛所に見える真瑜であろう（「頭陀寺文書」『今』一五九七）。
(84) 頭陀寺にある一二坊のうち、一一坊が引間飯尾氏に与したという（「頭陀寺文書」『今』二一三〇）。

第六章　中近世移行期遠江国気賀宿における伝馬問屋の動向

荒木美緒知

はじめに

本章は、遠江国引佐郡気賀宿（現静岡県浜松市北区）を対象として、中近世移行期における伝馬問屋の変容について、宿内およびその生業に目を向けながら考察するものである。

中近世移行期における伝馬の問題を考える際、重視される論点として丸山雍成の提起がある。丸山の提起した論点は近世交通史全般にわたるものであるが、その中で近世の宿駅成立について、第一に戦国期伝馬の発展的転化の問題、第二に、それに伴う伝馬役負担者の変質を明らかにする必要があるとしている[(1)]。いずれも中近世移行期の伝馬の問題を考える上で基礎となる視点であるが、特に伝馬負担者の変容への注目は、地域における宿の在り方など、宿の議論に広がりを持たせるものになる。そこで、中近世移行期における伝馬の問題については、地域における伝馬の担い手である問屋や伝馬負担者などの活動全体に視座を移して検討を行うことが有効であると考える。

中近世移行期における伝馬問屋の変容に関する研究を紐解くと、丹治健蔵と牧原成征の代表的な業績がある。丹治は、全国各地に目を向け、領主との結びつきから戦国期以来強大な権力を持ち商人的性格を持っていた伝馬問屋が、大名の転封による結びつきの弱体化や、幕府の職制・地方支配機構の整備によって公的な性格を強めるとしている。そして、寛永期を画期として宿役人化していくとしている。(2) 牧原は、中山道の宿を中心に近世初期に発生した伝馬宿における問屋と町中の争論の分析を行い、経済基盤が弱体化した伝馬問屋が、伝馬衆の論理の中へと包摂される過程を指摘している。(3)

いずれの研究も伝馬問屋の変容について、宿場における在地性を失い領主権力に取り込まれ、「宿役人化」していく様相を描いている。さらに牧原は、争論の過程から近世初期における地域社会と伝馬宿の動きの共通点を探っている。

以上のような研究史であるが、両研究とも伝馬問屋の変容について、同じく寛永期を画期としているにもかかわらず、丹治のように領主権力に取り込まれる宿役人、一方で牧原のように経済基盤を弱体化させて在地性を失う宿役人といった伝馬問屋像には大きな隔たりがある。伝馬問屋が変化する理由については、両者の主張の整合性をもたせる議論が必要になってこよう。また、五街道の宿が主な検討対象ということもあるが、全国的な宿の動向の中から伝馬問屋の性格の変化をとらえており、個々の宿場に存在する伝馬問屋を主体とした変化をとらえていない。宿場の形成時期から考慮に入れ、地域における伝馬問屋の活動を中心にとらえることで、当該期における伝馬問屋の変化について論じる余地も残していると考える。

以上の研究史を念頭に置き、本章では気賀宿が形成された天正期～寛文期までを主な対象時期として検討する。

一　気賀宿の形成

1　気賀宿の様相と成立

気賀宿は、東海道の浜松宿から分岐し、吉田宿・御油宿に至る脇往還である本坂道に属する宿である。本坂道では市野宿と三ヶ日宿に接続しており、今切渡船路の安定化まで東海道に準じた交通政策が施行された。町場の場所については、気賀七ヶ村（上村・油田村・伊目村・下村・小森村・吉本村・呉石村）の内、上村である。気賀宿内の様相については、享保六年に[4]石高一八石二斗三升八合、家数五四軒、人数三一六人とされている。

支配については、慶長一四年（一六〇九）～元和五年（一六一九）まで徳川頼宣の支配を受け、安藤帯刀、彦坂五兵衛が支配し、その後は旗本近藤氏の支配を受けている。

さて気賀宿の成立過程に関する研究には、すでに多くの成果が存在する。[5]ここでは、そうした成果を参考にしながら、特に近世に気賀宿の伝馬問屋となる中村氏に焦点を当て、気賀宿の形成を概観していくことにする。なお、中村氏に関しては中村与太夫の名乗りを基本的に継承していくが、慶長年間から寛文五年（一六六五）にかけては、中村市郎右衛門を名乗る事例も多くみられる。

気賀宿の形成や中村氏の地位を考える上で、重要となるのが次にあげる一連の史料である。

史料1　本多重次手形[6]

吉村新町居住之者中村与太夫ニ代官を申付候、何事茂与太夫異見次第ニいたすへく候、然共与太夫横合於、申懸者以書付可申候、遂糺明可申付候、仍如件、

（天正一五年）丁亥二月廿二日　　本作（花押）
中村与太夫との　まいる

史料2　本多重次手形(7)

吉村郷田畠荒地事、何れ之名職之内候共、見立候て作人可被申付候、一作之儀ハ年貢有へからす、其上切発田地者永ひかへたるへく候、然者差其仁証文可出之、右之年貢米銭取次をハ其方ニ申付候、仍如件、

天正十五年丁亥年
六月一日　　本作（花押）
新宿
与太夫

中村氏は、徳川氏支配期の天正一五年（一五八七）に吉村新町(8)の代官に就任し、町において主要な役割を果たすことを求められている。同じく天正一五年には、吉村郷の荒地化した田畠の再開発も行っており、気賀における有力な地位を獲得している。さらに、吉村の湊における舟役の徴収権も認められており(9)、天正一八年には気賀の市場での「新宿市日升取」の権利を与えられ(10)、興津左近と共に屋敷地の免除もされている(11)など、流通面での特権も獲得している。こうした活動を行う中村与太夫のような存在については、すでに阿部浩一が在地の開発主体として評価している(12)。

2　町場の形成

気賀宿の町場については、慶長年間から機能し始めたと考えられる。[13] そして慶長一〇年（一六〇五）には、火災で町並みが焼失する事態が発生する。焼失した町の再建については、肝煎である中村与太夫に任せられ、慶長十八年には再建された模様である。[14] 同じく慶長一八年には、与太夫から次右衛門へ肝煎の相続が行われており、[15] 気賀宿内の取り纏めについて、中村氏が継続的に握ったことをうかがわせる。

また、先述した通り気賀宿には天正一八年から市場も展開されている。次にあげる史料から市場の様相をうかがい知ることができる。

史料3　岡五郎助・森右之助連署状[16]

尚々其元へ塩入候由及承候、かたく御留候て可給候

上様御所務之儀ニ候間、定而御代官衆も御無沙汰被成間敷候得共先貴殿情ニ被入候て御留頼入申候　以上

態《（ママ）》折紙を以申入候、自三州其元へ塩入之由及承候、如前々御改候、塩入候ハぬ様ニ可被仰付候、其元ニて毎日塩うりかい候付而、浜松塩之口一円無之候為後日ニ候間、申入候、井谷筋其元之儀、其方を頼入候、恐々謹言、

（慶長八年）霜月廿二日　　森右之助（花押）
　　　　　　　　　　　　岡五郎助（花押）

気賀　　中泉ち

与太夫殿

この史料からは、慶長年間に気賀の市場にて塩の販売されていることを確認できる。史料では、三河からの塩の販売をめぐって浜松の市場と争論になっており、最終的には気賀の市場における塩の販売は差し止められる事態となっている。他にも山からの産物を販売している様子もうかがわれ、[17]気賀地域の経済圏を中心として機能しているが、その範囲にとどまらない影響力を持った市場であったことも想定できよう。また、上町・中町・下町での市割[18]も確認されており、中村与太夫には、「新宿市日升取」の権利が認められている。[19]ただし、気賀の市場は寛永年間には廃止されたとされている。[20]

気賀七ヶ村に目を向けると、徳川氏の五カ国総検地における反別帳[21]の記載（表1）がある。この史料については、所が分付主ごとの名寄帳と推定している。[22]分付主の中で、与大夫に目を向けると、田方一町二反三歩、畑方三反半一七、屋敷地六三九坪の分付主となっている。この中で与大夫は、六人の有力者の一員として存在している。また、有力者の中で分付主としての田畑の記載は少ないものの、屋敷地の所有率が高い特徴を持っている。

以上のように見てきた中村氏は、天正年間から荒地の開墾や宿の開発を行い、流通上の権限も認められる広範な活動を行う存在である。慶長年間においては、町場の整備や再建に伴い、町における市場の権限などでは有力な地位についている。ただし、気賀の地域に目を向けた場合、中村氏は複数の有力者の中の一員であることにも注目する必要があろう。こうした中村氏の近世初期における動向は次節で扱う。

表1-1　御縄打帳写　気賀上村

右衛門次郎	田	2町5反半63歩		18石2斗5升１勺4才	畑	1町半25歩	7石4斗5升2合2勺4才
			此内	2石5斗6升夫免		此内	1石5升2合5勺夫免
弥次郎	田	1町8反81歩		12石3斗4升9合5勺2才	畑	1反大20	1石2斗2升2合8才
			此内	1石8斗2升1合夫免		此内	1斗6升8合1勺夫免
				８升2合8才当荒			
右馬四郎	田	1町9反88歩		14石2斗1升8合9勺	畑	8反小22	5石6斗6升3合6勺8才
				1石9斗2升7合夫免		此内	8斗3升4合5勺夫免
七郎五郎	田	1町9反94歩		12石2斗8升4合1勺5才	畑	5反65	3石6斗8合4勺5才
			此内	1石9斗3升夫免		此内	5斗1升6合5勺夫免
与大夫	田	1町2反3歩		8石8斗3升5合4勺8才	畑	3反半17	2石5斗8升5合6勺2才
			此内	1石1斗夫免		此内	3斗5升1合5勺夫免
定使	田	5反半36歩		3石7斗5升3合8才	畑	2反小34	1石6斗7升1合3勺7才
						此内	5升4合8勺2才当荒

（「御縄打帳写」、国文学研究資料館所蔵気賀宿陣中村家文書 23X-169 より作成）

表1-2　屋敷地

	坪	貫・文	氏名
1	108	216	右馬四郎
2	136	272	弥次郎
3	552	1.104	弥次郎
4	265	530	与大夫
5	45	90	与大夫
6	168	336	与大夫
7	48	96	与大夫
8	113	226	与大夫
9	146	292	右衛門次郎
10	28	56	右衛門次郎
11	64	128	右衛門次郎
12	108	216	右衛門次郎
13	279	558	七郎五郎
14	54	108	七郎五郎

二　近世初期伝馬宿の動向

1　近世伝馬の動向

天正一五年以降、町場や市場の形成など流通の拠点として整備されてきた気賀宿であるが、伝馬を課されはじめた年は詳らかではない。ただし、伝馬についての具体的な規定を示す史料として、慶長一五年の駄賃定が残っている。

史料4　伝馬駄賃掟書(23)

定駄賃之事

一、下廿日ハ本町也　ふみまたきハ上まいなし

一、上十日ハかりや　卅文之たちんハ上まい有り　町也

一、大番の上まい　拾分一

一、小番の上まい　拾分一

一、濱駄賃も十日之内ハかりや町也

一、御公方伝馬ハたかいニすけあい

右之法度そむき者候はヽ、東ハ見付迄、西ハ新城迄過怠として御地頭名様之伝馬を可仕者也、

慶長十五戌　二月三日

次衛門　判
五郎左衛門　判
宗衛　判
藤太夫　判
半左衛門　判

かり屋町
三郎衛門殿
勝右衛門殿
助右衛門殿

参

かりや惣町中

二郎衛門殿

本史料の内容は、気賀宿を構成する本町と仮屋町の内[24]、仮屋町を対象に発給されているものの、気賀宿に課される伝馬と駄賃に対する「上まい」を規定したものである。

まず伝馬の勤めについて検討すると、気賀町と仮屋町で分担して行うことになっていることがわかる。荷物についは、「下廿日」は本町、「上十日」は仮屋町が勤めることとされており、日数による区別で、気賀宿内における荷物運送の分担をきめた規定となっている。

また、「濱駄賃」に関する規定（おそらく呉石船場・下村船場までの駄賃と推定される）では、一〇日分が仮屋町に付けられることになっている。また、公用の荷物となる公方伝馬については、「たかいニすけあい」として、優先的な運送を定められており、背いた場合の罰則として「御地頭名様之伝馬を可仕」も規定されている。伝馬問屋は、駄賃の額による例外も見られるものの商人荷物について、「上まい」を徴収することが可能であり、駄賃の一〇分の一の額を徴収する権利を保有することになる。

「上まい」の規定については、他宿の事例も参考にして考えてみると[25]、駄賃の額や荷物の種類に応じて問屋の収入になる性格を持っている。気賀宿については、時期の下った史料とはなるが、次のように記されている。

史料5[26]

一呉石村岸ゟ付通上前、馬壱駄ニ付其品ニ不構壱駄ニ付六文ツヽ受取候、内五文町問屋場銭、壱文ハ馬さし江取来候、

史料中では呉石村岸からの荷物に関する上前については、荷物の規定もなく六文の上前が掛けられ、その内五文が問屋の収入となっている。他にも、商人の付通上前に関する規定[27]もあり、いずれも少なくとも一部が問屋の収入になっている。問屋の取り分の時期的な変遷については、今後の検討課題としたいが問屋の権益拡大の中で位置付けることはできよう。

気賀宿には船場からの駄賃など、気賀地域における運送機関としての役割を求められている。つまりは、当初から地域における運送拠点の整備といった側面を見ることができよう。また慶長一五年段階において、日数による荷物の運搬規定があり、継立の順番を明確にした公平な駄賃付をめざす規定が作られようとしている。荷物運送に対する中村氏の地位や関与はどこまであるかは詳らかではないが、「上まい」を徴収する権限が認められていることは考えられる。ともあれ、気賀宿内の役割分担と伝馬負担者の規定が近世の比較的早い段階から整備されているといえよう。

こうして駄賃付や継立などで整備が進んできたが、次にあげる寛永八年（一六三一）の史料では変化がみられる。

史料6　吉本村役人外五ヶ村役人連署手形[28]

今度本町・かりや御伝馬之儀ニ付キ、両方より御目安上り申所ニ、七村庄屋共罷出あつかい申候、以来御伝

馬荷物之儀ハ、上廿日ニ参候荷物成共、弐駄ハ本町、壱駄ハかりや町、下十日ニ参候荷物成共、弐駄ハ本町、壱駄ハかりや町ニ相定申候、此外何様之御伝馬人足成共、御公方之儀候共、三ツ壱ツヽニ相定申候間、違乱有間敷候、又ハ市通駄賃之儀、前々の如ク可被成候、此故ハ右之定ニ相ちかい候者、庄屋共罷出可申分候、為後日手形如此候、

寛永八年未ノ十月廿五日

上村　仁兵衛
油田　七郎右衛門
七右衛門
弥次右衛門
下村　喜兵衛
彦十
五郎右衛門
呉石村　理右衛門
小森　久左衛門
吉本　与左衛門

本町
各々中
参

（傍線部は筆者）

史料中では、本町と仮屋町双方からの訴訟が出されたことがうかがわれ、実際に表記を確認できるのは六村であるものの、本文中では気賀七村の庄屋によるあつかいがなされたとされている。史料中では、史料４で見たような慶長一五年に決まった日数による区別がなくなっている。その代わり御伝馬荷物のうち弐駄は本町が扱い、壱駄は仮屋町が扱うことになる。御伝馬人足・御公方の荷物については本町三・仮屋一の負担となり、荷物の分担には変化を見ることができるものの、駄賃については、それまでに定められた額を継続している。

史料６の訴訟の争点について検討すると、本町と仮屋町の伝馬の負担と駄賃付の二点であると考えられる。利害関係の当事者について考えると、双方の町の伝馬の負担者ということになる。そして、この対応については宿内における解決ではなく、気賀七ヶ村による調整がなされることになり、本町の駄賃付・伝馬負担の両方を、仮屋町より多く行う形で決着をつけた。

寛永一六年になると、気賀町内にて継立に関する規定が制定される。

史料７　気賀町連中請書(29)

一商人荷之儀、市郎右所へ着申荷物之儀ハ不及申ニ、脇々江如何様之荷物成共着申候ハヽ、番ニ相当申者つけ可申候、若荷物つき申やと我儘申、こくうニ馬借申候共当番ニ当不申候者ハ、其くわしつニ市野伝馬三ツツヽ可仕事、自然当番之馬留守ニ候共、其名々ニ致し少もちヽ不仕候様ニ馬々手合可申事、

一武士荷之儀番ニ相定候、たとい当番之馬宿ニ不罷有候ハヽ、其荷主ふし衆を引渡可被成候、たとひ及迷惑ニ候共、其時少も御恨と存間敷事、

右之趣少もいはい申間敷候、若相背申者候ハヽ、右書付之通被仰付候事、仍如件

寛永拾六年　卯之
閏十一月八日

気賀町中
連判
略之

（傍線部は筆者）

史料を見ると、第一の項目で継立の順番の問題、第二の項目で武士荷の継立の扱いが定められている。寛永八年の史料と同じく、気賀町内の駄賃付と伝馬負担に関する問題が主といえよう。

荷物の運搬をめぐっては、商人荷と武士荷の取り扱いが分けられている。まず商人荷は、どこに到着した荷物であっても当番で輸送することが求められている。荷物の順番を守らず不正に扱った場合は、市野までの伝馬を多く負担することになる。同じく武士荷も当番で行うことも規定されているが、当番が不在であっても輸送を行うとされており、武士荷を優先させることを求められている。同時期には、気賀本町・仮屋町ともに商人荷・武士荷の当番も再度定められており、(30) 町内における負担の在り方を定めている。しかし町内において規定があるにも関わらず実態としては、当番を守らない様子を見てとれる。

一方で史料では大きな問題とされていないが、荷物の着く場所も注目される。荷物着の問題については後にも論ずるが、荷物の着く場所について基本的に商人荷物については問屋である市郎右衛門に着くとしている。ただし史料中からは、脇々に着く荷物もあることがうかがわれる内容となっており、問屋の独占的な荷物着を確認できない。他宿においても同時期である近世初期にこうした事例を見ることができ(31)、伝馬宿における近世初期の争論の中に位置付けられる問題である。

慶安二年（一六四九）には、商買物、舟、駄賃の問題といった流通に関する規定が出されている。市場を見ることができないといった論点も見られるが、ここでは、駄賃や上前に関する項目に着目して分析を行う。

史料8　池谷一之手形(32)

覚

一山中より出申商買物、町中ニ而中買相究候と申候事、聞届不申候、速ニ相尋聞届候ハヽ、追而可申付候事、

一他所之ものと、気賀中より相持之船、碇役之事他所之ものヽ分ハ取可申候事、

一町より呉石船場迄駄賃銭之事、御公儀御定のことく、荷物四拾貫目一駄ニ付而、代物八文たるへき事、

一上村枝郷在分より駄賃取候ハヽ、上まへの儀一駄ニ付代壱文ツヽ、取可申候、但町中ニ駄賃馬無之候時、やとひ申ニおゐてハ、上まへ取申ましく候事、

一他所より付通しの荷物在之時、上まへの事、先規より仕来候ことく、双方合点相対を以とりやり可仕候事

右今度書付差上、訴訟申候ニ付、致僉議如斯申渡者也

慶安二年丑七月十五日　　池谷井兵　判

町中

（傍線部は筆者）

駄賃については、気賀町から呉石船場まで「四拾貫目一駄ニ付而代物八文」が定められている。慶安二年以前の駄賃と比べることはできないが、ある程度東海道筋の公式な駄賃に準じる形で定められたことをうかがうことができる。

「上まへ」の徴収についても新たに制定されている。内容は、上村からの「上まへ」徴収に関する規定と付通し荷物の「上まへ」に関する条項に分かれている。まず、上村在郷からの荷物の運送については、一駄に付き「上まへ」を一文と定められた。ただし、気賀宿内に運送するための手段がなく、馬を雇った場合は「上まへ」の徴収は認められていない。一方で、他所より付通しの荷物については、依頼主との相対で価格の決定および徴収を求められている。

慶安二年の規定は、「御公儀御定」の駄賃を制定していることから、地域における輸送拠点としての気賀宿の役割を再度明確にしたものと評価できよう。また、「上村枝郷在分」の荷物からの「上まへ」徴収や雇馬の規定からは、周辺村落にても宿場を介した運送に従事する者がいることをうかがうことができる。運送能力については、宿場のみならず周辺村落にも頼っていることが分かる。

他所より付通しする荷物の「上まへ」については、先にも検討した。ただし、先の事例では額が定まっている事例であったため、ここでは相対とされている事例を検討する。具体的な事例は次の史料から見ることができる。

史料9(33)

町付け通シ上前之事

金拾両也

内　弐両ハ唯今相渡し申候
　　八両ハ来正月相渡し可申候
右ハ我等共今度小野山一ヶ所御請申候才木呉石江子十一月より来丑之年中申付通シ申候、上前ニ相定御請申所実正也、若来正月八両之金子速々仕候ハ、才木御通シ可被成候、山之儀者、此度御請申候一ヶ所之外出し申間敷候、為其仍如件
　貞享元年　子ノ
　　十一月十五日
　　　　　　　　　　　　いのや請主
　　　　　　　　　　　　　　　　文　兵衛（印）
　　　　　　　　　　　　けか町　証人
　　　　　　　　　　　　　　　　遠　兵衛（印）
　　　　　　　　　　　　同所　　同断
　　　　　　　　　　　　　　　　久左衛門（印）
　　　気賀町中

本史料は貞享元年（一六八四）に、小野山から呉石への木材の付通しを行う際の上前について協議する内容である。その際、上前の値段をいのや請主と気賀町中との協議により決定している。木材については、時期によって上前の額を分割して気賀町中に納めていることを確認できる。木材に関する町中での上前の配分については詳らかではないが、(34)問屋のみならず町中にも利益をもたらしたと考えられよう。この事例以外にも、神宮寺村と相対で上前を決定する事例や金指から呉石村への付通の上銭に対する事例(35)も見ることもでき、慶安年間の規定が継

続されたと評価できよう。

以上、慶長から寛永年間に発生した一連の争論を検討した。慶長一五年～寛永八年にかけては、気賀宿を構成する本町と仮屋町が主体となる争いであった。商人荷物の運送について争点となっていることから、伝馬の負担者に対する商人荷物に付く駄賃銭をめぐる問題が主になっていると考えられる。こうした中で、公平な駄賃付を求める動向が制度的に整備されてきた。寛永一六年については、気賀町内における継立の順守を求めていることから、気賀町全体の伝馬負担者に対する規定である。一方で、気賀町の荷物着と継立の扱いについては、問屋の職権に関わる問題ともなる。

商人・武士荷共に、不公平が発生しないように配慮を行う規定が制定され、気賀町・仮屋町内における伝馬制度の遵守についても求められた。慶安二年には、宿外の運送にも介入して商人荷物の取り扱いを拡大していった。このように、領主側が宿場に地域における運送の役割と、伝馬の順守を合わせて求めていることは、脇往還の特徴として捉えることができよう。(36)

伝馬問屋の権益に目をむけると、上前の徴収をめぐる問題が主となっている。当初は宿内の馬を利用したものから、慶安二年には「上村枝郷在分」の馬にも介入し、上前の徴収範囲を拡大することになった。

2　近世初期伝馬問屋の動向

ここまで、気賀宿全体の動向を見てきた。伝馬問屋に注目すると、上前の徴収を通じて権益を拡大させていく動向を見ることが明らかとなった。さらに宿内における中村氏の伝馬問屋の権益について検討を進めるため、時代が下った寛文一〇年の訴訟を取り上げることにする。

史料10[37]

一当七月末ニかさい村之商人、いわし荷拾駄余、町十太所へおろし申候、則其荷物さきさきへ通し候ニ付、馬指作兵衛ニ駄賃銭商人方ゟ相渡し候、其時といやへにわ銭相渡シ候へと、断申候へハ、ともかくもと商人申候所ニ、其時十太被申様ニ、此者ハ我等近キ親類ニ而候、十年ニ壱度、十五年ニ壱度参候ものニ而候間、詫言ニ而候、此代ニ而ハ与太と酒ヲもたべ可申与、達而被申候ニ付、先々其通ニ仕延引申候、扨又其者七八日ノ内ニ、いわし荷仕、十太所へ参候、馬指作兵衛ニ駄賃可相渡候と申候、にわ銭ノ断も申候へハ、又十太其時被申様ニ、余人与相替候間、十太所ニ参候荷物ニハ為出申間敷候間、御　公儀づくニ仕候へと申はらい候間、是又ふしんニ存、馬之儀不申付づ、商人一両日過罷越、にわ銭之義、何方へ払申候も同前ニと申、作兵衛方へ駄賃銭・にわ銭共ニ相渡し罷通候、其上ニて御代官へ十太書付ケ被上ケ候、就其等水・庄右被罷出、我等ニ被申様ニ、十太と与太事間柄ニ候間、　御公儀沙駄（ママ）ニハ為致申間敷と、折々いけん御座候間、先々指置申候、左も候ハヽ、にわ銭ヲハ久太・六兵衛ニ預ケ置候へ由ニ候間、其通ニ仕候、十太上ケ申書付ケ、等水・庄右預り置被申候御事、

一ぶし荷・商人荷、何れも番ニ仕、馬次申候事、

一折節ニハ御公儀御伝馬、又ハぶし衆御通り荷物なとも罷通リ候、則人馬遅々仕候時ハ、といや壱人迷惑ニ罷成候、其ヲ乍存知、我等家ニて御座候へハ、命ヲかけといや役仕候、其ノ大セツ成事ハ我等家ニ而相勤候所ニ、自然商人荷物罷通り候時、ワきワき知人所へおろし申候荷物ニも、にわ銭之義、といや方へ払申候、本道筋ハ不申及すも、三ヶ日・市野ニ而もワきワきおろし申荷物ニも取来申ニ付、当所ニ而も取申候、是ハ此方ゟ断不申候へ共、商人方ゟ駄賃銭と一ツニにわ銭払、罷通り候事、

一本道筋之儀ハ、近年ゟといや壱人ニ付キ元来弐拾表ツヽ、毎年御　公儀ゟ被下候、其上ニ而も商人前ゟに
わ銭取申候御事、
一碇役銭我等家ニ而取纏、帳付ケ申候、先年ハ五分一ヲ被下候由申つたゑ候ニ付、御訴訟跡々申上候へ共、
御しやうゐん無之、不及から奉公仕候、かやう義ヲも可然様ニ被仰付可被下候、

寛文十庚戌年九月　与兵衛

御代官

竹田勘七郎様

（傍線部は筆者）

この史料は、かさい村商人の觔荷の扱いを発端とした訴訟である。与兵衛と中村氏の関係は詳らかではないものの(38)、問屋側の主張を代表する存在であることは、内容から推察できよう。内容を整理すると、かさい村の商人が気賀宿に立ち寄った際、十太の所に荷物をおろしている。その際、馬指作兵衛が駄賃銭を商人から徴収し、さらに問屋へ庭銭を渡すことを要求したところ、親類である十太に世話になったことや気賀宿に立ち寄る頻度も大変少ないためとして、支払いの引き延ばしを図った。しかし、かさい村の商人が、七・八日のうちに気賀宿に立ち寄って十太の所へ着き、駄賃銭は作兵衛へ渡すとしたが庭銭の支払いは断った。しかし、こうした行動に不審が生じたため、馬を出すことなく商人を留め置く事態となった。そこで、商人は馬指の作兵衛に駄賃銭・庭銭を渡し、十太の書付を代官に提出した。こうした状況の中、等水と庄右が仲介し、十太との個人的な間柄のことであると主張して、訴訟には及ばないとした。また、庭銭については久太・六兵衛に預け、十太の書付については

等水・庄右が預かるとした。この訴訟の下書きとされる史料によると、寛文一二年冬まで訴訟は続き、庭銭については問屋へ払うことで決着がついたことが記されている。(39)

この争論で注目される点は、もちろん人馬継立の順守に関する問題も含んでいるが、庭銭の徴収をめぐる問題に主眼が置かれていることであろう。庭銭については、本史料の下書きとされる史料(40)において、「問屋場之銭」とも記述されている。こうしたことから、本来は問屋場で徴収する性格を持った銭であることがわかる。問屋に渡るはずの庭銭を十太が徴収したことに対し、与兵衛は次のような反応を見せ、問屋の庭銭徴収権の正当性を主張している。

①問屋が宿場を差配しているとの主張。また、碇役銭の取り纏めを問屋で行っていることにも触れ、公儀役への勤めを主張する

②東海道、三ヶ日・市野でも問屋が庭銭を徴収している

③東海道の問屋は、毎年二〇俵の支給と庭銭の徴収権を認められている

こうして見ると、問屋は、大きく分けて自らの職務と他宿の様子の二点から庭銭の徴収権の正当性を主張していることが分かる。公儀役の勤めと本坂通や東海道に存在する宿同士の論理の両面といった、外部の宿での様子を宿内部の論理としても使用し、問屋の権限を明確化しているといえよう。

鰯荷の「おろし」については、他宿の事例を参考にすると、(41)荷物着と荷おろしは同様のことを示すと考えられる。つまりは、史料7でも示した通り荷物の着く場所については、問屋場以外で行うことを早い段階から容認す

る状況になっている。史料10の事例においても、荷おろしを問屋場以外で行うことについては、強い反発を行っていない。問屋場に荷物をおろす必要はないものの、伝馬問屋に庭銭を納めることのみが問題とされているのである。庭銭は、上前が荷物運送の手数料としての性格を持つのとは異なり、問屋場で下した荷物保管に対する費用である。(42) 気賀宿については、荷おろしがすでに実態から離れていることは明白であるが、史料10にあるような名目により、伝馬問屋への収入となっていることをうかがえる。

以上、本節では近世初期からの気賀宿の展開について論じてきた。まとめると次のようになる。

①慶長一五年の段階から地域における流通の拠点として整備される。駄賃の制定、武士荷や商人荷に対する駄賃付けの順番は近世の早い段階から規定されているものの、寛永年間には気賀宿内における駄賃付けをめぐる争論が発生する。こうした中で宿内の荷物運送の形は明確化されるようになっていった。そして、慶安二年には気賀宿のみの運送ではなく、上村の荷物や馬を雇う場合への対応が明記され、宿内にとどまらない様子もあらわれてくる。

②当初から上前を収入とする権益を得てきた問屋は、慶安二年に上前をとる対象範囲を上村へも拡大した。そして寛文一〇年には、庭銭の徴収を行う問屋の権益について、公儀役との関係や本坂道・東海道における宿の論理から明確化していった。

③伝馬問屋について、荷おろしや継立の問題が宿場の成立当初から発生していることから、宿内部における問屋の役割が独占的であったことは確認できない。そうした性格は、寛文一〇年においても続いている。

三　周辺村落との関係

1　気賀七ヶ村との関係

気賀宿の中村氏は、気賀七ヶ村を中心に周辺村落とも関係を持つ存在であることは、天正年間における活動の様子や五カ国総検地の検地帳を見ても明らかであろう。史料8では上村枝郷からの荷物に対する規定もあり、特に上村とは深い関係にあることを示す史料は多く残っている。そこで、ここでは継立以外の中村氏の活動を中心に検討していくことにする。

まず取り上げるのは中村氏の新田開発活動である。

史料11　榊原太郎右衛門外二名連署手形(43)

今度気賀葭崎新田之事、切勝ニ申付候間、不依何方発申新田之儀者永代可為名職候、自今以後切勝也、末々迄申分有間敷候、年貢之儀草刈壱年者可有赦免者也、仍如件、

寛永拾壱年
　戌五月廿八日
　　　　　　　　　　　　　池井兵へ判
　　　　　　　　　　　　　小孫左衛門判
　　　　　　　　　　　　　榊太郎右衛門判
　新田開発之
　　輩中

右御墨付壱通ハ寛永十一年戌五月用治公令光院様御代近藤縫殿助様内池谷井兵衛様小瀬孫左衛門様榊原太郎

右衛門より被下候、

葭崎新田の場所は詳らかではないが、(44)天正年間と同じく新田開発に参加している様子をうかがうことができる。少なくとも寛永年間においては、周辺村落における権益の拡大を進めている。また村落との関係については、次の史料もある。

史料12(45)

預申おいかや田之事

一御年貢夫銭之儀ハ先々御約束之通無之無沙汰急度相済可申候、田地之儀ハ何時成共御用次第ニ急度上可申候、

一原山へむさと入申間敷候、

但　田柴小草ハ御からせ可被候、為後日仍如件

前山

与太夫

兵左衛門

寛永弐年丑ノ　二月四日

二郎右衛門㊞

上村

勝右衛門殿

仁兵衛殿

呉石村

理右衛門殿

久大夫殿

この史料においては、気賀宿の与太夫が上村・呉石村に対して「田柴小草刈」以外の用途での原山への立ち入りを制限されている。原山については、慶安四年に発生した刑部村との争論(46)において入会地として登場する地域である。こうした気賀宿以外の場所においても介入を見せる存在となっている。

2　碇役銭の徴収

中村氏の保有する大きな特権には先にあげた史料中でも確認される碇役銭がある。碇役について記した史料には、次にあげた寛永一六年の規定がある。

史料13　池谷一之小熊正吉連署状(47)

一筆申入候、仍気賀中へ着舟之儀、町中ニて舟宿仕碇役市郎右衛門取次候而納申候旨、前々ゟ証文在之ニ付而其段申付候、若又横相ゟ申分候者、重而可致戦《（ママ）》儀候、恐々謹言

以上

（寛永一六年）
十月三日

小喜右衛門

正吉（花押）

池井兵衛
一之（花押）

前田久左衛門殿
竹田　勘七殿

右御状ハ碇役之儀ニ付下村と市郎右衛門相手取候而及出入江戸表迄罷下御訴訟申上候処市郎右衛門方由緒之御書付有之ニ付致利運罷登申候、其節之御状也、右出入ハ寛永十六己卯年より同十七庚辰年ニ相済候也、

ここでは下村と、碇役や船宿をめぐる問題が争点となっている。(48) 結果的には、市郎右衛門に碇役の徴収権を引き続き認められ、気賀町の船宿についても認められることになっている様子をうかがうことができる。具体的な碇役での収入については、寛永一六年段階での具体的な様相は詳らかではない。ただし、寛文五年～幕末にいたるまでについては、次の史料が残っている。

史料14(49)

辰ノ正月吉日
碇役帳
碇役請取覚
（寛文四年）
中村市郎右衛門
辰ノ二月六日
新居

一　代百二拾四文　三人乗　　　　　　　　　　庄助（印）
やと　町七郎兵衛（印）
二月十五日
一　代六拾文　　三人乗　　　　　あらい　　八太夫（印）
　　　　　　　　但半艘分
やと　平右衛門（印）

（中略）

代　〆拾三貫三拾壱文
　　　　　　　辰ノ碇役銭済
巳
九月廿六日

（後略）

この帳面では舟に対する碇役銭の徴収の様子について、湊を利用した人物、舟の大きさ、宿泊先が記載されている。年毎の帳面の最後には、代官に支払った碇役銭の総計が表記されている。さらに時代が下ると、船宿銭と碇役銭とは分かれて記述されている。表２では寛文四年から寛文一三年までの碇役銭の徴収の動向をまとめた。碇役銭の変動の理由については後日に委ねたいが、問屋にある程度の収入をもたらしていることをうかがい知ることができる。また、舟の大小によるそれぞれの価格については、少なくとも享保年間には定まったと考えられる「気賀町取捌定書」(50)には、次のような規定が載せられている。

史料15(51)

（前略）

碇役之定

一　六人乗壱艘ニ付四百五拾文受取候、内弐百五拾文碇役銭上納、百文舟宿上前町へ出ス、百文問屋方へ受取候

一　五人乗壱艘ニ付四百文受取候、内弐百文碇役銭上納、百文舟宿上前町へ出ス、百文問屋方へ受取候

一　四人乗壱艘ニ付三百六拾文受取候、内百七拾弐文碇役銭上納、八十四文舟宿上前町へ出ス、百文問屋方へ受取候

一　三人乗壱艘ニ付弐百八十四文受取候、内百廿四文碇役銭上納、六十文舟宿町へ出ス、百文問屋方へ取来候

（後略）

表2　碇役銭（寛文4～13年）

表題	年代	作成者	碇役銭金額
辰ノ碇役銭	寛文4年正月	中村市郎右衛門	代〆13貫31文
巳ノ碇役帳	寛文5年正月		代合11貫444文
午ノ碇役帳	寛文6年正月	気賀町中村与太夫	代〆9貫470文
未ノ碇役帳	寛文7年正月	気賀町中村与太夫	代〆9貫632文
申ノ碇役帳	寛文8年正月朔日		代〆13貫32文
酉ノ碇役帳	寛文9年正月吉日		代〆20貫576文
戌ノ碇役帳	寛文10年正月吉日		代〆14貫530文
亥ノ碇役帳	寛文11年正月吉日		代〆12貫22文
碇役之覚	寛文12年正月吉日		代〆8貫952文
碇役帳	寛文13年正月吉日		代〆7貫40文

この史料では、舟の大小によって、碇役銭の価格を規定する内容となっている。問屋である中村氏は碇役銭徴収の見返りとして、舟の大小にかかわらず一〇〇文の収入を獲得している。また、船宿についても舟の大小により価格を規定する内容となっており、町にも収入をもたらすものであった。史料10からでも、問屋は碇役銭の五

分一を徴収する権限があったとされており、碇役銭および船宿は、問屋や気賀町自体に対して利益をもたらしていることがわかる。

こうして見ると、その程度は不詳ではあるものの、中村氏は周辺村落にも権益保有・開発する存在であった。さらに、碇役銭の徴収といった陸上運送以外にも交通上の収入源を得る存在であったことが分かる。

おわりに

本章では気賀宿を題材として、天正年間〜寛文年間にかけての気賀宿やその周辺の地域に目を向けて検討し、伝馬問屋となった中村氏の性格の変化を探った。最後に本章の内容を概観した上で明らかにした点をまとめたい。

気賀には少なくとも天正年間において複数の有力者が存在した。こうした有力者の中で中村与太夫は、荒田畠の開発などの活動を行いつつも、町での地位を獲得したことで主に流通上の権限を基盤として、近世の気賀地域における地位を築いていくことになる。

気賀宿においては、少なくとも慶長一五年から宿内の伝馬負担の規定が整備されていった。その後、伝馬の負担や寛永年間に発生した駄賃付をめぐる争論などを経て、宿内の運送や負担のあり方が形成されていった。慶安の駄賃定めについては、宿内のみにとどまらない馬についても対応をする形が整えられていくことになる。

こうした動向の中、中村氏は伝馬問屋としての権益と上前の徴収を、宿外へも拡大させた。さらに寛文一〇年の争論を通して、伝馬問屋の権益について本坂道や東海道など周辺の宿の状況や公儀役との関連から確保する動きを見せる。気賀地域に目を向けると、周辺村落に利権を保有・拡大する一方で、碇役銭の徴収に伴う利益を確保している。中村氏の地域における経済的な基盤は、天正~寛文期のみを見ても保有し続けていることが分かる。ただし、当初から宿内には継立の規定に縛られない様子もある。さらに問屋場への荷おろしは行われない事例もあり、庭銭の徴収に支障をきたすような事態も発生しているなど、宿内における伝馬問屋の独占的な性格を当初から見ることはできない。また宿外に目を向けても、寛永期には下村から船宿に対する訴訟も発生している。これは、中村氏の地域における立場の弱さを示すものであろう。こうした宿内・宿外の動きに対しては、由緒の主張や公儀役の勤めを用いることで抵抗し、権益を確保する動きを見せる。

本章では、中近世移行期において伝馬問屋としての中村氏は、当初から地域における有力者の一員であり、地域における伝馬問屋としての立場も強いものではないことを指摘した。ただし中村氏は、町中に取り込まれるのではなく、宿内・宿外の経済基盤を保持・拡大する動きを見せており、近世初期を通じて伝馬問屋としての地位を形成していったことを明らかにしている。また領主との関係についても、地域の権益を保持するために伝馬問屋が主体的に求めていったことも明らかにした。今回は気賀宿のみの事例とはなったが、中近世移行期における伝馬問屋の動向は、宿外での活動も含めた中で位置付けられるといえよう。課題はなお多いが、特に気賀七ヶ村と中村氏との関係は、重要な検討課題としたい。

注

（1）丸山雍成「近世宿駅研究上の若干の問題」（『交通史研究』二、一九七七年、のち同著『日本近世交通史の研究』吉川弘文館、一九八九年、一部補訂）。

（2）丹治健蔵「近世問屋の確立過程」（『日本史研究』一二〇号、一九六九年、のち同著『近世交通運輸史の研究』

吉川弘文館、一九九六年）、「近世宿駅問屋制の確立過程再論」（同著『関東水陸交通史の研究』法政大学出版局、二〇〇七年）。

（3）牧原成征「近世初期の宿、その構成と展開」（『史学雑誌』第一〇七編第八号、一九九八年、のち同著『近世の土地制度と在地社会』東京大学出版会、二〇〇四年）。

（4）国文学研究資料館所蔵「遠江国引佐郡気賀宿中村家文書」（23X―335）。

（5）所理喜夫「郷土における近世の成立」（古島敏雄等編『近世郷土史研究法』朝倉書店、一九七〇年）、山澄元『近世村落の歴史地理』（柳原書店、一九八二年）、本多隆成『近世初期社会の基礎構造』（吉川弘文館、一九八九年）、同『初期徳川氏の農村支配』（吉川弘文館、二〇〇六年）、阿部浩一「戦国末 近世初頭の宿の開発と展開―遠江国気賀宿を中心として」（本多隆成編『戦国・織豊期の権力と社会』吉川弘文館、一九九九年、のち同著『戦国期の徳政と地域社会』吉川弘文館、二〇〇一年）。

（6）「中村文書」（『静岡県史』資料編8中世四―一八九〇）。以降『静岡』中世四―文書番号のように略記する。

（7）「中村文書」（『静岡』中世四―一九〇六）。

（8）「気賀町取捌定書」（『細江町史』資料編5）によれば、天正のころは気賀のことを吉村といったが、天正十八年頃から気賀というようになったとされている。

（9）「中村文書」（『静岡』中世四―一九〇七）。

（10）「新宿市日升取」については、阿部が「市を開発ないしは復興し、市の主催にあたるものが、米穀ないしは銭の徴収を認められた権利」と推定している（前掲注5阿部論文）。

（11）「中村文書」（『静岡県史料』第5輯、八五五頁）。以降、『静5』ページ番号のように略記する。また、『静岡』近世五―三四六も参照。

（12）前掲注5阿部論文。

（13）「中村文書」（『静5』八六二―八六五頁）では、慶長六年に「気賀町中諸役等」の記述があり、行政上の町として支配されている。

（14）「中村文書」（『静5』八七〇頁）。

（15）「中村文書」（『静5』八七〇―八七一頁）。

(16)「中村文書」(『静5』八五八―八五九頁)。
(17)「中村文書」(『静5』八七五―八七六頁)。
(18)「中村文書」(『静5』八六四―八六五頁)。
(19)「中村文書」(『静5』八六七頁)。
(20)前掲注8。
(21)国文学研究資料館所蔵「遠江国引佐郡気賀宿中村家文書」(23X―169)。
(22)所理喜夫「郷土における近世の成立」(古島敏雄等編『近世郷土史研究法』朝倉書店、一九七〇年)。
(23)「中村文書」(『静5』八七六―八七七頁)。
(24)安永六年には、気賀町屋敷の七二軒の内、本町四二軒、仮屋町二八軒、屋敷潰二軒とされている。(前掲注8)。
(25)『信濃史料』二一巻、三三二頁など。
(26)前掲注8、二八〇頁。
(27)前掲注8、三〇七頁。
(28)「中村文書」(『静5』八七八―八八〇頁)。
(29)「中村文書」(『静5』八八〇―八八一頁)。
(30)「中村文書」(『静5』八八一―八八二頁)。
(31)軽井沢宿では寛永年間に木問屋との間で荷物着をめぐる争論が発生している(国文学研究資料館所蔵・マイクロ収集、信濃国軽井沢宿本陣佐藤文書、P9002:20、94)。
(32)「中村文書」(『静5』八七五―八七六頁)。
(33)国文学研究資料館所蔵「遠江国引佐郡気賀宿中村家文書」(23X―595)。
(34)前掲注8(二八一頁)によれば、時期は明確でないものの金指真木市場が潰れたため、上前の取引が行われていないことが記されている。
(35)国文学研究資料館所蔵「遠江国引佐郡気賀宿中村家文書」(23X―595)、(23X―323)。
(36)丸山雍成「五街道と脇街道」(豊田武・児玉幸多編『体系日本史叢書二四・交通史』(山川出版社、一九七〇年、のち、前掲注1同著書)。

(37) 国文学研究資料館所蔵「遠江国引佐郡気賀宿中村家文書」(23X—718)。なお、『静岡』近世五—三五五も参照のこと。
(38) 寛文八年の材木に関する争論においては、中村与太夫の記述があり(23X—593)、寛文一二年の上前金の請取については、気賀町の代表者として中村与太夫の標記がある(23X—323)。
(39) 国文学研究資料館所蔵「遠江国引佐郡気賀宿中村家文書」(23X—718)。また、「一　町内ニ而商人の宿致候もの有之、又ハ兄弟ニ而も他所へ罷越候者、荷物気賀町へ入申候へハ、町内何方へおろし申候荷物ニ而も、問屋場銭五文ツヽ取来候」(前掲注8、二八一頁)との記述もある。
(40) 国文学研究資料館所蔵「遠江国引佐郡気賀宿中村家文書」(23X—718)。
(41) 安中宿の須藤文書(『安中市史』5、三三三)においては、「町着」や「問屋着」の事例があり、軽井沢宿における佐藤文書(P9002：20、94)の「荷おろし」の問題を検討すると、庭銭をめぐる同様の事例と考えることができる。
(42) 前掲注8では、上前の問屋の取り分や、庭銭は共通して「問屋場銭」として記されている。しかし、上前については荷物の種類によって、問屋の取り分が異なるのに対し、庭銭については、すべて問屋の取り分となることが明記されている(前掲注8、二八一頁)。
(43) 「中村文書」(『静5』八七三頁)。
(44) 前掲注5山澄著書における成果を参考にすれば、寛永年間に気賀の入会地となる湖岸周辺の葭野に該当すると考えられる。
(45) 国文学研究資料館所蔵「遠江国引佐郡気賀宿中村家文書」(23X—111)。
(46) 国文学研究資料館所蔵「遠江国引佐郡気賀宿中村家文書」(23X—592)。
(47) 「中村文書」(『静5』八七四—八七五頁)。
(48) 下村との争論の結果については「気賀町取捌定書」(前掲注8、二七六頁)でも見ることができる。
(49) 国文学研究資料館所蔵「遠江国引佐郡気賀宿中村家文書」(23X—236—1)。
(50) 「中村文書」(『静5』八八七頁)。
(51) 前掲注8、二七五—二七六頁。

第七章　遠州報国隊の歴史的前提

夏目琢史

はじめに

本章は、幕末維新期の遠州地方から起こった草莽隊運動・遠州報国隊の前提となる社会的な基盤を明らかにしようとするものである。

「遠州報国隊の歴史的前提」というタイトルから導き出される方向性として、おそらく二つの道筋が考えられるであろう。一つは、「遠州国学」との関係である。遠州報国隊の活動は、古くから賀茂真淵を起点とする、いわゆる「遠州国学」の隆盛の流れの中で理解されてきた。(1)「遠州国学」の土壌のなかで、勤王思想が高まり討幕運動へと発展したという図式が一般的であり、報国隊運動の発生を考える上での一つの常識となっている。もう一つは、神職の社会集団編成に着目するものである。遠州報国隊は、在地神職たちを中心メンバーとする特異な草莽隊である。こうした集団が幕末のある時期に急に組織されたとは考えにくく、その前段階として神職集団の組織編成が行われていたとの指摘もある。(2) こうした理解は、一九九〇年代に流行した社会集団論に基づき研究が進められてきたものである。

このように、遠州報国隊は、近世中後期の問題として捉えられがちであるが、その前提や深淵は、さらに古くまで遡れるものであると考えられる。すなわち、報国隊の運動は、一九世紀になって登場してきた一時的な気運に拠るのではなく、それ以前の歴史社会的および地域的な規定性に支えられた運動であったとみるのが妥当であろう。こうした点を検証する上で注目されるのは、遠州の旧家・宇布見中村家の事例である。中村家は、遠州報国隊において中心的な役割を果たした一族であるが、一方で、戦国期から古文書を有する旧家でもある。この中村家の展開を明らかにすることが、遠州報国隊の性格を理解する上できわめて重要となる。まずは、戦国期の宇布見中村家の様子についてみていくことにしたい。

一　戦国期の宇布見中村家の活動と地域社会

1　宇布見中村家をめぐる研究史とその問題点

戦国期の宇布見中村家の活動に注目した研究としては、阿部浩一の成果がある。(3) 浜名湖を中心とした水運に着目した阿部は、「中村氏は水運を介して今川氏と直接の結びつき」、「戦国期から水運などに活躍」したと規定し、「尾張・三河と浜松を結ぶ輸送ルート上に浜名湖水運が位置づけられていたことは確実」であると指摘している。またその上で、戦国期の棟札を論拠として、宇布見中村氏は、息神社を精神的紐帯として惣的結合を強めつつあった宇布見郷の百姓等を代表する存在であり、現地代官から宇布見村庄屋へと転身していったことを論じた上で、さらに「戦国期における交通体系の変動が新たな交通・流通拠点の発達をもたらし、それがさらに郷村およびその指導者層の自立を促す原動力となったのである」（二七三頁）と指摘している。

また、本多隆成も、天正一一～一八年（一五八三～一五九〇）の年貢勘定帳を分析し、宇布見郷の全郷が代官支配を受ける徳川氏の蔵入地であったことを明らかにしている。(4) 中村源左衛門は、「土豪」「在地代官」として、年貢の取立・運送を実施していたという。本多氏の具体的な検証により、天正一〇年頃には初期徳川氏の地方支配の末端に被官化されていったことが確認された。

両氏の研究により、宇布見村の中村氏は、浜名湖を中心とした流通構造の中核にあり、惣結合の代表者でもあった土豪であったが、代官として初期徳川氏の支配体制へ包摂されていったことが明らかとなる。とりわけ、徳川氏の代官としての存在形態はみえてくるが、しかしながら、中近世移行期に中村源左衛門が地域社会のなかでどのような立場にあったのか、また近世前期の村社会のなかでどのような役割を果たしていたのかについては、不明なままである。以下、残された史料を手掛かりとして中村家について検証する。

2　宇布見中村家の地域社会における位置

さて、中世から戦国期にかけて、中村家はどのような家柄であったのか。まずは、次の由緒書をみてみよう。(5)

一先祖中村兵部之助正範者三河守源範頼男、大和國廣瀬郡百済庄中村郷ニ住、依テ為氏七代孫中村太郎正清
幷唐院両城主

後醍醐天皇奉仕有戦功、叙任従五位下駿河守、紀伊国橋本合戦屢顕高名、叡感被為在賜御鏡軍扇等…（割注略）…

一延元二丑年六月廿九日於河内国石河郡葛城山ノ下観心寺山下戦死、男筑後守正武、父ニ同吉野皇居参勤、大和國越知城及三輪山下ニ闘顕武勇観應元年九月十六日於同國宇野戦死、子孫四代南朝奉仕正亮嫡子周防守正乾、應永十四年屬武家将軍義満公参候仕候、男新左衛門尉…（割注略）…正實、今川範忠朝臣招ニ應シ、文明十三年於遠江國磐田郡土橋郷賜采地、然後屢有武功依之同州敷智郡宇布見・和田・平松・山崎・大濱等五ヶ荘ヲ賜領地、文明十五年八月宇布見郷ニ移住構邸宅、

すなわち、中村家の先祖中村正清は、後醍醐天皇に奉仕し参戦した人物であり、応仁の乱以降、今川氏に被官し、今切関所の支配、軍船奉行と米神社の神職を兼帯し、文明一三年（一四八一）には宇布見をはじめとした五ケ領荘園の支配を今川氏から認められ、同一五年八月に宇布見へと土着したという。この由緒書は、宝暦一〇年（一七六〇）一二月九日に書かれたものであるが、前掲文の後には、徳川家康（権現様）との由緒が書きあらわされている。

では、同時代史料にみられる中村家はどのような存在であったか。まず注目しなければならないのは、息神社の文亀元年（一五〇一）五月七日の棟札に「地頭　中村新左衛門殿　正實」「禰宜　□□清□」「御代官左近丞願主　藤原朝臣延重（花押）」などとある点であろう。ここでは、中村氏が地頭であり、それとは別に「禰宜」や「代官」がいたことが分かる。なお、大永七年（一五二七）三月一一日の米神社棟札には地頭として「高橋雨鶴寿丸」の名もみえる。その後、天正一六年（一五八八）の棟札には「御願所御奉行本田作左衛門殿御代官中村源

左衛門殿」「政所　浄泉」とあり、翌一六年二月の棟札では「本願御代官・禰宜　中村源左衛門殿」と記される。「政所　浄泉」の立ち位置が不明であるが、近郷の蒲御厨と比較した場合、「地頭」は、「蒲惣検校」に比定される、いわゆる中間層であり、在地領主であったといえる。ちなみに、天正一四年の棟札にはじめて「願主村人三十九人並郷中惣百姓大小共」という名がでてくる。この時点では、「村人」と「惣百姓」が区分されていることが注目される。

さて、上記の点より中村源左衛門は、浜松荘宇布見郷を拠点とする在地領主として成長してきた一族であったことがわかる。では、戦国期の様子を示す史料を順次みてみよう。

史料1(6)

中安兵部少輔知行分、去巳年指出之外増分可有之旨、去年以来訴出之條、只今惣郷中百姓前以請取割付浮免給下地并在々所々代官免共、明鏡可相改之、若難渋之百姓於有之者、遂糺明可加成敗、改之上、兵部少輔寄事於左右、雖及異議、一切不許容、改奉行人等、百姓与令納得、躭賄賂嘱佗《託》於令私曲者、為其中可申出、至訴人者可加褒美者也、

永禄六年三月十二日

酒間紹可

中村右衛門太郎

伊久美源兵衛殿

史料1は、中安兵部少輔知行分の増分をめぐる争論に対する今川氏の朱印状である。この中安氏（堀江城を拠点

とする国衆）の増分については、中村氏らによる訴えが出されていたとみられ、今川の奉行人である神尾元直と養徳院但阿の二名が調査を行っていた。(7)史料1では、惣郷中百姓の下地を調査する際に「難渋之百姓」に対しては、厳しく対処するように、また奉行人らが百姓と結託して「私曲」をしている場合は告発するように、と述べている。ここに、奉行人と結託する百姓らに対して、中村氏らが対抗している構図がみえてくる。すなわち、中村氏は、在地領主（史料では「地頭」「領家」）として成長してきた一族であったが、この時期、郷中百姓らに対して十分にヘゲモニーを握れていなかったとみられる。それは、中村氏と宇布見郷中の百姓らが、年貢収奪を媒介とした支配―被支配関係にあったことを示しており、中村氏が今川氏の権威を頼りにしてその秩序の回復を目指していたことが確認できる。

では、宇布見郷の戦国期の様子はどのようなものであったか。同じく永禄六年（一五六三）の次の史料をみてみよう。

史料2(8)

定

一当郷年貢納所以前、借米銭不可催促之事、
一年貢納所以前、俵物他所へ不可出事、
一百姓小作年貢引負、或篠お懸、或闕落之上、号山林不入地雖令徘徊、一返相断、以公方人令譴責、年貢可請取之事

右條々毎年堅可申付、若於違背之輩者、重可加下知幷雖有狼藉之族、他所より一切手を入べからさる者也、

仍如件、

永禄六年九月九日

ここでは、宇布見近辺で逃散（「或篠お懸、或闕落」）が起こっていたことが分かる。また、その原因となっていたのは、年貢納所以前に、「他所」から借米や徴収がおこなわれる事態であった。明らかにこれは、中安氏らの動向を意識して発給されたものである。「公方人」とは、今川氏の奉行人を指すとみられ、中村氏が、今川氏の権力を背景として中安氏らの宇布見郷に対する関与を退けようとしていたことが明らかとなる。

百姓らと中安氏らの結びつきという事態に直面していた中村氏は、「公」的な力によって、自身の権利を守る必要があった。戦国大名今川氏が滅亡した後は、徳川家の代官として浜名湖水運に活躍するが、その一方で、惣鎮守の祭礼等に積極的にかかわることで、郷内でのヘゲモニーを握るようになった。中村家文書のなかには、「うふミ地頭方神領之書立」（慶長六年正月七日）と題される史料がある（表1参照）。これには、「大明神祭」「修理田」「仏供田」などの文言がみえ、とくに祭礼については、正月から一二月まで時間を追って順に書き上げられており、民衆の年中儀礼を反映したものであることが分かる。ここに書かれている祭礼は在地の百姓らの土俗的民俗信仰を象徴したものであると考えられるが、慶長六年（一六〇一）という時期に、こうした田地の書き上げが行われたことは重要であろう。中村氏がこれらの信仰の中核――すなわち、「禰宜」――となることで、支配の正統性を構築しようとしていたことが推察される。これは、在地領主であった中村氏の一つの転身とみることができる。そして、このプロセスは、徳川政権による承認のかたちで完成されていくことになった。次の史料がそれを示している。

表1　宇布見地頭方神領書立一覧（慶長6年）

神領名称	種別	面積	石高
正月一日之御祭大明神領	中畠	1反1畝10歩	9斗7合
権現ぶさの御祭	中田	1反8畝15歩	2石2斗2升
正月七日薬師のをこない	中田	1反3畝20歩	1石6斗4升
野中地蔵正月十一日之祭	下畠	1反12歩	7斗2升8合
正月十一日薬師之おこない	下畠	1反5畝3歩	1石5斗7合
二月初馬之御祭	下畠	1反12歩	7斗2升8合
五月五日大明神之御祭	中田	1反7歩	2石4升
六月十五日神明之御祭	中畠	6反2畝10歩	4石9斗8升7合
八月十五日大明神御祭	上田	1反5畝20歩	2石5升8合
九月九日大明神御祭	上田	1反3畝3歩	3石3合
十月廿日天神之御祭	上田	1反3畝1歩	1石6斗9升4合
十一月十一日権現之御祭	上田	2反1畝10歩	2石7斗7升4合
大明神修理田	上田	1反4畝	1石8斗2升
同修理田	上田	9畝	1石1斗7升
同田	上田	7畝	9斗1升
同田	中田	5畝	6斗
同田	中田	2反4畝	2石8斗8升
白山之修理田	下畠	2反3畝	1石6斗1升
薬師之修理田	上田	1反3畝	1石6斗9升
薬師之佛供田	上畠	7畝20歩	6斗9升
阿弥陀佛供田	中畠	4畝3歩	3斗2升8合
千代地蔵之佛供田	中田畠	1反9畝15歩	2石3斗4升
八幡之御祭	上田	3反9畝20歩	1斗6升
地蔵之佛供田	下畠	1畝5歩	7斗9合
増田	中田畠	3反2畝	3石8斗4升
大明神領	上田	3反1畝	4石3升
合計		4町7反1畝5歩	51石6斗2升

注　「宇布見地頭方神領書上」（中村文書19号、『静岡県史』5、607-609頁）より作成。基本的に原文のママ記した。

史料3⑨

以上

其神領事

合貫五十也（印）

右如前々被下候間、可有社務者也、仍如件、

　　　　　　　　　　　　　　　　　伊奈備前守
丑二月十四日　　　　　　　　　　　　忠次（花押）
　うふミ
　　天神毘沙門

史料3は、幕府代官伊奈忠次からの安堵状であり、これも慶長六年のものとみられる。宛所は、「うふミ　天神毘沙門」となっているが、実質的には中村氏を指していよう。周知のように、毘沙門天は武神として有名であるが、この安堵状を受けて保持することによって、中村氏の宗教的地位は「公儀」によって保証されることになった。

なお、先行研究が指摘するように、中村氏は、浜名湖の舟運（流通）の中核的位置にあった。吉美・宇津山・宇布見の湖上交通を掌握する存在であったことは間違いない。しかし、天正以降は今川渡船・新井関所の整備によりその交通拠点としての地位には陰りもみえはじめていたのではないかと考えられる[10]。すなわち、元々、中村氏は、中世的荘園制秩序のなかで在地領主として、在地に展開する土俗的民俗的信仰に関与しつつ成長してきた一族であったが、慶長期には新たな権力への転身が必要とされた。こうしたなかにおいて、中村氏にとって、とくに重要であったのが、結城秀康を通じた徳川家との由緒である。

明治一二年（一八七九）、静岡県へ提出した書類のなかに[11]、慶長六年、浄光院（結城秀康）の越前下向と拝領（小柄・御笄）したという記録がある。この時期、中村氏は、元々あった中世的宗教コスモロジーに、結城秀康の祭祀（胞衣塚の守護者）としての新たな要素を付与し、再構成していくことになったのである。

以上確認したように、中村氏にとって、慶長六年は三つの意味で大きな画期であった。一つは、中世以来の在地で成長してきた惣村結合体の宗教イデオロギー装置を「書立」して把握したこと。二つは、公儀権力に、その宗教的支配の正統性を承認させたこと。戦国期の宇布見郷近辺は百姓らが流動的であり、中村家の存立基盤も不安定なものであった。中村氏は、公儀権力からの保証と、在地の宗教秩序に関与することによって、在地における不安定的な基盤を盤石なものにしていったのである。そして、三つめに、結城秀康との「御目見」があげられる。これによって、中村氏は、公儀権力のなかに自身を位置づけることに成功し、在地の秩序（身分制的原理）から外れた安定的な地位を認められることになった。

しかしながら、この時の御目見については、同時代史料がなく、また後述する御目見記録のような体系的な史料が残されていないため詳細は分からない。以下、近世社会のなかで、中村家がここでみたような権力基盤をどのように維持し、地域社会のなかで成長していったのかについて考察していくことにしよう。

二　中村家の由緒と大名「御目見」——中世の社会的権力の〝温存〟と〝持続〟

1　宇布見村の領主支配の変遷と中村家

まず、行論の前提となる宇布見村の概況について簡単にみておきたい。宇布見は、浜名湖の水運にめぐまれた地域であり、古くから漁業や塩業で栄えてきた（実際、塩年貢がみられる）。支配が入り組んでおり、正保期には幕府領五六九石・浜松藩領四〇〇石・寺社領三九石であった。ここでの寺社領には、徳川家康が浜松在城時再興したと伝わる朱印高一〇石の弘忍寺（臨済宗妙心寺派）、同じく朱印高一〇石の米神社（現、息神社）が含まれる。

元禄期には、浜松藩領四〇〇石・旗本鍋島領六八八石・旗本松平二氏領三八五石であったものが、宝永期には、吉田藩領（↑鍋島）・幕府領（↑旗本松平）となるなど、以降も支配の入り組みがみられた。村高の内訳は、正保期のもので、一〇〇八石余（この内、田五八八石・畑三二五石・塩六五石）であり、塩の生産が活発であったことが知られる。なお、宇布見村で注目されるのは、やはり、中村家の存在である。現在、中村家の住宅は、国指定重要文化財に登録されている。中村家は、徳川家康の二男（三子）である結城秀康の生誕にかかわる由緒をもち、古くから神職として活動していた。近世後期には「国学者」として活躍し、幕末の「遠州報国隊」にも中心的なメンバーとして参加している。なお、近世の中村家に関する先行研究としては、蔵書構成と「家」の人的ネットワークに着目した、松尾由希子の仕事がある。[12] 松尾の研究は、近世後期の遠州神職間における養子縁組と蔵書の移動の問題を論じたものであり、中村家を知る上で大きなヒントを提供する。

本章第一節でもみてきたように、中村氏は古くから在地神職を担ってきた。とくに、近世には、結城秀康の出生にかかわる「胞衣塚」の祭祀をおこなっている様子が絵図などからも知られる。また、宇布見村天神宮四石五斗分の朱印状（慶安元年家光～）を保持し、近世後期になると京都本所吉田家との関係も強めた。[13] 幕末には、京都本所吉田家の呼応に対して、「神威隊」という組織にも参加している。[14]

では、中村家は、中近世移行期以降の宇布見村社会のなかで、どのような立場にあったのであろうか。中村家に伝わる地方文書のなかから読み取っていこう。まずは、慶長七年の次の史料に注目する。

史料4[15]

今度大くほ之内与うふミ源左衛門かかへ申す名敷御國かへニ付本役と御存知なく御とり被成候度と御理申わ

け候ニ付而源左衛門方へ御返し被成候度と大くほ衆打かち作なへを仕候而御奉行衆之か意を以我等共ニ進之、おツかい申、大くほ之百姓衆ニ当年壱作預ヶ申、来ル十月ハ勘兵衛様之御一札之ことわ理申渡し可申、為後日一札如件、

慶長七寅四月七日

羽鳥源右衛門（略押）
貴平新□□（略押）
おかべ二郎左衛門（略押）
天王（カ）　六郎左衛門（略押）

うふミ源左衛門まゐる

史料4の「国かへ」とは、慶長六年二月の松平忠頼の浜松藩入部を指しているとみられる。大久保村と宇布見村間で、土地名職をめぐって在地でかなりの混乱があったとみられる。史料4と同日に出された史料が次である。

史料5(16)

大くほ村田地之内其方引移分当暮中ゟ可相渡候、為其一札遣候、但物成役等之儀成者、従田地渡候時可相定候者也、仍如件、

慶長七寅卯月七日　　勘兵衛（花押）

宇布見村

源右衛門殿

史料5からも、松下勘兵衛が当地の代官としての役割を担っていたことが分かる。関ケ原の合戦以降、錯綜していた土地の「引移」が在地で展開していた。次の史料にも注目してみたい。

史料6(17)

宇布見村地頭方之儀此所紙きれミへ不申くミニ仕賄来候所ニ去年大坂御陣之見合御年貢納所不仕、百姓かけおち仕候間、残年寄共へ勘左衛門くせ事之由被仰付候へ者百姓尋相返し申候当年者其いらんを以、祢ぎをはしめに仕、惣百姓神水いたし代官へ我かまゝ申候所ニ各々同心不致候付キ年寄をはづし申候付而、今度　御下向ニ年寄共御目安を上ヶ候ハん之由被申候所を小栗忠左衛門・我等両人聞分、年寄之儀、前々のことく其方各々へ申付候、御公方之用等御年貢無油断可申付候、但新左衛門領家之儀ハ前之通申付候、年寄共門役可為無促候、為後日如件、

元和元年八月廿六日

松下常慶 御印判有り

宇布見村　新左衛門殿
庄左衛門殿
勘右衛門殿
□七殿

五郎七殿
太郎左衛門殿

史料6から次の点が読みとれる。まず、確認しておくべきは、大坂の陣前後、宇布見村で欠落がおきている点である。在地に残っているのが年寄衆であることをふまえると、実際に欠落した多くは、それ以外の若者衆であったとみられる。[18]また、「禰宜」を中心とした一味神水の抵抗の形式もみられる。[19]この「禰宜」が、何を指すのか傍証史料がなく確定はできないが、中村源左衛門を指しているのではないかと考えられる。

なお、大坂の陣前後の年貢未進や欠落は、元和年間に当地で起きた三方原入会問題と関連させて理解すべきであろう。これは、元和九年（一六二三）に決着した三方原の草刈場をめぐる争論である。この事件は次のようなものであった。[20]元和六年、中泉代官所の奉行中野七蔵が知行割を行った。この際、三方原に野米二七石を課しこれを地元の和地・祝田・都田の三か村に分ち、高力摂津守（浜松領主）と近藤石見守（旗本、井伊谷領主）に引き渡した。そのため、地元村は、従前からの入会村一三〇余か村に対し山札を発行し札米を徴収しようとした。しかし、これに対し入会村は、幕府に訴えを起こしたものである。そもそもの原因は、中村家文書にあるように、支配が入り組みになっていたところに問題があったようにみられる。

中近世移行期の領主支配体制の整備にともない、遠州地方で大きな混乱が巻き起こっていたことが確認できる。では、こうした在地レヴェルでの近世社会への大きな変動のなか、中村家はどのような立ち位置にあったか。寛永一〇年（一六三三）、中村源左衛門によって書かれた「ゆつり状」に注目してみよう。

史料7（21）

ゆつり状之事

一我等の家屋敷同田畠本新当開共ニ壱歩も無残太郎兵衛ニゆつり申事
一大くほ田我等ひかへ申分前田も三十所なからゆつり申事
一かけみつの刀・同うんじやの刀ゆつり申事
一三五郎・与蔵・五郎作ゆつり申事
一孫助ニハ馬をひかせ我等共ニつれ、則てまを出し申事
一右其方へ相渡田地之内ニ而少々の麻畠、同中嶋麻畠八幡之前の田嶋弥五郎おこしの田嶋弐枚そと新田之小田嶋共九枚長法寺之富助・太郎作分同茶木畠共ニ九郎・太郎作分与三作分合四ヶ所田之儀、其八幡之前七郎・三郎作・弥五郎作田、山田之新田、我等ひかへの分無残、同なへ代の儀者、寺の前ニ而惣兵衛作、両方かいとニて山きわの大セ間ち（カ）壱ヶ所我等女共一代作為致可被申、作り男ニハ佐助をつけ申事、孫助か儀も五年ハ我等女共の作可致事、其何とても我等女共の所ニて隙の入申時候ハバ奉公可致事、又薪をもかい、雨間風間之時も我等女共の所ニてできあいふたんくい少ツヽもまちはりをもため可申事、若我等女共ふミニ罷不有、木平村同よかたへも引こし候ハバ田畠作男共ニ太郎兵衛ニ相渡し可申事、女共宇布見ニ居申候ハバ、太郎兵衛母と存尊恐可被致候、塩濱之儀も其方ひかへのほそあらの濱を女共ニ渡し可被申候、ためおけハ大おけ二ツ小おけ二ツ女共ニ渡し可被申候、右之女共さく仕田畠しほ濱御年貢之儀ハ御公方御免合次第女共ニ納所可被致候事、
一そと新田かや野ニ分ニて六反孫助・左助・三五郎ニ弐反ツヽ永我等ゆつり渡し申事、為後日仍如件、

寛永拾年癸丙七月

源左衛門（印）

〔ほか十名（花押・印）〕

太郎兵衛参

ここから、当時、中村家が単独相続であったこと、作人の配分等まで家父長が詳細に決めていたことがわかる。中村源左衛門の所持地や家宝、下作人らもすべて太郎兵衛に譲るが、その代わりとして娘たちの扶養を願う、源左衛門の心情が伝わってくる。この時期、たとえば、『中井日記』で有名な井伊谷町の中井氏も、遺言状（ゆづり状）を書き記しており、[22] 寛永期頃に、遠州の中世の系譜をもつ在地有力者層の間で、「家」を継承していくことの重要性が高まっていることがみてとれる。

史料7からわかるように、中村家は、寛永年間もなお、多くの作人を抱えていた。もともと、中世以来の在地領主的性格を有する旧家であった中村家も、近世社会のなかでは百姓身分として規定されてしまう。そうしたなかで、村との間に、両者の立場をめぐる必然的な摩擦が生じた。寛文七年（一六六七）三月、百姓らは中村源左衛門の不法を代官に対して訴え出る。その文言には次のようにあった。

史料8[23]

乍恐御訴訟申上候御事

一郷中之入目之由被懸申毎年金拾両宛小百姓ニ振を懸被申候、父源左衛門代ニ入用之日記を見せ割振仕候、又入用之儀有之候刻者、両方小百姓共与致談合萬事之曲道も仕来候所ニ今源左衛門との者百姓ニ者何事もきかせ不申一分之分別を以我ままを仕懸候、去年之振懸も高拾石ニ付而門役等者麦四升宛六拾餘之門にて取集申候節、勺毎ニ残拾文宛右之門ニ而取申候、塩も七升宛右之門ニ而集申候、其外少宛其度々之仰ニ而御座候当春も右之門にて残拾五文宛集被申候、加様ニ大分ニ入目可有筈ニて無御座候、定而控日記可有御座候条御穿鑿被遊可被下候御事、

一去年冬御年貢上ヶ金七拾両程上り可申候直段ハ金拾両ニ付テ米弐拾四俵ニ源左衛門との前へ勘定致候餘之村々者ならしニ弐拾五俵半ニ百姓前勘定仕候与承候、宇布見村之買米斗別而高直ニ可有…（一行断裂面のため読めず）…中様に被仰付可被下候御事、

一去年秋森九右衛門様御代官太郎兵衛様江廻りニ御越之時分御意被成候者、宇布見村之儀者御領と入合ニ候間毛引之儀も御領之引方なみに被成可被下候間、稲を早々かり申様ニと御意被成候ニ付、皆々百姓共恙奉存、稲過半から申時分内検見を可致由、源左衛門との被申候、稲大形かり仕廻申者も余程御座候、左様成者者何共迷惑仕候得共、是非なく罷有候、源左衛門心底尋候者ハ稲かり不申候て懸申候、其外小百姓共加様之出しぬき可有と覚語不仕、大形六七分かりの時分検見被致候、就夫引方一圓無御座百姓多御座候、其以後亦検見帳源左衛門との手前ニて拵引ニ之者ニ者右之外追引を仕ニ付て殊之外高下御座候、源左衛門との・左五右衛門者持高之外引分御座候やう之我まゝ之儀毎年之様ニ御座候、内談拵之検見帳弁ニ御年貢割之勘定帳御穿鑿被遊御□（目カ）見可被下候事、

一源左衛門父之代迠ハ定使之役、百姓なミニ仕来候得とも、当代者我まゝを申不被仕、剰地下之人馬を使申候様無御座候、源左衛門との實…（断裂面のため読めず）…自由にてあるき申時分茂御公儀用之躰ニて郷中之

人馬にて罷越候、此分ニても一年中ニ者弐百人餘人足つき申候手前耕作ニ遣申事屋敷廻り之塩よしすさ人足ニ為致地形之ひくき所は土を付させ色々加様之儀共限り無御座候、源左衛門奢者ニて人足千人餘茂耗ニ罷成候御事、

一村東河邊り之分新芝野仕又新畑を仕立申候テ河限江寄申候を草江中之者ニ少も為取不申候欠堤之くろなとニて作共馬草をかり申候得者つまを取ちやうちやく仕候ニ付、中々百姓之面出し不被罷成難儀仕候、源左衛門との奢中々可申上様無御座候、小百姓を仕内之下人同前ニ存候加様ニ御座候而者在所之住居罷成間敷候条、自今以後者源左衛門とのを庄屋ニ仰申事罷成間敷候、御慈悲ニ御座候間、御穿鑿被遊被仰付可被下候御事、

右之條々被為聞召分奉仰御意申候、

寛文七年未ノ三月十九日

宇布見村　五右衛門（以下、村中連印）

御代官様

史料8は、惣百姓が庄屋源左衛門の非法を訴え出たものである。百姓側の主張としては、年貢金の問題や検見の際に「出しぬき」がみられるなどの具体的な対応を問題視しているが、そのなかで、「父源左衛門」と現在の源左衛門の対応の違いを比較していること、源左衛門が小百姓らを「内之下人同前」と見なしていることなど、階級間対立の様相を呈していたことを確認することができる。すなわち、中村源左衛門としては、惣百姓・小百姓らは、戦国期以前の国人領主制的な秩序のように、中村氏によって支配されるべきとの認識があった。しかし、

寛文年間になると、惣百姓たちの間でこうした認識は薄れ、中村家との対立が深まるようになっていたことが明らかとなる。この訴えは、二か月にわたって審議されたが、結局のところ認められず、惣百姓側が次のような手形を出すことで決着することになった。

史料9(24)

手形

一後埋田新田之儀ニ付、今度非分之儀公事申候故、頭取五人御　公儀様ゟ籠舎被仰付候、其上何様之御仕置
ニ逢可申も不存候処ニ　大猷院様御拾七年忌之御法事ニ御赦免被成　被下難有奉存候、
一右之族に追目安を以其方へ様々成難渋申かけ候得共返答書ニ一々證拠御出し、此方申分不残偽りニ紛無之
ニ付、不及是非、本徳寺・畊雲庵へ入寺仕、両寺之御詫言にて罪科御赦被下忝奉存候、右両通之目安ニ書
記申儀我々者横あいケ様成非分申立行当迷惑仕候不及申候へ共、新田諸役等幷わけ口之儀、其外何ニ而も
右相定候通、少も違背仕間敷候、
一新田分相相定候儀、不残惣百姓相談ニて相究候故者、御所替り何様之儀出来候共自今以後少も違背申間敷
候、
一御年貢金直段幷内検見等ニ高下有之様ニ申上候儀、是以偽り申上候段紛無御座候、
一御年貢勘定之儀者不及申、郷中諸役入目之割振り其外諸事毛頭程も先規ゟ非分成儀無之候、向後対其方へ
何ニ而も申分仕間敷候、
一其方儀何之私欲非分成儀無之候所ニ庄屋に仰申儀罷成間敷候と申上候儀、是又右新田之族ニ偽り申儀実正

ニ而御座候、我々共無分別故ケ様成いつわり申段偏御免可被下候、
一其方父之代迄ハ定遣之役百姓なミに被致候と申上候儀是又偽りにて御座候、殊ニ其方我か儘に郷中之人足大分に御遣、其外諸事奢被申候と申上候段、追目安之ケ条も不残此方申かけ之偽りニ紛無御座候、右之族其方へ申懸ルニ付、惣百姓不残一味連判仕候儀、大キニあやまり候、向後ケ様成御法度之一味仕間敷候、尤以後不寄何事、対其方へあつかましき儀仕間敷候、勿論其方家内ニ不審成儀出来候ハバ此連判之者の加連申間敷候事、
右七ヶ條之趣毛頭成共自今以後違背仕間敷候、若違背者於有之者、此証文を先として御公儀様へ被仰上いか様之曲事ニ被仰付候共、其時ニ至一言之御断申間敷候、為後日証人を立連判手形、仍如件、

寛文七年

未ノ五月廿四日　　作蔵（以下村中連印）

中村源左衛門殿

このように、惣百姓らは、内検見や年貢金の不公平などを訴えるなど様々な局面で、庄屋である中村源左衛門と対立していた。しかし、史料9にみられるように、いずれも、惣百姓らの訴えが退けられ、中村源左衛門に詫びを入れることになった。恩赦や入寺によって罪が減免されなければならないほどに、庄屋─惣百姓間の対立が深刻化したことが分かる。それは、「其方父之代迄ハ定遣之役百姓なミに被致候と申上候儀是又偽りにて御座候」などの文言から明らかなように、惣百姓と中村家の身分・階層差の問題がこの背景にあったと考えられる。

以上、断片的な史料からも確認できるように、在地領主として、政治的にも経済的にも大きな力を有していた

中村家も、近世社会のなかでは「庄屋」として、村と対峙する存在であった。これは中村家だけに限った問題ではない。遠州の各地で、中世以来、在地領主として成長してきた一族が、幕藩権力によって近世社会へと再編成されていく事態が生じていたことを意味している（たとえば、井伊谷町中井家、気賀町中村家など）。では、こうした在地に残った旧家（多くの場合、一族の分家が被官化し武士となっていった）は、領主権力との間にどのような関係をもっていたのか。また、どのような思想のもとに領主支配に従っていたのであろうか。次にその点を考えてみることにしよう。

2　一七世紀の由緒――「中世的地域権力」としての「記憶」の「封印」

近年、寛文・延宝期の「由緒」に注目する視点が、山本英二によって提示されている。(25) これは、「家」の自立化の議論と密接に絡んだ指摘であるが、武田信玄との由緒を示す甲信越を例外として事例が少なく、具体的な検証はあまり進んでいないのが現状であろう。ここでは、中村家の事例をもとに、近世初期の由緒についてみていくことにしたい。

まず、中村家の由緒が、体系化した形式として表れてくるのは、寛永一一年（一六三四）の頃である。全文を引用してみよう。

史料10(26)

御由緒書

一①私先祖中村兵部之助正範者三河守源範頼後胤大和國ニ住ス、正範七代孫中村太郎真清同國廣瀬郡百濟郷唐

院為城主奉仕
後醍醐天皇屢顕軍功叙任従五位下駿河守、延元二年六月廿九日於河内國石河郡葛城山観心寺下戦死ス、正清男名中村筑後守正武、父ニ同ク吉野皇居ニ参勤大和國越知城及三輪山下ニ戦顕武勇誉、観應元寅年九月十六日於同國宇野戦死、正武男正尹、同男正貞、同男正澄三世、上ニ同ク奉仕代々有武功、正澄男新左衛門尉正亮、大和國十津川郷至和田館寓居後、遠江國敷知郡雄踏郷ニ移住、正亮三代中村新左衛門尉正實属今川家ニ宇布見・山崎・和田・平松・大白須五ヶ郷領之正實四代中村右衛門太郎光貞男中村源左衛門正吉宅江永禄十一年辰三月、
権現様御忍ニテ被為入御内命有之源左衛門御案内仕浜松城地理御迎寮被成三州江御帰被遊、同年十一月権現様遠江國御打入之時源左衛門兼而御用意之船弐拾艘引連為御迎西海別吉美迄罷出候処、当年者酒井忠次殿宇津山城之大原肥前ヲ被攻、既ニ城陥候間、右引連候軍船者忠次殿ニ相渡源左衛門者、公之御進発被遊及宇利峠筋江駈付、味方原通御案内仕候処、浜松城主飯尾豊前後家・家来一同開城致候間、直様御入城ニ被相成御機嫌不斜、源左衛門江日天之御刀拝領御代官兼軍船之支配被仰付、其節之古文書数通に今所持罷在候、其後折々御合戦之節々必御供仕候、
一② 此頃信長様ゟ毎年米壱万俵宛
権現様江進候、尾張ゟ運候源左衛門壱人ニ而奉行仕候、其時之御書翰類所持罷在候
一③ 元亀元年、於浜松城下屋敷壱ヶ所拝領仕候
一④ 元亀三年、味方原御合戦之度
権現様大久保忠世殿・本多重次殿江上意ニ者若信玄城ヲ囲候ハヽ、兵粮不足可有之是而已無御心許被思召旨

作左衛門殿申上候者、其儀者兼而中村源左衛門方江申談候処西海別ゟ兵粮米取集候間、御籠城被成候共御憂慮無御座候旨及言上候得者、御機嫌不斜作左衛門・源左衛門者御懸硯也ト蒙上意葵御紋附御小柄笄拝領仕右品々当時傳来罷在候

一⑤越前中納言秀康様天正甲戌年二月八日源左衛門宅ニ而御誕生、御幼名於義丸様奉称候御由緒者

権現様浜松御在城之節、天正元年於松之御方御妊身被成候処、築山様御嫉妬甚敷御城内難成御住居御容躰ニ付、忠臣本多作左衛門殿

君之御胤大切与奉存、於松御方江申上候者、御代官中村源左衛門儀者宇布見村住居ニ而兼而御忠節者多故同人方江密ニ御越被遊旨申上、則源左衛門召寄委細被申談候間、畏御請申上、天正元年酉十二月廿九日御共仕、夜ニ入源左衛門宅へ被為遊御移、翌年二月八日、若君様御誕生被遊御座御産湯源左衛門母祐天尼御遍らハ源左衛門奉上候、御乳初者同人妻奉進之御安産之趣作左衛門殿迠御注進候得者、早馬ニ而被参御母子様御機嫌之御容體奉伺大切ニ御撫育可致旨被申付、且御胞衣ヲバ去方方位相撰天神宮社中に深納め浜松へ被帰城　御前江委細及言上候處、思召之次第有之旨ニ而御取上ヶ難及ニ付作左衛門殿内翰ヲ仕、源左衛門宅ニ隠便ニ被為在候事故御衣服等迠奉之御母子共二ヶ年之間御養育奉申上候、其後天正四年作左衛門殿ゟ御家老中へ及御相談岡崎三郎様へ被申上候得者、早々岡崎城江御引移可有之旨被仰下候故、其節源左衛門夫婦ニ而御供仕御越被遊候、即於岡崎御城

権現様初而若君様へ御對顔被為在候、

一⑥同年八月、権現様源左衛門宅へ被為成、若君御誕生之御由緒柄御尋御胞衣納候場所手狭ニ付天神宮者若君様産土神ニ付御崇敬被為在當御社地江御遷座被仰付上御胞衣ヲ納候、塚へハ御手自梅木被為植に今老樹繁

茂有之候、
一⑦天正十八年、関東御入国之時、源左衛門御供被仰付候得共、老衰仕嫡子源太郎正豊病身ニ而御供難相成旨
御断在候也罷在候
一⑧慶長六年、結城ゟ越前江御入国之節、浜松驛御旅館江源左衛門家内一統及一族至迠被召出、中納言様御母
上様御目見被仰付御染筆御画御紋附御時服其他種々拝領被仰付、先年宇布見ニ久敷被遊御座候事、其親敷
御物語有之源左衛門夫婦忠節御子孫永久御忘不被進旨難有蒙御懇命更ニ御守鏡頂戴相成候、殊ニ五男十三
歳成中村勘十郎甥小野田与市・松井小右衛門被召出御奉公仕候、其砌産土天神宮御胞衣塚御普請被仰付金
子頂戴仕帰宅、直様取掛、造営成就仕候、且又同社中江一社創建御拝領御鏡ヲ安置シ中納言様御生靈ヲ鏡
御前宮与称シ崇敬奉祀仕候、
一⑨同年、伊奈備前守殿本国伊與國之砌當天神宮及鏡御前宮格別之御由緒有之ニ付、神領高四石五斗御寄附之
判物被下、御胞衣塚源左衛門屋敷免除地被下候、右判物所持罷在候、
一⑩大坂御陣之時源左衛門為両度罷登
両上様江御目見仕候、御皈陣之時浜松城江被為入被召出、格別之御由緒ニ付御目見御小袖壱重拝領仕候、
其後為御禮江戸表江罷下候處、御目見被仰付、尚田所町ニ而町屋敷壱軒拝領仕候、
一⑪権現様　台徳院様御上洛之度々浜松城へ罷出御目見拝領物仕候、
右之通相違無御座候、以上、
寛永十一年　　正吉三代目
中村源左衛門源正忠（花押）

まず、史料10は、寛永一一年（一六三四）に、慶長期を実際に生きた中村正吉の孫正忠によって書かれたものである（写しとみられる）。正吉は寛永五年頃まで存命であったとみられるため、(27) 正忠の記録は正吉やその子から伝聞した情報であるとも考えられる。①は、前半が後醍醐天皇の、後半が家康の由緒をそれぞれ記している。⑤で記されているのが、結城秀康出生にかかわる由緒であり、実際に、⑧にあるように、中村一族の結城秀康への御目見も実現している。また⑩・⑪のように、初代家康・二代秀忠への御目見も行ったことが記されている。

史料10の冒頭からみえてくる源範頼（蒲冠者）との関係は、蒲御厨の蒲家とも密接に関連している。さらに、後醍醐天皇（南朝）との由緒や、(28) 家康との由緒を示すことは、遠州地方の旧家の由緒書の一般的な傾向ではあるが、(29) 史料10の場合、時期が早いことに加えて、内容がより詳細であることに特徴がみられる。

さて、一七世紀前半の早い段階で、こうした由緒書がまとめられた歴史的意味について、どのように理解すべきか。それは、先述した二つの由緒――すなわち、南朝遺臣としての由緒と、家康との特殊な関係性を示す由緒――を、子孫に伝える意味を有していた。それは、時期を同じくする史料7の「ゆづり状」と合わせて考えてみる必要があるだろう。しかし、史料10が作成された直接的な要因は別にあったとみられる。次の史料をみてみよう。

史料11(30)

乍恐申上候

遠州浜松

宇布見源左衛門

一権現様参州ゟ遠州江御入国被遊候時、祖父源左衛門承及則手船召連新居迠御迎罷出候処、山家筋被為成候、

右之段達　御耳御機嫌ニ被為　思召、御前江被　召出様々難有御諚之上浜松御城下ニ而町御屋敷一軒拝
領仕候、
一権現様江信長公ゟ毎年米壱萬俵宛被進、尾州ゟ参州高志迠船ニ而被遣、夫ゟ遠州西海邊吉美宇津山迠陸着ニ
被　成、吉美宇津山ゟ浜松御城下小藪と申所迠、祖父源左衛門手船ニ而越上、数年御奉公仕上候、就夫
其時之御　奉行衆之御添状御座候
一権現様上意を以、参河守様私祖父家ニ而御誕生被遊、私儀に今右之屋敷ニ罷有候
一権現様上意を以、本多作左衛門殿御取次ニ而送付源左衛門義、今切海辺之在々御預ヶ被為成候、其後小田
原御陣以後、
権現様江戸江御入被為成候、浜松之御城者堀尾帯刀殿ニ被　下、夫ゟ右之村々帯刀殿御知行被成候、右之
様子久敷儀ニ御座候得共、作左衛門殿御一門方自然ハ御聞傳被　成候儀も可有御座と奉存候
一　大坂御陣之時、祖父源左衛門乍両度罷登
両上様江御目見仕候、御帰陣之刻、浜松之御城江被為入源左衛門被　召出、御小袖頂戴仕候、其後為御礼
江戸江罷下候処、　御前江被召出難有　上意ニ而酒井雅楽頭様御取次を以、田所町ニ而町御屋敷一軒拝
領仕候、
一権現様御上洛被遊候時、先年ゟ御吉例与上意ニ而今切ニ而源左衛門肩ニ被為　召、御船江御移被為成候、
台徳院様江茂度々　御目見仕候、
一太猷院様戌年御上洛被為成候砌、私親浜松之御城江罷出、土井大炊頭様迠右之段申上、継目之　御目見被
仰付被下様ニと申上候得者、道中ニ而継目ニ　御目見之儀罷成間敷候間、江戸江罷下候者

権現様ゟ御代々之儀ニ候間、継目之御礼被仰付可被下由ニ而、浜松御城ニ而者御進物計指上候ニ付、其後江戸江可罷下之処、不慮ニ筋氣を煩出不行歩ニ罷成、継目之　御目見中絶仕候、

一先年保科肥後守様・松平右京様・酒井雅楽頭様為　御名代御上洛之刻、私儀今切江罷出、右之段申上候得者、何茂被為遂聞召、則被召出御慈之御意ニ而御座候、

一尾張中納言様去年御上國之刻、右之様子申上候得者、則被召出難有御意共ニ御座候、

一松平出羽守様・同越前守様御一門様方右之由緒処、則被召出難有御意共ニ御座候、

一松平出羽守様・同越前守様御一門様方右之由緒処、私先祖之儀委御　存被為成候、

一権現様ゟ御代々之儀ニ御座候間、恐多申上様ニ御座候得共、何方江成共被為　成候刻、御かごを奉拝仕候様ニ被為仰付被下候者、冥加至極難有可奉存候、以上、

亥十一月十五日　　　宇布見源左衛門（花押）

御老中様

これは、万治二年（一六五九）、中村源左衛門から老中酒井忠清に宛てて出された願書である。傍線部にみられるように、中村家は家光上洛の際に浜松城で「継目之御目見」を果たそうとしたが、道中であることを理由に断られ、後日江戸で御目見をすることになっていた。しかし、その後源左衛門が歩行困難になってしまったために、将軍家への御目見は「中絶」になってしまったという。これが、史料10が書かれた直接的な背景であったとみら

れる。その後も老中や御三家の尾張家、越前松平家へ中村家の由緒を伝えてきたことを述べた上で、将軍家綱への御目見を願い出ている（中村家文書のなかには、史料11の下書きとみられる関連史料が、多数確認される）。

ここでは、二つの重要なポイントがある。第一に、中村家が実際に老中や徳川一族など幕藩制秩序の頂点に位置する支配者層と御目見をして、由緒を語ることができている点である。そして、第二に、中村家がこの時期すでに「老中」を「取次」として御目見を実現しようとしていることである。中村家は、家綱政権の確立期における、老中を中核とする幕藩制社会の仕組みをよく理解していたことが分かる。

では、中村家と大名家は、どのような関係にあったのであろうか。中村家文書のなかには、大名の通行記録が多数残されている。これらをもとに考えていくことにしたい。

中村家が作成してきた膨大な通行記録を一覧にしたものが、表2である。これによれば、おおよそ明暦二年（一六五六）から慣例的に、各大名と中村家との御目見・献上行為が実施されてきた[31]。ちなみに、明暦二年の一年間の大名通行の記録をまとめたものが表3である。一年間に、多くの大名に対して、中村家が献上を行っていたことが知られるが、そのとき、同時に、結城秀康との関係を基軸にした由緒の語りが欠かさず行われている。

こうして考えてくると、寛永一一年（一六三四）頃からの参勤交代制度の定着は、中村家にとってきわめて重要な意味があったことが明らかとなる。これは、中村家に限ったことではなく、たとえば、井伊谷町の中井家や、新居の旧家などにも当てはまるものであるが、こうした大名の通行——言い換えれば、幕藩秩序における権威との接触——が、在地社会、とくに中世以来の中間層にとって果たして影響はきわめて大きかったのではないだろうか。これによって、近世の地域社会のなかで生きることを余儀なくされた中村家のような中世的な在地有力者層は、近世封建制のシステムのなかで承認されるべき地位を得ることに成功し、地域のなかにありながら、幕府に対しての政

表2　中村家文書のなかの大名通行記録類一覧

名称	時期	典拠
諸大名へ御目見の記録	明暦2～寛文4	中67
福井様御通行ならびに拝領物・出府算留書	明暦2～寛文4	中68
高松様御通行記	明暦2～文化7	中69
御名代御通行留記・拝領物等控	明暦2～文化13	中70
津山様御通行拝領物・出府等之留記	明暦2～寛政11	中71
御目見拝領物にかかわる旧記	寛政5	中72
旧記写（御目見の記録）	明暦3～正徳4	中73
尾張様江御目見・拝領物控	明暦4～寛政4	中74
作州家との交渉の記録	明暦4～明治39	中75
越前中納言秀康御家従古来覚書	万治2	中76
御老中御所司代御城代御通行旧記写	万治3～天保2	中84
諸御大名様方至来帳	寛文4～延宝2	中85
諸大名江御目見日記	寛文4～延宝4	中86

表3　宇布見中村家当主の諸大名への御目見一覧(明暦年間)

年号	場所	御目見大名	献上品
明暦2年5月11日	舞阪宿	松平右京太輔(高崎藩主・大河内輝貞？)	
明暦2年3月16日	舞阪宿	松平右京太夫(高崎藩主・大河内輝貞)	
明暦2年5月22日	江戸	松平越前守(福井藩主・松平光通)	古酢・干かます
明暦2年5月25日	江戸	松平中将太輔(越後高田藩主・松平光長)	古酢・干かます
明暦2年5月28日		松平信州(佐賀藩主・鍋島綱茂)	古酢・肴・扇子
明暦2年5月28日		松平上野守 (出雲広瀬藩〔越前松平家広瀬藩分家〕・松平近栄)	古酢・肴・扇子
明暦2年6月6日	江戸	松平越後守(越後高田藩主・松平光長)	
明暦2年6月6日	—	松平兵部太輔(福井藩主・松平昌明)	二種〔古酢・かますカ〕
明暦2年7月7日	舞阪宿・ 白須賀	松平中務太輔(越前松岡藩主・松平昌勝)	古酢・鱈生鮓
明暦3年3月4日	舞阪宿	松平越前守(福井藩主・松平光通)	古酢・鱈生鮓
明暦3年5月13日	舞阪宿	高力左近太輔(島原藩主・高力隆長)	三種〔古酢・肴・扇子カ〕
明暦3年7月9日	馬郡・ 舞阪	本多内蔵佐	古酢
明暦3年8月16日	白須賀	松平中務(越前松岡藩主・松平昌勝)	古酢・肴
明暦3年9月7日		松平但馬守(越前木本・勝山・大野藩主・松平直良)	古酢・鮎鮓・小鴨
明暦3年9月22日		松平上野守 (出雲広瀬藩〔越前松平家広瀬藩分家〕・松平近栄)	古酢・小鴨
明暦3年9月26日	藤川	松平出羽守(出雲松江藩主・松平直政)	古酢・真鴨
明暦3年10月7日	新居	松平右京太輔(高崎藩主・大河内輝貞)	古酢・肴
明暦3年11月6日	濵松	松平信州(佐賀藩主・鍋島綱茂)	
明暦4年4月16日	白須賀	松平信濃守(佐賀藩主・鍋島綱茂)	古酢
明暦4年6月3日	新居	本多飛騨守(越後国丸岡藩主・本多重昭)	古酢・鱈
明暦4年6月4日	新居	松平但馬守(越前木本・勝山・大野藩主・松平直良)	
明暦4年7月10日	舞阪	松平右京太夫(高崎藩主 大河内輝貞)	古酢・肴
明暦4年7月10日		酒井修理太夫(若狭小浜藩主・酒井忠直)	

治意識を身につけていくことにも成功していったのである。先述したように、村社会のなかでは、庄屋として、成長してきた小農層と激しく対立しつつも、その一方で、由緒意識や政治意識を明確に堅持し、それを子孫に伝えていくという一見すると相反する二項をもっていた中村家は、毎年繰り返される大名との接触によるアイデンティティの再確認行為によって、自己の成立を維持し続けてきたのである。

なお、近世後期になると、中村家の由緒のなかでも、とくに徳川家康への由緒が高まりをみせていく。遠州では地震等の影響により、嘉永期を中心に神社社殿の普請整備費の問題が各地で浮上してくるが[32]、中村家の場合も、例外ではなかった。次に天保年間の天神社普請をめぐる問題についてみていくことにしよう。

3　一九世紀前半の天神社普請問題

天保一三年（一八四二）、中村氏（当主は中村貞則）は、天神社の普請費用を獲得すべく、津山藩に対して、領中勧化の許可を依頼した[33]。次の史料がそれである。

史料12[34]

天神宮御普請記

天保十三寅年九月天神宮御再建之儀作州家江相願、

奉啓上覚

一私持社天神宮之儀、往古濱松御城内ニ御鎮座有之候処、天正四子年

東照宮様依台命

若君様御開運為守護私屋敷内御胞衣塚江御遷座被仰付候、猶又天正十四戌年新規社地被下置御宮御普請被
仰付候、右故、
浄光院様天満宮深御信仰被遊候御事与乍恐私家ニ申傳候、然ル処、近来本社拝殿其外大破候間、前条申上候、
浄光院様御開運守護之御由緒を以御領分中町々在々不残今般勧化致御宮再建仕度候間、此段御聞済之上、
右勧化御免被仰付候様奉願上候、尤勧物之儀ハ物之不寄多少其節々於御掛り御取集被成下候様奉願上候、
以上、

九月　　　中村源左衛門

史料12のように、天神社は、古くは浜松城内に鎮座していたものを、家康の命によって中村家へと移したことに由来するという。この書付（史料12）は、中村氏の親族で津山藩士であった中村源助を介して、月番大目付へと提出された。中村源助は、一七世紀中葉に中村源左衛門家から分家したもので、元禄年間には、公儀御持弓与頭をつとめた（当時、持高二〇〇石）。[35] 中村源助も、この家系に属するものとみられる。源左衛門は、源助に対して次のように言っている。

史料13

…（前略）…右天神本社拝殿并末社其外大破ニ付、惣建替入用ニて凡金三百両宛
一右社之儀、先般御由緒書にも申上候通、濵松御城内ゟ御遷座之節、
公儀ゟ御普請被成下候儀ニ御座候、其後

御家様ゟ修覆御手当金被下候儀ニ御座候得共、是ハ其節年月不相訳候間志かと難申上儀ニ御座候、其後者
私方ニ而普請修覆致来り候儀ニ御座候、
一今般御願申上候儀、御家様之外御一門様江者御願申上候儀ニハ無御座候、乍去殊之外大破ニ而入用多分相
掛り候儀ニ付、私自力ニ而者迚も難及、又無修理置候而者弥大破ニ及不成意故御時節柄をも不顧御願申上候
儀ニ御座候、依而者
御家様之御様子次第ニ而　越前守様江御願申上度与奉存候、此段者如何仕候而宜哉、猶御考御差圖可被下候、
右之段御尋ニ付、大旨之處申上候、以上、
十一月十八日　　　　　中村源左衛門
中村源助様

この願いは受け入れられ、天保一四年五月に松平斉民参府の際に、役人の奥村寛平が天神社に立寄り、状況を見分した。さらに翌一五年五月二四日、津山藩の作事方役人瀬島杢平が来訪し、見積りをとるように要求があった（このとき、源左衛門は越前・美作へ出立のため留守であった）。

なお、史料12の傍線部であるように、中村貞則からの訴えは、元々、天神社は浜松城にあったものを家康の命令により中村家へ遷座したものであるという点を強調するものであった。その論理であるならば、本来、浜松藩が普請の費用を準備する（あるいは、浜松藩領にて勧化を実施する）ことが順当だとみられるが、貞則はあくまで、越前松平家との由緒を強調し、津山藩主松平斉民を頼りにしている。これは、松平斉民が、一一代将軍家斉の実子であり、幕府内での実力者であったことも影響していると考えられる。

源左衛門は、大工助蔵に依頼し、金八八両余という見積書を作成させ、これを津山藩に提出した。しかし、評議の結果これでは高過ぎるとの指摘を受けたと瀬島から連絡があり、早速再見積りを取り直したところ金八二両余となり、これで普請することになった。弘化二年（一八四五）六月二〇日、津山藩から大工助蔵のところに金子が送られて完了した。由緒の語りによって、社殿の修復を成功させた事例といえるが、ここで注目すべきは、中村源左衛門の入用金を手に入れるまでのプロセスであろう。中村源左衛門は、幕藩体制社会のなか、地方にありながら、高いレヴェルの政治意識を有していたことが明らかとなる。周知のように、松平斉民（確堂）は、幕末維新期の政局のなかでは、勤皇の立場をとり、藩論の統一を行った。こうしたことも幕末の中村家の活動に少なからず影響を与えたであろう。以下、幕末の中村家の動向を簡単に追ってみたい。

三　遠州報国隊の歴史的位置

1　「遠州報国隊」とは

では、幕末の遠州報国隊の活動についてみていくことにしよう。まず、報国隊は、次の四つのグループに大きく区分することができる。留守部というのは、江戸への従軍はせずに、地元にのこって経済的な支援等を行った者たちを指し、そのなかにも幹部クラスのものと、それ以外のものに大別できる。この天竜川・大井川警備に参加した者たちを遠州報国隊の成員であると考えた場合、遠州地方におけるほとんどの豪農商が、報国隊の成員であったとみることができる。しかし、実際に、天竜川の警備等の自衛も含んだ活動と、有栖川宮熾仁親王（大総督府）の江戸進行への従軍との間には大きな差があり、ある程度は分けて考えておくことも必要であろう。

まず、出征部幹部をみてみよう。出征部の中心となったメンバーは、報国隊から分離して、「御守衛大砲隊」として参加した者たちである。「司令官」の志賀孫兵衛、「取締」となった大久保初太郎・竹山民部、「目付」の木部次郎・朝比奈内蔵之進、「筆官」の浅羽出雲をはじめとして、鈴木覚之助、木野理兵衛、竹山卯兵衛、竹山主水、竹山勝兵衛、渥美権太夫、小澤主税、平尾左京、山本金木、山崎豊之助、桑原真清、森縫之助、縣石見、石津出雲、賀茂備後、竹山仙二郎、竹山主馬、高辻三郎、長谷川権太夫、上村新之助、大場隼人である。多くの朱印地を抱える有力神官が中心であり、竹山一族を中心としている。

次に出征部の一般の隊員をみてみよう。神職以外の水戸浪士杉浦鉄五郎（一時期隊長をつとめたが排斥された）[36]、浜松藩士の篠原格之助をはじめとし、澤木近江、夏目嘉兵衛、中山内記、峰野治郎左衛門、中井七郎、宮田十郎左衛門など、引佐郡域の在地神職たちが出征部の一般隊員を占めていた。彼らが鈎取・社守といわれる兼任の下級在地神職であったことがその要因であった可能性もあるが、一方で、峰野氏、澤木氏、中井氏ら引佐郡域の由緒ある中心的神社の専任神官たちも、報国隊の中心的なメンバーとなれていない。もちろん年齢の問題も影響したであろうが、その一番の原因は、宇布見の中村一族を中心とした親族圏から離れていたことが影響していたと考えられる。いずれにせよ、幹部と平隊員の間には、隊のイニシアティブをめぐって大きな差があったことが知られる。同じことは、留守部の方にも言え、その中心となっているのは、あくまで中村家を中心とする一族であり、それ以外の天竜川・大井川・富士川の警衛に参加した報国隊員たちは、ほとんど隊とは関わりをもっていなかったとみられる。

以上の点から、報国隊が、実際には、遠州のごく限られた一族を中核とした運動であったことが結論づけられる（実際に従軍したのは、竹山一族と高一〇石以上の有力神主が中心）。また、すでに指摘されているように、報国隊には、在地神主（実は村の上層百姓が大半）であるという鈎取・社守層が多く参加している。しかし、これは、「村社の神主を続けるには、遠州報国隊に参加するしかない」という言説に従った強制的なものであり、主体的なものではなかった。(37) 意識の点でも、報国隊集団の内部に大きな差があったとみられる。また、実際の従軍活動においても、浜松藩士志賀孫兵衛らが統率していた点も見逃せない。(38)

近世後期、浜松藩周辺では、豪農（商）に対する打ちこわし運動が頻繁に起こっていた（遠州騒動）。報国隊に主体的に参加した中心の層は、実際には、村内や地域社会において、確固とした存立基盤を当時何らかの理由で確立できていなかったものが多くみられる。すなわち、藩領政のなかに参与できず、なおかつ、養子縁組により「家」の由緒の系統が不確かになってしまっているなど、様々な要因によって社会的基盤の不十分な上流階級が報国隊運動の中心となっていた。遠州神職の親族グループは、当時、養子縁組(39)によって広域にひろがっていた。これが、報国隊の運動をより広域なものにした要因であったといえるだろう。

このような見方に従えば、報国隊は、遠州の上流階級たちによる運動と理解できるが、実際には独礼庄屋である万石村鈴木家や、有玉下村高林家は、在地神職としての強いアイデンティティを有している反面、実際の報国隊運動では留守部の幹部として、江戸従軍はしていない。また、旗本領の地方賄役などの代官をつとめた家柄の一族も、ほとんどこの運動には参加しなかった。報国隊運動に実際に深くかかわることができたのは、藩政や領政に直接的なかかわりをもたない者たちであり、このことが、結果として報国隊運動を族団的なものにしたということができよう。

以上、報国隊の運動を主体的にリードしたメンバーが、遠州の在地有力者層のごく限られた一族であったことをみてきた。だとすれば、なぜ、遠州地域における上流階級は、江戸従軍はしないまでも、天竜川・富士川警衛などの運動に参加することになったのであろうか。様々な階層矛盾をはらんでいたこの集団が機能し得た理由は、どこに求めるべきであろうか。以下、中村家の事例をもとに考えていくことにしたい。

2　遠州報国隊の意味――「由緒」の自覚化＝〝開放された封印〟

では、宇布見中村家の場合を中心に、遠州報国隊の意味を考えていきたい。報国隊のうち、留守部には、「國元取締」と呼ばれる中村源左衛門、大石長門、森讃岐、森信濃守、蒲惣検校、長谷川権太夫、内藤山城、それから「國元残兵世話方」とされた鈴木兵衛、鈴木主水、名倉土佐などがいる。このうち、中村源左衛門・内藤山城（中村東海）は、中村一族であり、彼らが留守部の中核を担っていた。このことからも、「報国隊」の主流メンバーが、やはり、血縁・縁戚関係で結ばれていたことが分かる。

さて、報国隊の中核は、宇布見中村家と竹山家を中核としていたことは明らかであるが、蒲御厨の蒲神明社で有名な蒲惣検校なども含め、いずれの家も、室町以前の由緒、とくに南朝遺臣としての由緒を有していることが注目される。有栖川宮熾仁親王（大総督府）の江戸従軍というシナリオは、まさに後醍醐天皇の命によって討幕活動に邁進した宗良親王とリンクするものであり、そのことが、彼らの活動の動機づけになっていたことが推定される。[40] 中村大舘の報国隊での事蹟については、次の記録がその概要を伝えている。

史料13[41]

静岡県遠江國敷知郡雄踏村当地平民

東海養父故　中村源左衛門

後ニ　大舘ト改ム

文政四年正月廿八日生

故中村源左衛門有故旧津山藩士ノ列ニアリト雖トモ世々遠江國宇布見村（今雄踏村）ニ住シ祠官ヲ以職トス、源左衛門夙ニ　皇学ニ志シ敬神家ヲ以称セラル、慶応二年寅五月十日平田篤胤翁ノ門ニ入り翁ノ学風ヲ研究スルニ及ヒ大々時事ニ感スル所アリ、四方勤王ノ志士ノ遊説ヲ聞キ爰ニ王政復古ノ志望ヲ抱キヒソカニ同郷志士ト謀リ時機ニ役シ応分ノ力ヲ致サレ事ヲ期シタリ、

慶応四年辰正月三日鳥羽伏見ノ変報ニ接スルヤ同志ノ間ニ奔走シテ周旋頗ル勤ム、仝二月十三日同志三名ヲ自宅へ会シ、神職ヲ以一隊ヲ編成セシ事ヲ密議シ其十七日濱松諏訪大祝杉浦大学邸ニ会ス、此日会スル者九名各々協議ヲ尽シ先ツ西遠神職其他有志激文ヲ飛ハス三日ヲ出サズシテ来集スル者数百名仍テ一隊ヲ編成シテ報国隊ト称ス、杉浦大学邸ヲ以テ出軍ノ準備ヲ為す（東遠ニ於テモ同職ヲ行合シテ一隊ヲ作り、西遠報国隊ニ合ス）此時ニ方り東海道鎮撫総督橋本少将殿柳原侍従殿京師ヲ発シ二月廿三日新居ニ泊ス、廿四日報国隊員ハ舞坂駅ニ於テ奉迎シ従軍ヲ請、不許、続テ東征総督有栖川宮東下アリ、二月廿七日新居御着陣、翌廿八日報国隊員ハ出テ今切浦御渡海ヲ守衛ス、此時錦旗奉行穂波三位堀川鱸四位殿ヲ以報国隊精忠奇特之旨御賞詞ヲ賜フ、廿九日報国隊員ハ天竜川岸ニ出張シテ宮ノ御渡船ヲ守護シ座東下随従ヲ請フ、不許、駿府御滞陣中再三切願ニ及ヒ其誠忠貫徹スルヲ得テ遂ニ之レヲ許サル、仍テ隊員中壮士ヲ選抜シテ決死國隊ヲ作ル、茲ニ於テ先ツ富士川御警衛被仰付、続テ大総督宮ニ従軍シ江戸ニ入り応分ノ御奉公ヲ遂ケ、同年十一月東北平定ニ付御暇被下候、四月ニ御憾状ヲ賜フ、仍テ解体或ハ江戸ニトドマリ、或ハ本国ニ帰城ス、

源左衛門ハ老年ナリシヲ以従軍ノ名籍ニ入ラスト雖トモ前陳ノ如ク本隊編成ノ初ニ於テ尽力不斯ノミナラス、本隊東下渡ハ留主居役被申付軍資調辨殊隊員ノ取締ニ任シ、出兵員ヲシテ顧念ナカラシメタルハ源左衛門等與テカアリト云ベシ、
同年閏四月廿六日三河裁判所ヨリ遠江国敷知郡神官取締被仰付
五月三日遠江神官取調トシテ各地巡回被仰付、其由三河裁判所警衛ノ官報国隊員可差出…（後略）…

これは、明治以降に書かれたものであるが、傍線部で遠州報国隊参加の理由（平田門への入門）が述べられている。この言葉の通り、遠州では慶応二年（一八六六）頃、平田門へ入る者が多くいた。このように、勤王の志士であった中村氏であるが、それと一見相反する徳川家への忠義も有していた。それは次の史料に明確にあらわれている。

史料14(42)

御由緒書

遠江国敷知郡宇布見村天神宮神主

中村源左衛門

一私先祖者前三河守源範頼末男中村兵部之助正範十五代之孫中村新左衛門尉正實遠江国宇布見郷ニ住近郷五ヶ庄領之罷在候、右正實五代中村源左衛門尉正吉、永禄十一辰年三月権現様三州ゟ遠州江初而御入之節手舩を以御迎ニ罷出源左衛門宅江入御被遊、夫ゟ源左衛門御案内仕、御忍ニ

而浜松御城要害を御覧被遊、又々源左衛門方ゟ御船ニ而三州江帰御被遊候、

一同年十二月

権現様遠州御打入ニ付、源左衛門手船数艘召連御迎ニ被出候処、酒井左衛門忠次入出之城主大原肥前助良を可責与大知波ニ陣取有之候処、肥前不叶城を自焼候て、船ニ而駿州江立退申候源左衛門入出迠参候処公者三州宇利通御打入之趣、参之源左衛門手船者酒井左衛門ニ相渡、夫ゟ浜名江於味方ヶ原通り御跡を慕罷成候処、早浜松之城御手入御入城被進候ニ付、大久保七郎右衛門・本多百助を以言上仕候処、御機嫌不斜難有蒙　上意、御代官幷軍船之支配被　仰付候、此節之古書類数通於今所持仕罷在候、

一信長公ゟ

権現様江兵粮一万俵宛三ヶ年之間相送り候ニ付、尾州ゟ浜松迠之運送差配源左衛門壱人ニ而相勤申候ニ付、此節粮米拾人分被下候、御書付於今所持仕候

一元亀三年味方原御合戦之節

権現様大久保七郎右衛門・本多作左衛門ニ

上意ニ有者ハ、若信玄城を取巻候ハヽ、兵粮不足可有之是而已無御心許被　思召候趣、作左衛門申上候者、其儀者兼而中村源左衛門江申談候処、近辺ゟ兵粮取集御城江詰置申候旨申上候処、御機嫌不斜作左衛門・源左衛門者御掛硯也与蒙　上意候、

一越前中納言秀康様於源左衛門宅御誕生被遊候、御母君於松之方様浜松御城ニ御奉公御褢胎被遊候処、有故御城内ニ被成御座候儀難出来相成、作左衛門心配仕源左衛門江内談有之候ニ付、則御預り奉申上、天正元酉年十二月廿九日夜源左衛門方江御入被遊、大切ニ守護仕罷在候処、翌戌年二月八日越前中納言様御誕生被

遊、其後三ヶ年之間、御母子様共源左衛門方ニ御滞座有之候、
権現様浜松御在城中御合戦御出馬之節者、源左衛門必御供被　仰付、毎度顕手柄候
一日天御刀葵御紋付御小柄笄同御時服
権現様ゟ拝領仕、於今所持仕罷在候、
一歳暮為御祝儀御時節献上仕候処、
権現様ゟ御挨拶之御書被下置於今所持仕罷在候、
一天正十八年
権現様関東御入国ニ付、源左衛門御供被　仰付候処、病気ニ付、御供難出来宇布見村江引込、
権現様御手植之御梅御由緒之天神宮守護仕
御代々様御武運長久之御祈願仕罷在候、
一関東御入国後
権現様当表御往来之節者、源左衛門必
御目見被仰付先年遠州江初而御打入之節源左衛門手船ニ而御迎ニ罷出、御開運ニ相成候、御吉例与上意ニ而今
切御乗船御先乗源左衛門仕候様被仰付候
台徳院様御上洛之節、右御同様被仰付候
大猷院様寛永十一戌年御上洛之節、浜松於御城土井大炊頭様江奉願上候処、御先例之通御目見被　仰付献上
物被仰付、今切御乗船御先乗御吉例之通り源左衛門江被仰付、首尾能相勤申候、
右私方御由緒書面之通聊相違無御座候、以上

遠江国敷知郡宇布見村
天神宮神主
中村源左衛門㊞
慶應元丑年閏五月五日

「此御由緒書
大将軍徳川家茂公慶應元乙丑年御上洛之節、浜松城へ閏五月二日ヨリ六日迄五日間諸川支ニ付、御滞在中
東照宮御由緒物品御上覧被遊度御上意之思召ニ付、城主ヨリ内意有之
権現様ヨリ拝領　日天御刀葵御紋附御小柄笄
権現様船抜御書
豊臣太閤御軍令　今川氏真判物　三左伊左書付
今川家起證文　天正十一年ヨリ勘定目録御代官中村源左衛門
御由緒書等入上覧被也　御取扱　御老中　阿部豊後守殿・松前伊賀守殿　　御掛り　御若年寄　立花出雲守
殿・土岐山城守殿」

付記に従えば、この由緒書は、浜松城主の「内意」によって、浜松滞在中の将軍家茂に、家康ゆかりの品を「上覧」させた際のものであるという。ここでは、将軍の上洛に際して、中村家の側にも御目見を実現したいという意志があったことが想定されよう。これは、報国隊運動とは一見すると矛盾するようにも考えられる。しかしながら、家康との深い由緒を有する中村家にとって、徳川将軍の権威は絶対なものであった。

史料14で注意すべき点としては、次の二つがある。一つは、由緒書のなかで、後醍醐天皇（南朝）への由緒が全く語られていないこと、今一つは、挙げられている家康とのゆかりの品が、家康とのつながりを示す一次史料に限られており、結城秀康との由緒がみられない点である。この二つのことは、中村家が由緒の語り方を相手に

合わせて変更していたこと、すなわち、それを可能とするような政治意識を有していたことを示している。遠州報国隊への参加の潜在的な要因としてはこうした事情もあったのであろう。

なお、実際の報国隊運動の中心となったのは、山本金木や桑原真清、竹山一族などであって、中村家一族は出征部としては活躍しなかった。もちろん、老年であったという理由もあるだろうが（史料13）、彼らが在地に確固とした基盤をもち、行政においても重要な役割をもっていた一族であったことが大きかったとみられる。後に報国隊は、大村益次郎の呼びかけに応じて、中央で活躍していくグループと在地にのこるグループとに分かれる。後者の中心となった山本金木がのこした「不移論」のなかには、自分たちが徳川家に反抗したのではない、という論理が見出される。これは、地域に残ったグループのむしろ本音であったのではないかと考えられる。すなわち、遠州地方の在地有力者のなかには、中村氏のように、家康との由緒をもつ旧家がきわめて多かった。彼らにとって、報国隊運動はそれと矛盾するものではまったくなかったのである。浜松藩や各政治権力が勤皇派に属していく動向のなかで、南朝由緒をもつ旧家の出身である彼らが、遠州報国隊として参加することは、合理的で必然的な選択であったとみられる。

要するに、遠州報国隊は、個々人が自身の思想にもとづき主体的に参加した、近代的な組織ではなかった。むしろそれは、「家」の運動であったといえるだろうし、その背後には浜松藩や井伊家、越前松平家などの政治的な動きが常にあり、近世幕藩制社会の枠組みから一歩も出るものではなかったといえよう。

ただ、確認しておくべきことは、近世遠州の在地社会（村社会）のなかに、中世以来の南朝由緒をも強く伝承してきた一族（神職となっている者がほとんど）が多くいた点であり、新政府の「復古」主義的な政策に順応する主体――しかも、彼らは村の庄屋として、地域社会のなかで日常的に暮らしていた――が、地域のなかに決して少なくなかった事実である。このことをいかに理解するかは、今後の東海地域史研究のみならず、近代移行期論にとっても、きわめて重要な問題なのではないか。

おわりに――遠州の歴史的ダイナミズム

遠州報国隊は一見すると、特異な歴史的行動であったように思われる。近世後期より始まった吉田家の神職集団への編成のなかで起こってきた革新的な活動のようにもみえなくもない。しかしながら、その深淵はずっと深いところにあったとみることができる。すなわち、次のような三つの段階が想定される。①戦国大名今川・徳川両氏の代官として活躍した中村氏は、一七世紀前半には南朝の忠臣としての由緒と強いアイデンティティを有していたが、幕藩制社会が成立していく過程で武士化せず有力百姓として在地に残った。②近世初期から始まる東海道の大名通行の際に、御目見・献上行事を慣例とすることに成功した中村氏は、由緒を語ることによって、①の歴史性を子々孫々へ連綿と伝達していくことが可能となった。また、こうした過程を通じて、高度な政治意識を形成することにも成功した。③この政治意識と、①以来維持されてきた由緒意識とが重なったとき、遠州報国隊という運動という一つの答えが導き出されたのである。

中村家以外にも、中世から続く遠州の在地有力者たちのなかには、古くから南朝に対する強い由緒を有する一族が少なくない。彼らも、中村家とほぼ同様に、それぞれの理由によって、由緒を維持し、幕藩制社会システムにおいて高い政治意識を形成した。これこそが、遠州報国隊の歴史的な前提といえるだろう。いずれにせよ、幕末の主体の行動を適切に理解する上で、中世期の歴史的事実の解明と、近世期におけるその伝達プロセスの解明は、欠かすことのできない重要な要件である。

注

（1）静岡県神社庁編『明治維新静岡県勤皇義団事歴』（静岡県神社庁、一九七三年）など。
（2）小野将「幕末期の在地神職集団と『草莽隊』運動」（久留島浩・吉田伸之編『近世の社会集団　由緒と言説』山川出版社、一九九五年）など。
（3）阿部浩一「中世浜名湖水運と地域社会」（藤原良章・村井章介編『中世のみちと物流』山川出版社、一九九九年）。
（4）本多隆成『初期徳川氏の農村支配』（吉川弘文館、二〇〇六年）。
（5）「中村家由緒書（折本）」（宇布見中村家文書九八号）、宝暦一〇年。なお、中村家文書は、現在浜松市博物館に保管されている。
（6）中村文書四号『静岡県史料』五（五八三―五八四頁）。
（7）中村文書三号『静岡県史料』五（五八二―五八三頁）。
（8）中村文書七号『静岡県史料』五（五八八頁）。
（9）宇布見中村家文書二七号。
（10）新井関所の展開については、渡辺和敏の研究を参照のこと（『近世交通制度の研究』吉川弘文館、一九九一年）。
（11）「浄光院様御産所並御胞衣塚之図」（宇布見中村家文書二五九号）。
（12）松尾由希子「幕末維新期における遠江国神職の書籍の蒐集と移動」（『日本の教育史学』五七号、二〇一四年）。
（13）寛政元年から神道裁許状が確認できる（宇布見中村家文書六〇八号）。
（14）「勅許」（宇布見中村家文書一四四号）。慶応四年頃、中村氏は本所吉田家に従い、京都にて活動しており、注目される（「王政御一新ニ付内侍所御守衛上京道中在京中諸入用簿」宇布見中村家文書一四三号など）。
（15）宇布見中村家文書三三―二号。
（16）宇布見中村家文書三三―九号。

(17) 宇布見中村家文書三三一―一三号。
(18) 永禄八年一〇月の「かけくりや」禁止令（飯尾乗連判物）の宛所も「うふみ領家年寄之百姓」となっており、「年寄」が年貢賦課も含め、戦国期村落のなかで一貫して、重要な位置を占めていたとみられる。
(19) 勝俣鎮夫『一揆』（岩波新書、一九八二年）、千々和到「中世民衆的世界の秩序と抵抗」（『講座 日本歴史』東京大学出版会、一九八五年）など。
(20) 『浜松市史 二』（史料編2、浜松市、一九五九年）。
(21) 宇布見中村家文書六五号。
(22) 井伊谷町中井家文書二一六号。
(23) 宇布見中村家文書三三一―二三号。
(24) 宇布見中村家文書三三一―二四号。
(25) 山本英二「近世の村と由緒」（『歴史評論』六三五号、二〇〇三年）、同「由緒、その近世的展開」（『日本歴史』六三〇号、二〇〇〇年）、同「日本近世史における由緒論の総括と展望」（歴史学研究会編『由緒の比較史』青木書店、二〇一〇年）。
(26) 宇布見中村家文書六六号。写本とみられる。
(27) 「親類書」（宇布見中村家文書八九号）。
(28) 引佐や天竜地方などで広くみられる傾向である。この点については、南北朝期の当該地方の社会状況に関する実証的な検証が必要であるが、南北朝期の社会動乱が当地に大きな影響を与えていることが予測される（網野善彦『蒙古襲来』小学館、一九七四年（一九九二年改版））。
(29) 拙稿「江戸時代の浜松における家康由緒」（『戦国時代浜松市内の山城及び家康に関する古文書調査業務報告書』浜松市、二〇一四年）参照。
(30) 宇布見中村家文書八〇号。
(31) 大友一雄『日本近世国家の権威と儀礼』（吉川弘文館、一九九九年）。
(32) 拙著『近世の地方寺院と地域社会』（同成社、二〇一五年）。
(33) 「天神宮御普請記録」（宇布見中村家文書一五〇号、天保一五年九月～弘化二年）。こうした権力への権利主張の動向は、同時期、宇布見から離れ、交通状況の異なる引佐地方の宗教者の間でも、井伊家に対する同様の要求の機運が起こっている。

(34) 宇布見中村家文書一五〇号。
(35) 「親類書」（宇布見中村家文書八九号、元禄一一年）。
(36) 『浜松市史　二』第六章。
(37) 山本金木が「最初ノ廻状ニ云々、神職相續致度者ハ、トアル文意ニ驚キ、朝廷及吉田殿ヨリ仰出サレタル故ナラバ、此際愚図々々トシテ居タランニハ、神職ヲ召上ゲラレン事ト、取ルモノモ取アヘズ、ハセ集リタル事ト被相考候。他ハ知ラズ、引佐郡ノ者ハ、必左様ト見受聞受ケ候。口外へ出シテモ白レタルモノモアリテ、其志、吾ガ胸中ニヲカシサ余レル事アリ。屯所へ出テ見タル所、案外ナル大仕掛ノ今ノ舞台ニビックリシナガラ、銘々隊ニ組込マレテ、先ヅ御先鋒ノ御警衛ヲ勤メタル處、案外立派の正義勤王ノ士ト見受ケラレタルヨリ…実に御一新前ハ幕府ヲ天下様ト唱へ、朝廷アル事ヲ知ラザルモノノミ也。故ニ此隊ヲ結バザル以前ニ前ニ申。」と述べていることが象徴的（「日記抜書綴」（引佐町教育委員会編『山本金木日記 第二巻』一九八二年））。
(38) 報国隊の活動については、拙稿「遠州報国隊の歴史的位置」（前掲注32拙著）を参照のこと。
(39) 前掲注12松尾論文は、中村東海を中核とした蔵書貸借・蔵書の移動が、縁戚関係のなかで頻繁に行われた点を重視しているが、こうした縁戚関係のつながりも重視する必要があろう。
(40) たとえば、報国隊の中心メンバーである山本金木や、井伊谷町二宮神社の神主であった中井真雄ら、引佐地方の神職たちの間に、宗良親王の忠臣井伊道政への強い由緒意識があった（前掲注32拙著）。
(41) 宇布見中村家文書一四五号。
(42) 宇布見中村家文書一七七号。

附記　なお、本章を執筆するにあたり、資料の閲覧・調査研究に際して、中村家文書の所蔵者である中村正直氏、浜松市博物館の担当学芸員である宮崎貴浩氏に大変お世話になりました。あらためて感謝申し上げます。

第八章　金原明善の天竜川治水構想と地域社会

――近代移行期「名望家」の営みとその経済史的意義をめぐって

伴野文亮

はじめに

近代日本において、金原明善は「天竜川治水の偉人」としてその名を知られた人物である。あるときには立身出世のモデルケースとして、またある時には滅私奉公の模範的存在として、金原は生存中から様々な雑誌やメディアで称揚され、「偉人」として顕彰された。(1) そして、金原を「偉人」として称揚する営みは戦前に限らず、現代においても見られることである。(2)

金原明善に関する研究は、明善の伝記的性格を持つものも含め、多くの蓄積が存在する。(3) なかでも、明善の治水事業について研究した成果は、明善が天竜川治水の「偉人」として称揚されてきたことと相まって、戦前から多く蓄積されてきた。(4) だが、それらはいずれも、明善を「偉人」として自明視したうえで、明善の伝記や言行録から同人の思想と行動を分析し、その「偉大さ」を顕彰せんとするものであった。

こうした研究状況を踏まえて、明善の治水事業を実証的に検討したのは土屋喬雄である。土屋は、金原治山治水財団の有志とともに金原家が所有していた膨大な数の史料を整理し、それらを用いて書かれた伝記『金原明善』および『金原明善資料』（上下二巻）の監修を行った。(5)これによって、金原明善に関する実証的な研究が可能となり、以降この成果に依拠した研究成果が紡ぎ出されてきた。(6)

とはいえ、それによって明善を「偉人」として捉える論調が変化したわけではない。資料集が刊行されて以降も、明善の「偉人」性を強調する論考は絶えず世に出されてきた。

こうした状況に対し、斉藤新は、過度に明善の偉人性を強調すべきではないとしてそれまでの研究潮流を批判し、明善研究におけるより精緻な実証研究の必要性を主張した。(7)そこで斉藤は、明善の治水事業について、地域社会からの反応に注視しつつ明善の治水構想が沿岸地域を巻き込んだものから少数の有力者によるものへと変化したことの意味を検討し、そこに明善の「個性」を認めた。この成果は、それまでの研究が明善個人に注目してなされたものであるのに対し、彼を取り巻く地域社会のなかで明善の治水事業を評価しようと試みた点において極めて重要である。また斉藤は、「有志」による治水構想を持った明善に対し、天竜川流域の村々が共同する治水構想を持った松島吉平を対比させ、両者の取り組みの意義と限界について評価した。(8)斉藤の研究は、明善と地域社会双方の取り組みを比較することで、過度に明善を「偉人」として称揚することなく冷静にその存在意義を明らかにした点で、極めて重要な成果である。しかし一方で、斉藤の研究は、天竜川治水史における明善の存在の歴史的意義を明らかにすることに主眼が置かれており、全体史への目配りが薄いようにも思われる。後述するように、明善の天竜川治水構想は、治水上のみならず、天竜木材の計画的な輸出や、水路建設による三方原平野の灌漑など、天竜川沿岸の地域社会の経済構造に少なからぬ影響を及ぼさんとするものであった。また、明善が治河協力社を運営していた一八八〇年代は、全国各地の名望家たちが様々な事業を展開し、日本の近代化・産業化を推し進めた時代であった。(9) 以上の諸点を考慮すれば、明善の天竜川治水構想を天竜川治水史上の観点のみならず、よりマクロな視点から、その経済史的意味について検討すべきと考える。しかるに、かかる視点より明善の天竜川治水構想、および事業を検討した研究は、管見の限りみられない。

かかる問題関心に基づき、本章では、金原明善の天竜川治水構想の内実とその具現化の様相、およびそれらが地域社会に与えた影響について、とりわけその経済史的意義の解明を念頭に置きつつ検討したい。

明善を「偉人」とすることなく客観的に分析する手がかりとして、明善を近代日本に広範に見られた地方名望家の一人として捉える視点が有効と考える。そこで以下では、名望家研究の蓄積についても概観したうえで、研究史における明善研究の意義について簡単に述べておきたい。

地方名望家に関する研究は、主として政治史研究と地方制度史研究の文脈から行われてきた。(10) 概してそこでは、地方名望家を、明治国家による支配機構の末端にいる存在として位置づけたうえで、近代日本における名望家支配の実態解明が進められてきた。山中永之佑は、明治政府による上からの地方行政を担った名望家の具体的な位相を明らかにし、(11) 石川一三夫は、そうした上からの重圧に耐えきれず戸長（名誉職）を辞任する名望家が広範に存在したことを明らかにした。(12)

以上の諸成果は、近代天皇制国家の地方支配の構造を理論的に明らかにした点で重要なものである。だが一方で、そこで描かれる名望家のイメージは、支配の一端を担っていた存在としての側面が過度に強調され、地域への利益誘導を積極的に担った名望家の歴史的意義に着目する視点は相対的に弱かった。

こうした研究動向は一九九〇年代以降、地域社会論を視座に据えた諸研究によって鍛え直されるようになる。たとえば高久嶺之介は京都・滋賀・愛媛における事例検討から、地域社会内における地方名望家の活動を実証的に明らかにした[13]。また丑木幸男も、近世史研究と近代史研究の断絶を踏まえて「近代史研究は中央集権国家による政策とその変化の解明に研究の力点を置いたため、国家に対抗しながら豪農、地方名望家、民衆の政治的機能の変化を、地域社会に視座を据えて検討する研究の蓄積は十分でなかった」と指摘し、その上で豪農・地方名望家の地域社会における活動の実態を一八世紀後半から分析した[14]。こうした、地域社会内の動向を踏まえた名望家研究の進展は、近世村落史研究の諸成果が大きく影響している。近世村落史研究では一九八〇年代以降、佐々木潤之介による豪農・半プロ論を批判するなかで、地域社会内における豪農の存在意義についての見直しが図られてきた。その第一人者である渡辺尚志は、豪農の存在形態を類型化することで佐々木の豪農論を批判し、村落における豪農の社会的な存在意義を積極的に評価した[15]。

渡辺はまた、様々な地域の名望家について個別具体的な検討を試み、地域社会における名望家の営みの多様性を明らかにしてきた[16]。その成果のひとつである編著『近代移行期の名望家と地域・国家』は、現在までの名望家研究の一つの到達点として位置づけられよう[17]。同書は、武蔵国大里郡大麻生村の名望家古沢花三郎を対象とした共同研究の成果を母体とするものであるが、同成果の研究史的意義として次の二点を指摘できると考える。第一に、地域・名望家・国家の三視点から古沢の活動を検討することによって、近代移行期の名望家が政治的社会的にいかなる状況に置かれながら自身の主体性を発揮したのか、その軌跡が豊かに描かれている点。第二に、第二部において全国各地の名望家の分析がなされ、多様な名望家像の提示に成功している点。とりわけ後者は、必ずしも村落内において突出した経済的地位にいない者でも、地域住民からの名望を獲得する名望家たりうることを示した点は、名望家とはいかなる者かを考える際に極めて重要な視点を提供するものである。

加えて渡辺は、同書において、治水・水利史研究が低調となっている研究状況に問題提起し、近代移行期村落の用水をめぐる諸問題の検討を行った。そして移行期村落における水利慣行の連続・非連続を明らかにし、そこにおける権力（国／県）・地方名望家・村（地域）三者間の関係性を立体的に明らかにした。しかしながら、渡辺の研究では、村々における村落共同体内の生産と水利慣行に対する関心から利水の研究が中心であり、治水をめぐる名望家の営みについてはなお検討の余地が存すると考える。

以上の問題関心にもとづき本章では、遠江国長上郡安間村（現在の静岡県浜松市）の名主であった金原明善と、彼が創設した治河協力社による治水への取り組みを事例として、近世・近代移行期の名望家による治水事業の位相とその歴史的意味を検討する。

一　治河協力社の設立と明善の治水構想

本節では、金原明善がどの様に天竜川治水を行おうとしていたのか、その具体的内容を確認しておきたい。本論に入る前に、明善自身の略歴と彼が居住していた長上郡安間村、および治河協力社について、あらかじめ確認しておこう。

金原明善は、一八三二年（天保三）に遠江国長上郡安間村に生まれた（表1年表参照）。金原家は代々の名主で、明善の父軌忠の代には「遠江屋」という貿易商を有志と共同経営するなどの豪農であった。明善は「あばれ天竜」と称された天竜川の沿岸に居住しており、天竜川が氾濫するたびに水害を被ってきた。そのため明善は、結

表1　金原明善略年表

西暦	和暦	事項
一八三二	天保　二	六月、明善誕生。
一八五七	安政　四	閏五月、地頭松平家の家政整理のため出府。名字帯刀・中小姓席を許される。
一八六〇	万延　元	一一月、安間村村方三役（名主明善）連署を以て、中泉代官所より水害復興資金として郡中助成金四〇〇両を借りる。
一八六四	元治　元	五月、笠井村清六ほか二名とともに横浜にて貿易商「遠江屋」を経営。
一八六八	明治　元	八月、天竜川惣御場所見廻下附を命ぜられる。
一八七二	明治　五	一月、浜松県より堤防方附属を命ぜられる。 二月、浜松県第五六区戸長を命ぜられる。 一〇月、浜松県より天竜川御普請専務を命ぜられる。同月、浜名湖への疎水開鑿計画を浜松県に献策。 一一月、『予防水患策序』を発行。
一八七三	明治　六	一二月、百里園「副園長」を命ぜられる。
一八七四	明治　七	七月、天竜川堤防会社を設立し、社長に就任。
一八七五	明治　八	四月、天竜川堤防会社を治河協力社と改名。
一八七八	明治一一	三月、財産献納願を政府に提出。 一一月、明治天皇行幸。
一八八二	明治一五	三月、勧善会設立。
一八八四	明治一七	三月、治河協力社解社退身願を提出する。
一八八五	明治一八	三月、治河協力社、事務取扱を停止。 一〇月、瀬尻官林改良御委託願を農商務省静岡山林事務所に提出する。
一八八七	明治二〇	九月、海防費献納願を宮内大臣に提出する。
一八九〇	明治二三	三月、御料局顧問に就任。 九月、山田省三郎・西村捨三とともに治水協会を設立し、『治水雑誌』を発行する。
一八九四	明治二七	三月、天竜運輸株式会社設立。
一八九五	明治二八	一〇月、天竜製材店を開業する。

一八九九	明治三二	一〇月、合名会社金原銀行を開業する。
一九〇一	明治三四	五月、躬行同志会を結成する。
一九〇四	明治三七	八月、金原疎水財団を設立する。
一九〇七	明治四〇	一二月、和田村村長に就任。
一九一一	明治四四	一二月、恩賜財団済生会設立に際し五万円を寄付する。
一九二三	大正一二	一月、東京にて死去。

備考：土屋喬雄監修『金原明善』所収の「年表」をもとに作成。

社をつくって堤防工事にあたり、あるいは水源林を造成するなどして熱心に治水事業に取り組んだ。こうした姿勢が明治政府に評価されて、一八七八年（明治一一）には北陸・東海巡幸中の明治天皇から褒賞を受けたほどであった。これが美談として流布し、金原を「偉人」として高めていくきっかけとなる。そうして「偉人」として見なされていった明善は、治水や植林のほかにも銀行業や製材業、運輸業を営み実業家として活躍し、一九二三年（大正一二）九二歳で死去した。

明善が居住する安間村は、天竜川から西方約八町、東海道筋に位置した村である（図1参照）。一八四三年（天保一四）時点の村高は一八三石三斗五升三合、反別は二三町六反九畝二〇歩であった。家数は四九軒で、人別は一九八人（うち男が一五〇人、女が九三人）だったという。寺院は普伝院と旧松寺の二寺が存在し、一八四五年（弘化二）以降は旗本松平家の知行地であった。天竜川から少ししか離れていない同村は、天竜川の氾濫に伴う水害に絶えず見舞われた地域であった。

次に、明善が運営した治河協力社についても簡単にみておこう。一八七四年（明治七）、明善は天竜川堤防会社を設立し、翌八年に社名を治河協力社と改めた。明善が一八八一年（明治一四）に提出した「治河協力社緒言」[18]によれば、治河協力社は自身が「篤志ヲ以テ」設立した「篤行ノ義社」であり、私益を勘案して設立したものではないという。治河協力社が「義社」であることを強調したうえで、明善は、同社設立の経緯を次のように述べる。すなわち、自分は会社を設立する以前から天竜川治水のために「官庁」に献金したり、或いは自費で堤防の修築などを行っていた。そして一八七四年（明治七）に「其意ヲ拡充シ、二、三ノ善士」とともに堤防会社を設立、翌年社名を治河協力社と改名して「大ニ善良ノ改修ヲ企図」してきた、と。ここでは、会社設立以前より明善が天竜川の治水に取り組んでいたことがうかがえる。事実、明善は明治初年から様々な役職に就いて天竜川の治水に関与していた[19]。また、一八七二年（明治五）に浜松県が大蔵省に対し提出した文書には、昨年静岡藩に対して金千両を献納して褒賞されたことに続き、今年も「天竜川堤塘危難之場所修繕費用トシテ金千両献納仕度願出候ニ付、願之通聞届」けたので、昨年同様褒賞したいがよいかと伺う旨が記されている[20]。明善が度々「官庁」に献金をして褒賞を受けていたことが分かる。こうした熱心な明善の取り組みにもかかわらず、治水事業は思うほどに進展しなかった。一八七三年（明治六）、明善は浜松県に対し、「天竜川通堤防緊要之箇所々々自費ヲ以普請仕度」と願い出ている[21]。その理由は、従来のやり方では適切な時期に工事がなされておらず、金銭的にも非効率的であるというものだった。そうして明善は、「時宜ニ従ヒ興作仕候得ハ不一方便利、人心之折合モ宜敷猶憤発可仕候」と、自らの治水構想に自信をのぞかせる。その具体像が、一八七四年に数人の「善士」とともに設立した天竜川堤防会社、すなわち治河協力社による治水事業だった。同社は、浜松県より任命された人物が社長となり、資金も県からの補助を受け、工事や会計も県の厳重な管理のもとに行われていた[22]。つまり同社は、天竜川の治水を主目的とした半官半民の組織とみることができよう。会社の組織には、後述する横田隆平や熊谷三郎馬

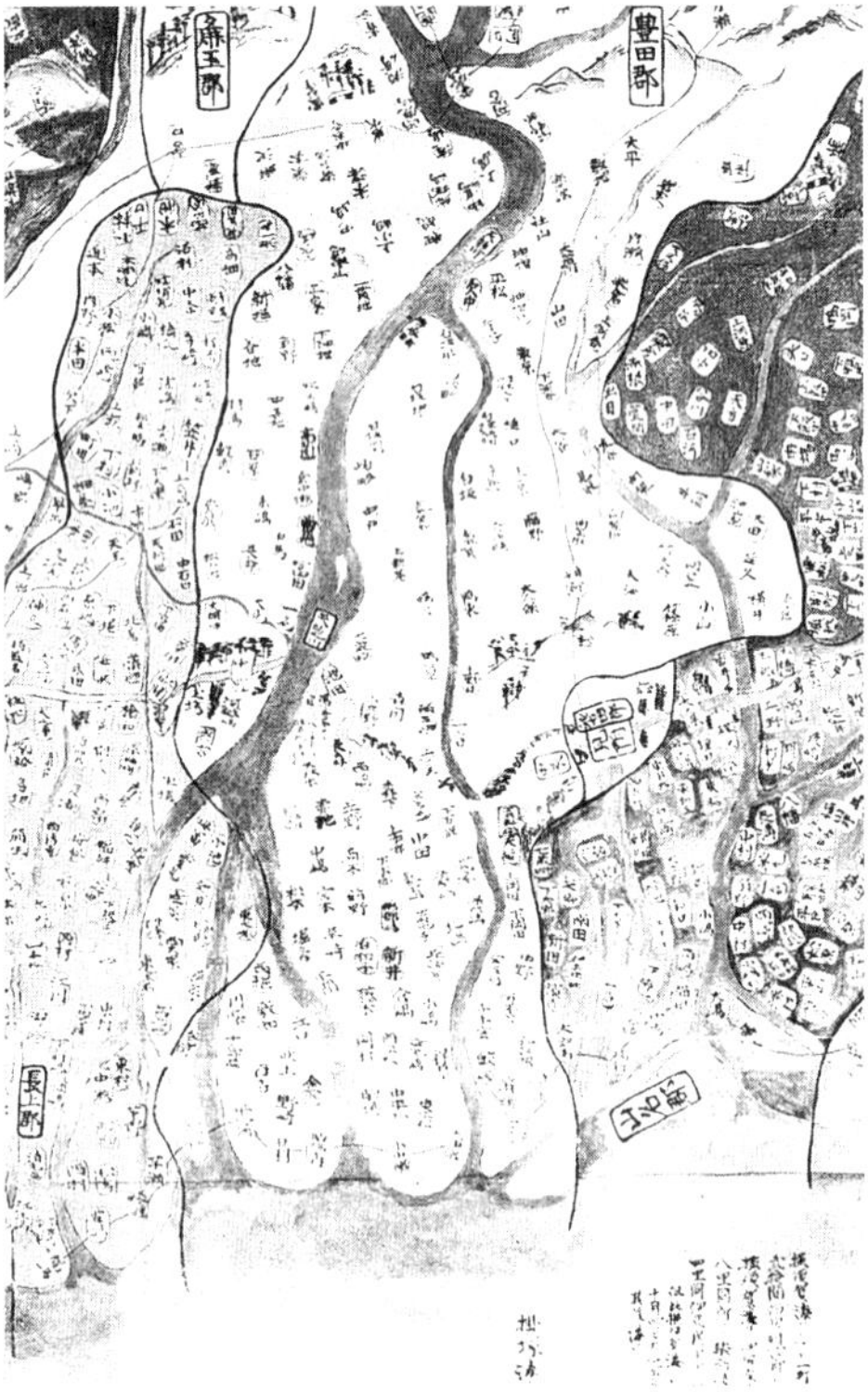

図1　天竜川流域地図
（中部建設協会浜松支所編『天竜川――治水と利水』建設省中部地方建設局浜松工事事務所、1990年所載の図を一部加工し引用。）

といった遠州地域の名望家たちが社員として名を連ねていた。財政は、同志による出資金と、流木取引における手数料などで運営されていたようである。[23] 翌一八七五年（明治八）三月、天竜川堤防会社が治河協力社と改名した際、明善は「治河協力社総裁専務」として天竜川治水事業の全権を任される立場となった。

一八七八年（明治一一）三月、明善はひとつの願書を静岡県令大迫貞清に宛てて提出した。一般的に「財産献納願書」と呼ばれるこの願書は、[24] 明善が自身の思い描く治水構想を実現させるために必要な資金を、自家の財産を処分するかたちで捻出しようとして提出されたものである。冒頭には、この願書の要約とも言うべき次の記述がみられる。

史料1

我所有ノ財産ヲ挙ゲ悉ク官ニ献納シ、随テ之ヲ治河協力社ニ御下渡奉願、而シテ天竜川堤防永世不朽ノ方法ヲ立申度、因テ又毎歳金弐万参千円宛ヲ弐拾ヶ年間該社ヘ御下渡奉願、毎歳間断ナク実地水勢ヲ査察シ疎導法ケレープ等ヲ施シ堤防ヲ修築シ、弐拾ヶ年ヲ過ル後ハ該費一切官費ヲ不奉仰仕法相立度、且架橋ノ儀モ永ク御委任被成下度儀ニ付願書

ここからは、明善の「願」の大要がうかがえる。大意を示せば、自家の財産を「官」（ここでは静岡県）に「献納」し、それを自身が経営する治河協力社に下げ渡してもらい事業を行うこと、併せて、毎年二万三〇〇〇円ずつを今後二〇年間交付してくれればその間ケレップの設置と堤防の修築を「間断ナク」行い、二一年目以降は「官費」をあてにしない計画を立案するので、左記の願いを橋の架設権と併せて認めて欲しい、ということになろう。明善が、自家の財産を処分して捻出した資金と、毎年二万三〇〇〇円ずつの「官費」を、治河協力社の運営資金に充てようとしていたことが分かる。

では、右にその片鱗が示された明善の治水構想は、具体的にいかなる内容を伴っていたのであろうか。明善は、右の文章に続けて、自身並びに父祖も天竜川治水に意を用いてきたが幕府に採用されなかったと述べたあと、自身の取り組みが評価されて「御賞ハ賜リ候得共」と断りつつ次のように述べる。

史料2

堤防ニ至リテハ私十分ノ見込未ダ出来不致候ニ付、明治六年癸酉ノ歳ヨリ危険ナル場所ハ年々自費ヲ以テ堤

防修築致シ、毎年凡金千弐参百円ヅヽヲ支消シ、且東西水下村々ヨリモ人足二万五千人ヅヽ、年々助力致シ呉候得共到底十全ノ見込万々無之候ニ付、明治八年三月廿七日治河協力社設立（中略）右金額悉ク防水費用ニ充テ、且ツ天竜架橋ノ儀モ永世当社ヘ御任セ相願、其他山中ヨリ出ス処ノ川下材木取締料約定金等該川ニ係ル所ノ諸得益金ハ一切堤防ノ費用ニ充候様致度（中略）年数弐拾ヶ年ノ間年々金弐万参千円宛御下渡、該川二俣ヨリ掛塚村に至ル凡七里計禦水堤防ノ事ハ都テ当社ヘ御委任被下置候様仕度、尤廿一年目ヨリハ壱銭モ御下金不奉願該川防水筋ノ儀ハ一切引受別ニ御手数等決テ不奉掛儀ニ付、前顕ノ始末御採用被成下度奉懇願候、

明治六年以降、切れそうな堤防は多額の「自費ヲ以テ」修築し、また沿岸の村々も人足を出して「助力」してくれているが「到底十全ノ見込万々無之」いために、明治八年に治河協力社を設立したという。注目すべきは次の部分である。明善は、「右金額」すべてを事業資金とすると宣言し、同時に「天竜架橋ノ儀」と「川下材木取締料約定金等」の天竜川にからむ「諸得益金」のすべてを堤防修築費に充てたい旨を願い出ている。明善は、天竜川に関わる利権をすべて掌握し、そこで発生した諸々の金を自社の運営資金にしようと考えていたのである。明善が「橋」と「木材」に着目した背景には、いずれもある程度の収入が見込めたからであろう。橋の通行料や木材の管理費を治水費に充てるという試みは近世社会では現実的にも制度的にも実現不可能であり、近代になってはじめて出来うることであった。明治改元後間もない時期に、明善が斯様にも「近代」的な治水費用の捻出方法に着想していた点は、彼の治水構想の独自性の一つと認めて良かろう。

こうして確保した収益を費用に充てるとしたうえで、明善はさらに自身の構想を披瀝する。すなわち、毎年二万三〇〇〇円を二〇年間「下渡」してもらい、二俣―掛塚間（凡そ七里）の「禦水堤防」建設を治河協力社が一

挙に請け負う。そして二一年目以降は天竜川治水を「一切引受、別ニ御手数等決テ不奉掛」るようにするという。自身に任せれば、官に「御手数」をおかけすることは断じてない。そう言い切るところに、明善の自信の程がうかがえよう。

明善が官に迷惑が及ばないようにすると強調する背景には、明治国家の財政事情も少なからず関係していると考えられる。当時は、西南戦争の勃発によって政府財政が悪化しており、大規模な公共事業に対する財政支出を縮小せざるを得ない状況にあった。維新政権の中枢にいて、限られた予算のなかで殖産興業政策の実現を図ろうとしていた大久保利通にとってみれば、淀川や北上川といった河川改修と海港建設とが連動し、最終的に内国水運網の整備へと繋がり得る河川以外の改修費の削減はやむを得ないことだった。(25) だが明善にしてみれば、それは耐えられないことであった。明善は次のように主張する。

史料3

近来只濫ニ費用減少ノミノ御着意相成候故、水害防禦方自然御手薄ニ相成、水下村々ノ危険ハ実ニ眼前ニ立至候故、益々心配苦慮仕、食モ咽ニ下ラザル程ニ候ヘ共、第一資材無之テハ実地成功可相達儀無之、因テ甚ダ僅少ニハ候エ共前顕通先私身代財産悉ク差出シ是ヲ以テ堤防費ノ元資トナシ（中略）当社へ御委任被下度候様願上候

大久保政権が治水に係る「費用減少」を考えているために、自然と水害予防が「手薄」となっている。そのために、沿岸の村々の危険はまさに「眼前ニ立至」っており、心配で「食モ咽ニ下ラザル程」である。幾度も天竜

川の水害を経験し、なすすべなく流される人や牛馬・建物を目の当たりにしてきた明善にしてみれば、治水事業が「手薄」となっている事態は極めて憂慮すべきことだったであろう。だが、明善自身「第一資材無之テハ実地成功可相達儀無之」と言っているように、資本がなければ事業の継続はままならない。こうした状況下にあって、明善は「甚ダ僅少ニハ候ェ共」と謙遜しながら、自家の財産を県に差し出すことを決断し、それを治水事業の「元資」に充てて欲しいと県に訴えたのであった。

こうして費用の捻出方法を披露した明善は、「別紙」に記したという「計算書」に基づいて二〇年間堤防の修繕をなし、余った金は積み立て、二一年目以降はその利子分で事業を行うと宣言する。明善の言葉を借りれば、この方法によって「資財工事共ニ決シテ御手数ヲ仰ガズ万世不朽ノ堤防方法ヲ相立」てることができ、その結果天竜川沿岸の村々を「水下人民安堵ノ地ニ至ラセ」ることが可能となるという。

つづけて明善は、治河協力社の運営についても言及する。明善は、自身に万一のことがあった場合を想定して、次のようにいう。

史料4

社則ヲ厳粛ニ仕候ハ勿論、別紙規則ノ通リニ取調、過般以来資性信実ナル青年輩ヲ撰擢シ生徒ト為シ、凡八人修学致サセ置、私ノ微意ヲ永世ニ貫徹致シ度心底ニ御座候

明善によれば、「別紙規則」に則って「厳粛」な社則を定め、「資性信実ナル青年」たちを生徒として八年間修学させ、「私ノ微意ヲ永世ニ貫徹致シ」うるようにしたという。明善は、治河協力社を立ち上げる前から、自宅の

二階を開放して「水利学校」と名付け後進の育成に当たっていたが、ここで主張されている「青年」たちの学舎がそれと同一のものかどうかについては判然としない。ひとまずここでは、明善が社則を定めて事業を行おうとしていた点と、明善が自身の「微意」を伝えていくために「青年」たちを「修学」させる場をつくっていた点を指摘しておきたい。なお、治河協力社の社則および後進育成のための教育機関については、第二節にて検討する。

以上のような構想を披瀝したうえで、明善は、自社に治水事業を任せた場合のメリットについて、次のように力を込めていう。

史料5

当社へ御委任相成候ヘバ、出水ノ徴候有之時ハ職工人夫ヲ引率致シ見分、予メ破堤スベキ処ニ就キ修補ヲ加ヘ置候事故、金額並事業ニ取候テモ幾多ノ便益ヲ得ベク、因テ願ノ通御委任相成候ハヾ、費用ノ減少スルハ勿論国家ノ利益モ又不少ト奉存候、且又私ヨリ申上候ハ恐入候ヘドモ、遂ニ格外ノ欠損所出来不致、右ハ其実私儀沿河ノ地ニ居住罷在、始終実地水勢ノ衝突遡回スル所々熟知仕候ヨリ聊カ苦心ノ験モ有之シカト自信仕候

治河協力社に治水事業を任せてもらえれば、出水の徴候が見られた時には人夫を引率して問題の箇所を「見分」し、前以て決壊しそうな場所を修繕しておく。こうすれば資金・治水事業の両面で有益であり、願いが達せられた暁には、治水にかかる費用が削減されるのはもちろん、少なからず「国家ノ利益」にもなると考える。かつ、私は長年天竜川沿岸に居住し、川の水流や水勢を熟知して苦い経験もしてきたので確固たる自信がある。そういって明善は、自身の考えを自信たっぷりに語るのである。

ここからは、明善が、自身の天竜川治水構想に大きな自信を持っていたことがうかがえる。それればかりではない。彼は、自身の手で天竜川の治水を行うことが、少なからず「国益」に寄与すると考えていた。

明善の「国益」に寄与せんとする志向は、単に天竜川の水害をせん滅させるにとどまらなかった。明治初年に明善は、天竜川を分水し浜名湖にそそぐ運河の建設を計画している。この計画は、天竜川を分水して浜名平野に水を供給し、百里園などの殖産興業を成功させようというものであった。百里園は、三方原を開墾して造成された、気賀林や後述する横田保らと共同経営した茶園である。(26) 明善は同園の園副長を務めたことがあった。明善は、三方原に天竜川の水を通水させることで、同園の茶生産量を向上させようとしたのであろう。また同園は、士族授産としての側面も有していた。百里園の経営は、殖産興業と士族授産の二点で、「国益」に寄与し得るものだったのである。他にも、『浜松市史』によれば、明善は、一八七二年（明治五）一〇月に天竜川御普請専務に任ぜられた際に、次のような計画を当時の浜松県に建言したという。すなわち、天竜川の流路を西鹿島で締め切り、それを三方原に導くことで浜名湖に注ぐ新天竜川の造成をはかると同時に、旧河身を開墾地として利用するというものであった。結局は、工事費が莫大にかかるという理由のために、計画は実現しなかったが、これらの発想は、明善の治水構想の特異点として捉えることができよう。このように明善の構想は、ことあるごとにうまくゆかなかったが、しかし明善の治水構想は、単なる治水事業の枠を超えた、地域の経済構造に少なからぬ影響を及ぼしうるものだったのである。

以上、金原明善の治水構想についてみてきた。明善は、自身の構想に絶対的な自信をもっていたが、その内実は単純な治水事業の計画ではなく、多分に経済活動的内実をはらんだものであった。では、この構想は、具体的にどのように発現したのであろうか。次節以降にて確認していこう。

二　治河協力社の経営実態

本節では、治河協力社の経営実態を検討する。[27] 手始めに、諸事業の根本となる治河協力社規則の内容を確認しておこう。

表2は、明善が提出した「治河協力社規則」[28]の内容をまとめたものである。

表2　治河協力社規則

条	内　容	備考
第1条	本社は金原明善が篤志より成立したる篤行の美社にして、其名称を治河協力社と称す。	
第2条	本社は天竜川通り二俣村より掛塚村に至るの間、河身を改修するを以て将来の目的とす。	
第3条	本社は静岡県下遠江国天竜川西岸中野町村にある建舎を以て其事務所とす。	
第4条	本社は金原明善を以て永く社長の職に居らしむべし。	
第5条	本社未だ創立の目的を達せざる中、社長金原明善万一疾病に罹り永く事務を執る能わざるか、又は中途にして物故する等の事変に際するときは、跡相続の者県庁の指令を受け、社長に代り事務を理し都て其素志に違はざるを旨とすべし。	
第6条	前条の場合に在て、若し金原明善の意見を以て他に遺嘱すべき者あるときは、其旨を県庁に具申し其認可を得て本社の規則に従い遺志を継がしむべし、但、遺嘱を受くるには近親の者二人以上の立合あるを要す。	
第7条	本社の役員は総て社長の任免する所にして、社の内外を問わず凡そ事務に熟達したる者を以て之れに充つべし。	
第8条	本社役員の名称を定むること左の如し。 社　長　一　人　　幹　事　二　人 庶務係長　一　人　　修築係長　一　人 会計係長　一　人　　庶務係付属員　二人乃至四人 修築係付属員　四人乃至六人　　会計係付属員　二人乃至四人 但、事務の繁簡に依り一人にて諸係を兼務するも妨げなし。	

第9条	本社の役員たる者は、常に此規則を遵守し、事務を施行するに当ては総て其職制と章程とに拠らさる可らず、若し之れに違背し、及び他の不正私専の所為あるときは直に其任を解くべし。	
第10条	本社の資金は本社の目的を達するが為めに積立したるものなるを以て、該河の河身を改修するの外苟も他の事業に使用す可らざるものとす。	
第11条	本社の資金は、務て確実の方法を以て其増殖を計る可し。 但、其方法を取捨するは総て社長の専任する所とす。	
第12条	本社は将来資金増殖の程度を計り、漸次改修の工事に着手すべし。	
第13条	本社は常に受負条則を遵奉し、工事を施行するときは其都度仕様帳・目論見帳を以て県庁に具申し其検認を請い、而して後工事を興し竣工の上は尚出来形帳を呈して其顛末を開申すべし。	
第14条	何人に限らず金穀若しくは労力等を寄付し、倶に慈善の篤志を共にせんと欲する者は、本社の規則に依って多少を論ぜず、其寄付を納むべし。	
第15条	有志者の都合に依り一時の寄付に止らず、期を定めて寄付せんと欲するも本社に於て妨げなし、然るときは其旨書面を以て本社に通知すべし。	
第16条	本社に於て寄付の物品受領の上は、其事目及び住所・姓名等を本社の寄付帳に登記し、左に掲ぐる所の書式を以て寄付者に受領の証を交付すべし。	諸式は省略。
第17条	有志の人金穀若しくは労力等を本社に寄付し、本社の受領証を得たる者は都て之れを治河協力社中と称すべし。	
第18条	寄付者本社の受領証を得て社中と称すと雖も、畢竟本社慈善の意を嘉するの義心に出たるものなれば、凡そ事業上に於て其利害得失の意見を社長に陳述するあるも、都て本社及び事務に干渉取捨するの権なしとす。	
第19条	本社は毎半期間施行したる工事の課目、工費の仕払並に寄付の人名、右金穀・物品の総額及び本社資本の現高等を詳記して県庁に申牒し其検閲を請ひ、而して後之を統計表に製し、本社に関係ある諸氏に報道すべし。	
第20条	凡そ本社の諸帳簿は常に本社に整頓し置き、何時にても掛り官員の検閲に供し、併せて社中の公覧に備うべし。	
第21条	本社は改修の事業に従事せしむる為め、曩に生徒九名を内外各国に派遣し須要の学課を学ばしめ、卒業の後は相当の給料を与えて本社に傭使するの約を為したり、故に本社は右の約束に基き学費の金を送給し、卒業の後は各其学術に応じて改修の事業に従事せしむべし。 但、修業中怠惰・不品行等にて約定の旨趣に違背する者は、直に其約束を解き学資金を給与するを廃すべし。	

第22条	本社に於て社長及び諸役員の給料を定むること左の如し。 社長月給金三拾円　幹事月給金弐拾五円 庶務係長同弐拾円　修築係長同弐拾円 会計係長月給弐拾円　庶務係付属員月給五円以下五円に至る 修築係付属員同拾五円以下五円に至る　会計係付属員同拾五円以下五円に至る 右之内、何人と雖も一ケ月十日以上出社せざる時は、日割を以て給与するを法とす。	
第23条	社に於て社長及び諸役員の旅費・日当を定むること左の如し。 十里詰旅費金壱円二拾銭 往返五里以内金四拾銭 滞在日当金七拾五銭 川通り巡回一日金弐拾銭 一泊　金三拾銭	
第24条	本社に於て平日事務を執るの時限を掲げること左の如し。 五月一日より七月十日迄　前八時出勤、後二時退散 七月十一日より九月十日迄　前七時出勤、正午十二時退散 九月十一日より十月三十一日迄　前八時出勤、後二時退散 十一月一日より四月三十日迄　前九時出勤、後三時退散	
第25条	本社休業の定日を掲ぐること左の如し。 毎日曜日　大祭日　十二月廿六日より一月三日迄 但、右の外臨時休業することあれば時々其旨を掲示すべし。	
第26条	前二条の時限と雖ども、非常の節は規定の限にあらず、且工事施設中該係役員は都合に依り休業せざることあるべし。	
第27条	本社に於て使用する所の印章を定むること左の如し。	印章は省略。
第28条	社の規則及職制章程等は時宜に依り社長の見込を以て改更・増除することあり、然る時は其都度県庁に具申し社中の諸氏に広告すべし。 但、結社々員半数以上の承認を経て、実施するを法とす。	

備考：本表作成に際して、原文を一部平仮名に改め、濁点を補うなどした。
（「治河協力社規則」（『金原明善資料　上』、史料番号849）より作成）

ここから以下の点が分かる。①第一条から第三条にかけて、治河協力社の性質および基本事項が述べられている。とりわけ第一条で、治河協力社は自身の「篤志」によって設立された「篤行ノ美社」であると断言し、自身の存在との関連性を強調している。②第四条から第九条にかけて、社長の指揮権および役員について述べられている。ここでは、社長である明善に強力な権限が付帯されていることがうかがえる。③第一〇条から第一八条にかけては、寄附金をはじめとする会社の資金について言及している。資金の運用は社長の専任事項であり、また寄付金を提供した「治河協力社中」であっても会社の経営には一切係わらせないと明言している点にも、自身の統制権強化を企図する明善の意識が垣間見える。④第一九条と第二〇条は情報公開、第二一条では後進の育成について言及がなされている。⑤第二二条および第二三条では、社長以下社員の給与と旅費について述べられている。社長の月給が三〇円だったのに対し、役に就いていない社員は五円であり、社長は普通の社員の六倍の給与を得ていたことが分かる。⑥第二四条から第二六条までは就業時間と休暇について、第二七条では印章について言及されている。⑦第二八条では社則及び章程の改変に関する規則が示されている。ここでは「社長の見込みを以て」改変・更新することが示されながら、決定に際しては社員の過半数の同意が必要であることが定められている。総じてここからは、社長である明善が強大な権限をもち、運営に際しては明善の意思決定が強力に作用する構造を有していたことが看て取れよう。

つづいて、該社の財政状況を確認してみよう。表3は、明善が静岡県令大迫貞清に提出した「治河協力社資産明細」(29)をまとめたものである。ここからは、治河協力社の資産状況がうかがえる。これをみると、社が保有する資産金のうち最も比率が大きいのは、一八七八年（明治一一）に明善が自家の財産を処分し、静岡県に献納してその後県から下付された分六万一六一四円二六銭で、その次が国庫支出打ち切りによる最後の交付金五万円であることが確認できる。これに、明治一一年七月から一三年までの交付金の残額を合計すると一三万二三一五円二八銭一厘となる。資産金の八割以上が政府・県より下付された金であったことがわかる。すなわち治河協力社の運営は、行政からの補助金を主たる運営資金としてなされていたものと考えることが出来る。資産金の残りは、「有志者」および「材木会社」よりの寄付金によって形成されていたことが分かる。

この寄付金については、一八八三年（明治一六）九月以降に記された治河協力社の「事務書類」(30)から検討することが可能である。以下、「有志者」「材木会社」それぞれの寄付金について確認してみよう。表４は、一八七九年（明治一二）六月から一八八三年（明治一六）五月までの間に治河協力社に対してなされた「有志者」による寄付金額をまとめたものである。これによれば、一四年一二月の七〇円を筆頭に、五年間で合計一六五円七五銭の寄付がなされていたことが分かる。このとき、具体的にいかなる人びとが寄付をしたの

表3　治河協力社資金明細書

項目	金額	備考
金原明善財産寄附分	6万1614円26銭	
明治11年7月より13年6月まで工事請負金残額	2万701円2銭1厘	
明治7年より14年6月迄漸次増殖金高	2万965円52銭5厘	
本年10月16日御下渡義御達ノ分	5万円	
明治7年より11年6月迄有志者寄附金	569円75銭	別途積立金
明治7年より13年6月迄材木商会寄附金	1112円11銭1厘	別途積立金
天龍橋点灯費寄附金	122円50銭	別途積立金
合計	15万6085円16銭7厘	

（『金原明善資料　上』、史料番号685より作成）

表4　有志者寄付金一覧

年月	金額
12年6月	10円
13年6月	9円50銭
14年8月	50円
14年12月	70円
15年1月	10円
15年6月	1円25銭
16年5月	15円
合計	165円75銭

備考：「従明治十六九月事務書類　治河協力社」（『金原明善資料下』、史料番号838）より作成。

表5　寄付者一覧

寄附者名	金額	備考
宮内省	25円	
福永信治	50円	岐阜県士族
高石和道	25円	
青山宙平	25円	豊田郡中泉村
柴田敬斎	25円	磐田郡見附
近藤桑仙	25円	山名郡福田村
大原村・南田村	20円	山名郡福田村
靏見村	15円	長上郡
河合弥八	12円50銭	佐野郡上張村
松嶋吉平	10円	豊田郡中善地村
伊藤七三郎ほか	10円	長上郡鶴見村
二条基弘	5円	東京府華族
石黒務	5円	滋賀県士族
鹿野角	5円	千葉県士族
小長井源四郎	10円	長上郡安間村
鈴木久吉ほか3名	3円50銭	
小野田松一郎	6円	敷知郡高塚村
小野正弘	50円	愛知県士族
川村正平	70円	静岡県士族
金原幸平	10円	長上郡安間村
北白川宮	1円25銭	
寺谷用水組合中	15円	
合計	423円25銭	

備考：「従明治十六九月　事務書類　治河協力社」（『金原明善資料下』、史料番号838）より作成。

かは不明であるが、その手がかりとなるのが表5である。この表からは、具体的にいつ寄付をしたのかは不明ながらも、寄付をした人物名およびその金額がわかる。ここでは、大きく分けて二つのことが指摘できる。

第一に、明治政府の高官及びそれに連なる官吏が多額の寄付をしていたということである。最高額七〇円を寄付した川村正平と第二位の小野正弘は当時宮内省に出仕していた人物であり、また二五円を寄付した高石和道も有力な地方官吏であった。その他、のちに台湾出征中落命して台湾神宮の主祭神として祀られることになる北白川宮能久親王であろうか、「北白川宮」も一円二五銭を寄付している。注目すべきは、宮内省が二五円の寄付をしている点である。この寄付がいつなされたのかは定かではない。だが、明善は一八七九年（明治一二）に皇居造営のための資金献納に関わって、[31]土方久元や佐々木高行といった宮中関係者と頻繁に連絡を取り合っていた。またそれ以前にも、一八七五年（明治八）に照憲皇后より歌碑が贈られ、一八七八年（明治一一）の明治天皇の北陸・東海巡幸の際には治河協力社が行在所に指定され、治水工事に精励しているということで天皇から褒美を与えられるなど、当時の明善は天皇周辺の人物と少なからず関係性を有していた。こうした一連の宮中サイドとの関係性が、宮内省よりの寄付に繋がったと考えられよう。総じて、ここからは明善が、中央政府の要人たちとのつながりを有しており、その人脈が事業の運営にも反映されていたことがうかがえる。

第二に、明善が遠州地域の有力者たちや村からも寄付金を受け取っていたことである。具体的には、青山宙平や小野田松一郎、[32]または山名郡内の村々などによるものである。青山宙平は遠江国豊田郡中泉（現磐田市中泉）出身の人物である。家業は代々旅宿業を営み、一八五四年（嘉永七）の外艦来航の折りには中泉代官の命で民兵を組織して海防に尽力した。一八七七年（明治一〇）に静岡県第十一大区長、一八七九年（明治一二）に磐田・豊田・山名郡長などを歴任し、浜松県民会設立後は同会副議長を務めるなどして公益増進に努めたという。[33]また河合弥八とあるのは、遠江国佐野郡上張村（現掛川市）の実業家、河合重蔵のことであろう。[34]彼は上張村の戸長や村会議員を務めたあと進歩党に属し、県会議員や衆議院議員として政治に携わるかたわら一八九〇年（明治二三）に掛川銀行を創設し、また天城山の開墾・植林などを展開して殖産興業に意を用いた人物である。[35]いずれも、磐田・浜松地域における実力者であった。明善が、地域指導者たちの支持・協力を得ながら事業を運営していたことがうかがえる。総じて明善は、中央政府および地域指導者たちの協力のもと、治河協力社を運営していたことが分かる。

一方の「材木会社」はどうであろうか。表6をみると、一八七八年（明治一一）一二月期から一八八一年（明治一四）一一月期までに、同組織から合計五一五円一銭八厘の寄付がなされていたことが分かる。この「材木会社」は天竜川材木商会を指すと思われる。天竜川には一八七一年（明治四）まで鹿島十分一番所というものが置かれており、幕府は

表6　材木商会寄付金

年月	金額
11年12月	64円30銭7厘
12年6月	108円1銭3厘
12年12月	73円12銭8厘
13年6月	102円75銭1厘
13年12月	67円89銭2厘
14年6月	66円77銭1厘
14年11月	32円16銭6厘
合計	515円1銭8厘

備考：「従明治十六九月　事務書類治河協力社」（『金原明善資料下』、史料番号838）より作成。

賞与金	支払利子	橋諸費	雑費	利金	合計
-	44円49銭	-	420円24銭3厘	87円44銭6厘	3048円99銭4厘
-	16円67銭1厘	809円80銭7厘	813円71銭6厘	122円41銭2厘	4349円43銭9厘
-	230円10銭1厘	1805円65銭2厘	1664円59銭3厘	360円71銭	1万465円76銭7厘
1585円	337円92銭1厘	-	2181円40銭3厘	388円55銭7厘	9992円21銭
-	188円17銭4厘	-	1219円37銭1厘	282円2銭8厘	7910円83銭5厘
500円	1068円36銭4厘	-	1182円92銭5厘	212円43銭	7701円8厘
3500円	1002円43銭9厘	-	1760円1厘	85円2銭2厘	8464円36銭7厘
5585円	2888円16銭	2615円45銭9厘	9242円25銭2厘	1538円60銭5厘	5万1932円62銭

（『金原明善資料　上』、史料番号685より作成）

天竜川を流下する木材の一〇分の一を運上として現物で徴収していた。(36) 治河協力社に対する同社からの寄付金は、この近世史上のシステムの延長の、材木を現金に換えて提供されたものであると考えられよう。また『天竜市史』によれば、天竜川材木商会は治河協力社との間に「流失材木取扱に関する取締方法及舟筏流下に関する除外方法」を契約し、その費用として分一税に倣って流下材木やその他の貨物に原価の百分の一の賦課金を課しており、(37) この賦課金が寄付金の実態であるとも考えられるが、現時点で詳しいことは分からない。あるいは、材木商会が明善に寄付行為を行う背景として、次の事由も考えられる。明治以降、東京の建設に伴う需要増加、材価高騰などによって天竜川上流で切り出された木材の移出が活発化し、唯一の運材路としての天竜川と、東京への輸送拠点としての掛塚港の重要性が相対的に上昇した。天竜材はすべて掛塚港の回漕店を介して移出されていたため、木材海上輸送に係る運賃は掛塚の回漕業者が独占していた。(38) これに対し山元業者たちは、次第に掛塚港以外の港からの移出を図るようになり、なかには製品移出の船を建造して自ら東京に支店を設けて自家輸送を行う業者も現れるようになった。こうした情勢下で、急増する木材業者を中心として設立されたのが天竜川材木商会であった。彼らは天竜川の利権をもつ治河協力社と協調しつつ、業者の自治的組織を以て掛塚の廻船問屋の輸送独占に対抗しようとしたのであった。(39)

表7　治河協力社支出一覧

項目	河身改修費	水利生徒費	水防持溜石	租税並諸費	家屋営繕費	給料並旅費
年度						
11年度	-	652円33銭3厘	-	561円66銭6厘	652円33銭5厘	717円92銭7厘
12年度	-	700円	-	627円42銭7厘	82円97銭7厘	1298円84銭1厘
13年度	-	4157円73銭2厘	58円10銭9厘	809円18銭6厘	34円30銭5厘	1706円8銭9厘
14年度	196円44銭4厘	2880円25銭	-	717円87銭2厘	70円12銭6厘	2023円19銭4厘
15年度	1549円5銭	2581円60銭	-	733円99銭4厘	155円37銭8厘	1483円26銭8厘
16年度	2416円54銭	58円	-	610円9厘	26円82銭4厘	1838円34銭6厘
17年度	772円90銭7厘	-	-	374円53銭3厘	93円7銭	876円39銭5厘
合計	4934円94銭1厘	1万1029円91銭5厘	58円10銭9厘	4434円68銭7厘	1115円64銭5厘	9944円6銭

備考：①「河身改修費」は14年度から記載。②「水防持溜石」は13年度のみ記載。③「租税並諸費」は、13年度から「租税並地方諸費」として記載。④「賞与金」について、17年度は「慰労金」として記載。⑤「橋諸費」は12年度から記載。

つづいて、支出についても確認しておこう。表7は、明治一一年度から一七年（一八八四）度までの支出項目と金額をまとめたものである。これをみると、七年間に合計五万一九三二円六二銭が支出されていたことがわかる。そのうち最も経費がかかっていたのは「水利生徒費」で、七年間で一万一〇二九円九一銭五厘の支出が認められる。水利学校に関しては後述するが、治河協力社では内務省土木局の工事現場で実習を行わせたり、東京や海外に留学までさせていたために費用が嵩んだと思われる。(40) なお、治河協力社の支援で欧州各国に留学した工部大学校の卒業生小林八郎は、一八八三年（明治一六）に帰国したのち治河協力社に入社し、会社解散後は内務省の技師となって働いている。次に支出額が大きいのが「給料並旅費」で、以下「雑費」、「賞与金」とつづく。「雑費」の具体的な内容は判然としない。肝心の「河身改修費」は五位であった。金額だけでみればさほど大規模な事業を展開していたわけではなかったようだが、注目すべきは一五年度と一六年度の金額が他年度に比して明らかに大きい点である。これは、二俣時又間で行われた岩石破砕工事にかかわってのものであろう。この工事は、信州から掛塚にかけての水運の便向上に大きく貢献したという。(41)「橋諸費」とあるのは、天竜橋の管理にかかった経費であろう。天竜川に橋（船橋）が架けられたのは一八六八年（明治元）一〇月の明治天皇の東行時であるが、この船橋の架設はそれまで天竜川渡船を主たる生業としていた船越一色村（現浜松市東区）や池田村（現磐田市）の生活を脅かすものであった。一八七三年（明治六）に、中野町村の浅野茂平らが天竜川船橋架橋の出願を行い、池田村らが猛反対するなか許可され、翌年二月に約二八〇〇円の費用を投じて船橋が架設された。一八七七年（明治一〇）六月になって治河協力社が同橋を譲り受け、翌一八七八年三月に全長六四六間、幅一一尺の長大な木橋「天竜橋」が作られ、以後治河協力社が解散するまで通行料を徴収しながら同社の管理下に置かれた(42)。

最後に、人材育成についてみていこう。治水事業の担い手となる人材の育成に関しては、「治河協力社附属水利私学校教務」(43)なるものが作られたうえで教育が施されていたようである。この史料は、一八七八年（明治一一）三月に、静岡県令の大迫貞清にあてて出されたものである。これによれば、学校は三学年制で、第三級は加減乗除、第二級は分数と比例、第一級は開平と開立、および「具氏博物書」の講義がなされていたことが分かる。

また同史料によれば、次のことも分かる。まず水利学校は、本科と予科に分かれていた。本科では、「測量図面実地修築等」を、予科では「国史漢籍翻訳書等」の教授がなされていたようである。但し書きに「本科ハ当分設ケス差当リ予科ノミ設置ス、尚学科ハ三学級ニ分チ毎級五ヶ月ノ修業トス」とあることから、まずは予科のみを設置して生徒に基礎教養を持たせ、その上で本科にて実技演習を施そうとしたことがうかがえる。予科での授業は三階級で構成されていた。初級である「三級」では、日本外史や日本政記、文章規範などの素読が行われた。そして一つ上がって「二級」では史記や西国立志編、勧善訓蒙の素読と同時に、春秋左氏伝の釈義が行われた。なお、最上級「一級」では、文章規範と「英氏経済論」の釈義、資治通鑑の自修や作文が行われた。なお、「校則」によれば、「生徒ハ十五年以上ノ者ニ限」られ、授業時間は午前七時から同一一時であった。休業は毎月日曜日と大祝日と定められている。

以上、明善が遺した治河協力社に関する諸史料を手がかりとして、治河協力社の経営実態を確認してきた。こうした治河協力社の存在は、近世・近代移行期の天竜川沿岸の地域社会において、どの様に位置づけることが出来るであろうか。次節にて検討しよう。

三　明善の治水事業と天竜川沿岸地域

本節では、明善の治水への取り組みが、天竜川沿岸地域の人びとにどのように受け止められていたかを検討する。のちに「偉人」として称揚される明善であるが、同時代における評価は賛否両論が渦巻いたものであった。明善の取り組みは、天竜川流域の地域社会にいかなる影響をもたらしたものだったのであろうか。

前節までにみたように、治河協力社の運営は、明善ひとりによってなされていたのではなく、複数の「有志」たちと共同してなされていた。彼らはいずれも天竜川流域における名望家たちであった。たとえば、天竜川通堤防会社創設時に同社社長に就任した横田陸平は、浜松県が殖産興業のために創設した資産金貸付所の頭取や、士族授産の目的で三方原に創設された百里園の二代目園長を務めた横田保の本家筋にあたる人物であった。また、天竜川通堤防会社副社長を務めた熊谷三郎馬も、自身が居住する豊田郡西之島村の戸長や県会議員などを務め政治家として活躍した一方で、一八八〇年（明治一三）に浜名社を創設し浜名湖の新井・舞阪間に浜名橋を建設した人物であった。(44)

こうした治河協力社の運営に参画した名望家たちは、いかなる目的を持って明善に協力していたのであろうか。

まずもって考えられるのは、天竜川の治水を完全なものとせんとする意識であろう。たとえば熊谷は、一八七四年（明治七）九月に自村地内の堤防が決壊した際、破堤箇所を修復せんとして自己の所有地を抵当に入れて工事費を工面し、堤防の修築を施したという。(45)天竜川流域に住み度々水害を被ってきた地域の指導者たちが、天竜川の水害根絶を望んでいたのはいうまでもないことであり、そうした意識から彼らは治河協力社による治水事業に参加したといえる。だが、彼らが治河協力社の事業に参加した理由はそれだけではなかったと考える。その理由は、寺田彦太郎・彦八郎父子が治河協力社に参加していた事実にある。寺田父子は、天竜川から少し離れた山名郡福田村（現磐田市）に居住していたが、治河協力社の創設当初から明善に協力していた。彦八郎は明善が東京にいる間の事務仕事などを取りまとめもしていた。この寺田父子は、いかなる目的意識のもと明善の治水事業に参画していたのであろうか。

寺田彦太郎は、一八二二年（文政五）遠江国山名郡福田村に生まれた。寺田家は代々名主家で、彦太郎も一五歳のときに庄屋役に就いている。また、彼の履歴書によれば、一八五二年（嘉永五）に藩主西尾家から福田港開鑿工事世話係に任じられて以降明治期まで福田港の改修工事に従事していたこと、(46)併せて一八六〇年（万延元）に藩有の福田製塩場の世話係に任じられたことがきっかけで製塩事業にも携わっていたことなどがうかがえる。(47)こうした実業に従事する一方、彦太郎は一八九四年（明治二七）の第三回衆議院議員選挙に立候補し当選、政治活動も展開した。このように彦太郎は、実業家と政治家の二つの顔を持つ典型的な名望家であった。息子彦八郎も、一八七三年（明治六）に福田村戸長、一八七六年（明治九）県会議員などを歴任した人物で、父の事業を継承して福田港における鰻の養殖などを行った人物である。(48)両者はともに、地場産業による地域振興を実現させようとしていた名望家であった。

地域の産業振興に情熱を燃やしていた寺田父子にとって、天竜川の支流である太田川の改修は、なんとしても実現したい懸案であった。一八七八年（明治一一）の明治天皇による北陸・東海巡幸の折に彦太郎が大迫に提出した建言書には次のようにある。(49)

史料6

（太田川の—引用者注）砂石ハ、天保年間該河ノ上流凡ソ二十町ヲ距ル中野村地内ニアルノミニシテ、曾テ他所ニ之レ無カリシカ、現今ニ於テハ該港ヲ距ル僅ニ三四町ノ近キニ幅港シテ、嵩高ノ磧ヲ為スニ至レリ、万一此ノ砂石ヲシテ港口ヲ壅塞セシメハ、近傍ナル千余町ノ汗田悉皆被水ノ災害ヲ受ルコトハ固ヨリ必然ノ勢ナリ、当此時之ヲ挽回復旧スルハ、唯太田川転流ノ一策アルノミ、（中略）何分太田川ノ土石港口ヲ壅塞スルノ災害ハ、実ニ眼前焼眉ノ勢不忍黙止候故、是迄愚考仕候海砂取扱ノ利害幷築造方法左ニ陳述候、（中略）夫レ当今該別地方物産大イニ開ケ諸方ニ転出スルト雖、国内一ノ良港ナキヲ以テ運輸ノ道ニ於テ大ニ困難スル所アリ、該港ノ如キハ、独リ地方ノ貨物幅港シテ運輸ノ便ヲ得ルノミナラズ、天下航船者ノ便トモ可相成奉存候（後略）

ここでは、福田港を「国内一ノ良港」として整備するうえで、太田川の改修がいかに必要不可欠な工事であるかが説かれている。彦太郎によれば、太田川から運ばれてくる土砂によって港口が塞がれてしまっているという。この「災害」を除去すれば、福田地域の物流拠点としての機能も向上し、その結果福田港は、一地方の港としてのみならず「天下航船者ノ便」に寄与しうるものとなる、そう彼は断言する。福田港整備と太田川改修に対する彦太郎の熱意がうかがえる。

この、太田川改修を経た福田港整備、および殖産興業への熱意こそ、彦太郎と明善とを繋ぐ結節点だったと考える。すなわち彦太郎は、明善が抱いていた「国益」増進に寄与するという思想[50]を共有するとともに、その実現手段として、中央政府と太いパイプを持っていた明善に接近したのではないだろうか。このことを裏付ける史料は未見であるが、一つの手がかりとして考えられる史料がある。一八八一年（明治一四）に彦太郎が著した、同年九月一四日に当時内務省御用掛の任にあたっていた古市公威が福田港を視察した際の記録である。[51]そこには、古市と福田港改修の是非を議論した内容が記されており、その日は明善の先導でともに昼食をとったこと、その後明善は古市と共に静岡に向けて福田を発ったことが記されている。注目すべきは史料の文末である。古市が「方今天竜川運漕益々開ケ盛大ニ至ルト雖モ、掛塚港善良ナラス。該港ヨリ福田港ヘノ地理如何」と質問したことに対し、彦太郎は「掛塚港ヨリ鮫島村字切所迄行程凡四十丁底地ニシテ、自然ノ水流アリテ、中間凡五百間掘割トキハ通船自在ナル可シ」と、運輸上何ら支障はないと答えている。ここからは、彦太郎が整備しようとしていた福田港が、掛塚港にかわる天竜川水系の新たな物流の拠点として目されていたことがわかる（図2参照）。福田港が掛塚港にかわる物流の拠点として期待できたとすれば、それは明善にとっても興味ある構想だったと考える。掛塚港は浅瀬のため、決して良港とはいえない場所であった。明善の治水構想が掛塚の港としての機能を失わせる内実を伴っていたことは先にみた通りである。ここに、天竜川改修を企図する明善と、福田港整備を望む彦太郎の利害は一致する。彦太郎が明善の事業に参画した背景には、彼自身の殖産興業計画の存在があったのである。

寺田父子が明善の事業に参画した理由はそればかりではない。もう一つ考えられる理由として、社山疎水事業が挙げられる。社山疎水とは、天竜川の左岸上野部村字神田地内において、天竜川の流水が衝突するところに隧道を掘削し石水門を設け、上神増村で既設の寺谷用水と分水して敷地川に合流する水路の建設事業である。この水路に支派線水路を掘開くことで、一宿七十ヶ村の水田およそ四〇〇〇町歩に天竜川の水を灌漑しようとする計画であった。(52) この計画は、一八三一年（天保二）、天竜川堤防普請などの幕命を奉じて磐田地区に出張していた犬塚祐一郎の企図に端を発するもので、犬塚亡き後も旱魃に苦しんでいた該地方の有志たちが疎水事業起工の取り組みを続けた。それは明治改元後も続けられ、一八六八年（明治元）から一八八〇年（明治一三）まで周智郡山梨村の足立孫六、山名郡浅羽村の浅羽要衛武、そして福田村の寺田彦八郎等が率先して事業を完遂しようとした。(53)

その彦八郎は、一八八四年（明治一七）に次のような願書を提出している。当時彼は、社山疎水事務担当人という役に就いていた。(54)

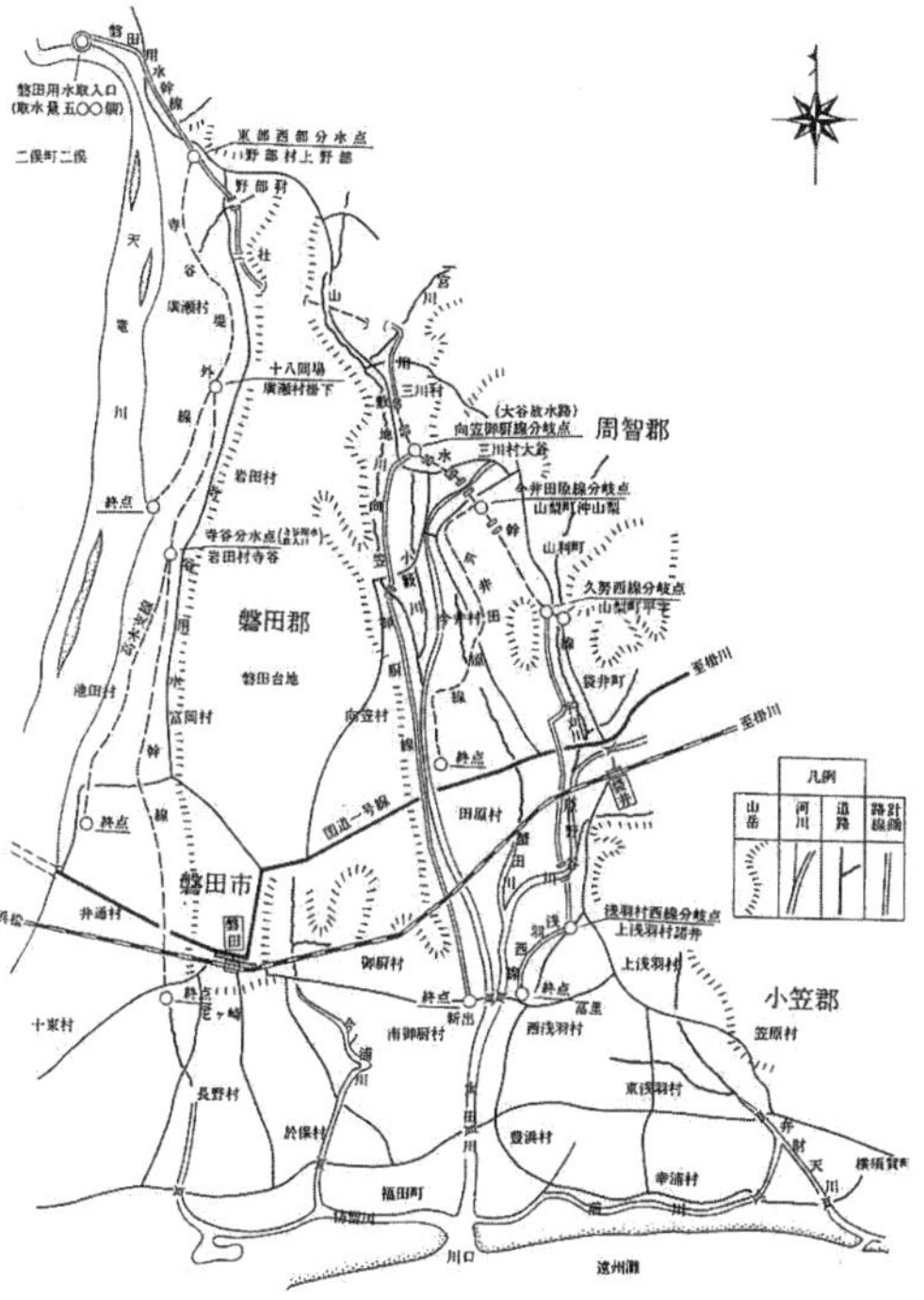

図2　磐田平野水幹線図
（中部建設協会浜松支所編『天竜川――治水と利水』建設省中部地方建設局浜松工事事務所、1990 年、109 頁より引用。）

史料7（55）

新用水路開鑿及び同工事費立替方願書

遠江国山名郡、豊田郡東部、周智郡南部の村々は、天然灌漑の利を欠き、殊に此年山林の濫伐により、水源枯渇し、自然河床に砂石を流堆し、従来僅かに通ぜし用水も年一年と乏しきに至り、目下十余日間降雨無之時は、耕地早くも潤沢を失ふに至る。（中略）依って熟考仕候に、天竜川を分水し該地方に新水路を開通し普く灌漑の便を得て、悪水の停滞を除去すれば、部落七十余ヶ村、農事の便益のみならず、住する所の二万五千有余人の人民健全の幸福を得候には、豊田郡上野部村より字神田口並に社山村に隧道を開削し、天竜の水を引き入れ灌漑するの見込みを以て、此の程農商務省疎水係官の実地概略測量を経候（中略）尚今一路原野谷川と唱ふる悪水の為に、沿岸村々患害不尠然るに新水路の末流、該川と合流候に付、尚更今回原野谷川悪水の疎通は為さざるを得ざる場合に付之地形点検候（中略）夫れ如斯有益の事業たりと雖も、亦如斯費用を要せざれば能はざる儀に付、種々計画仕候へ共、何分一朝にして其の費額を支ふる能はず、且つ工事不慣れの人民相互の業務にては、如斯大土木たる往々困難を来し候に付き、何卒特別の御保護を以て、費用金一時御繰替、工事の儀は疎水係御派遣被下、別紙金額は御支出後二ヶ年間、記載の期限を誤らず返納可仕、其の他実費は御沙汰次第負担村々より協議費を以て上納可仕候願、意其の筋へ御上申の上速かに御許可相有候様一同懇願仕候也

明治十六年六月八日

山名郡福田村有志惣代　寺田　彦八郎
山名郡見取村有志惣代　寺田　新太郎

山名郡袋井宿有志惣代　　田代　平五郎
七十一ヶ宿村　有志惣代七十四名連署
（ほか氏名省略）

静岡県令　大迫　貞清　殿

ここからは、社山水路開鑿の実現を熱望する彦八郎らの思いの丈が伝わってこよう。社山水路開鑿は、磐田平野に水を供給し、原野谷川の水害を防ぐうえで極めて重要な事業であった。彦八郎らは、天竜川の水を引水して用水路を建設し、地域の保全と活性化を企図していたといえよう。彦八郎が明善と共鳴するポイントはここにあった。すなわち彦八郎は、鹿島から掛塚までの天竜川改修の全権をもつ明善と繋がることで、社山水路開鑿事業を進展させようとしたのではないだろうか(56)。あるいは彦八郎も、明善がもつ中央政府との人脈に期待していたのかもしれない。いずれにしても明善は、寺田父子が事業を推進するうえで強力な後ろ盾となりうる存在であり、それゆえに彼らは、明善の治河協力社構想に参加したのだと考える。こうした、殖産興業による地域への利益導入を企図して明善に与せんとする姿勢は、先述した熊谷三郎馬にもあてはまるものであり、明善の治水構想に参加した地域の名望家たちに共通する意識だったといえよう。ここに、積極的に地域の近代化を推し進めんとする名望家たちの姿を確認することができる。彼らにとって、明善の治水構想は、天竜川の治水向上と殖産興業の一環という、二重の意味における地域への利益誘導をもたらすものだったのである。

だが、天竜川流域の名望家たちが明善の構想に賛同した一方で、賛同しなかった人びともいた。なかでも、治河協力社のやり方を声高に批判したのは松島吉平であった。先行研究でしばしば指摘される通り、松島は明善の治河協力社の事業を全く評価せず、[57]否定的な見解を抱いていた。なぜ松島は、明善の治水構想を評価しなかったのであろうか。

松島吉平は、一八四九年（嘉永二）三月に豊田郡豊西村中善地（現在の静岡県浜松市）に生まれた。有賀豊秋に就いて国学を学んだという。戸長や県会議員を務め、一八八一年（明治一四）からは引佐麁玉両郡長となって地域のインフラ整備に尽力した。その姿は「教育衛生勧業等苟も公利公益に関し民福の存する所総て挙らさるなく率先して道路を開鑿し橋梁を架設す」というものだったという。[58]民権期には大同倶楽部に参加し、衆議院議員選挙にも立候補したが落選、その後は一貫して報徳運動家および俳人「十湖」として同地域で活動し、一九二六年（大正一五）に死去した。

松島もまた、天竜川の治水に心を砕いていた人物であった。松島の還暦を祝って作成された伝記『奇人俳人松島十湖』によれば、一八七四年（明治七）の「水潦の秋に際し、翁が死力を尽して防禦し、一郷滄海の危難を免れ得た」とある。[59]だが、彼は明善と行動を共にしなかった。その理由は、治河協力社の運営方針そのものにあった。

史料8[60]

謹で書を治河協力社に呈す、貴社設建以還各自に勉強して実功あるハ、土人の知る処にして我輩の喋々を待ずして明也、然り而て一疑団の黙々に付する能ハざる有るを以て卑見を左に陳述す、方今丈夫付人足の儀旧慣に由ると雖も、社員の注意と人民の尽力とに有らざるハなし、然るを其土功の時節たる也年々凡両度にして、初度の麦秋・製茶・田植の頃に際し、後度ハ田刈・麦蒔の時に渉り、人民各自農時に狂棄寸暇なきの秋にて其不便言可らざる也、孟子も言ずや農時に違ハざれハ穀挙て用ゆ可らずと、昔時幕政抑圧の時すら民を

使ふに時を以てす、今哉文明の昭代に遭際し且諸彦の賢明にして此に注意なきハ僕の疑塊凝て解せざる所也、
乞今より旧弊を竜河の急流に一洗し夫役賦課の期節を改良あらハ、僕の喜何物か之に如んや希望に堪ざる也

第十二大区廿九小区

民会議長

松　島　吉　平

明治十年六月十四日

治河協力社御中

現今行われている丈夫築工事の人足は旧慣に随うとしても、社員の注意と人民の尽力が合致しなければならない。しかしながら工期は、前期が麦秋と製茶と田植えの時期、後期が刈り穂の時期と、いずれも人民の繁忙期であり不便である。幕府政治の時代でさえ時期を見計らっていた。いまや文明の世になり、かつ治河協力社の面々は識見の高い人びとであるにもかかわらず、工事の施工時期に意を用いないのは解せない。現今の計画を見直して夫役賦課の時期を改善してもらえるなら、これ以上の喜びはない――。そう松島は言い切る。ここでは、堤防工事の時期が農事の繁忙期と重なっていることを憂い、治河協力社に対し工期の見直しを迫る松島の姿を看て取ることができる。その姿は、地域住民の生活を第一に考え、村々の利害を代弁し行動する地方名望家の姿であるといえよう。

それればかりではない。松島が明善の治水事業に参加しなかったのは、治河協力社の資金管理のあり方に対し強い疑念を抱いていたからである。次の史料をみてほしい。

史料9(61)

治河協力社ハ従前水下各区ヨリ公選ニテ社員ヲ差出、事務所ヨリモ来ル者ハ都テ流域一般ノ公協会社タル事判然タリ、然ト雖モ今般金原氏、凡弟ノ奮発ヲ以テ五万有余円ノ家産ヲ該社ヘ寄附致シ政府ノ允許ヲ得テ十ヶ年間堤防修繕治水一般ヲ事務ヲ負担為シタル已上ハ同氏当今ニ於テ社員ノ長ト成百事斡旋ノ任タル勿論ナリト雖モ、元来社名ノ通リ協力ヲ以テ成立タル基本ナレハ維持主方ニ於テハ公明正大ヲ要シ、金賃出納ノ諸帳簿ニ於テハ各区ヨリ壱両名ノ代理人ヲ出シ毎年七月一月両度之ヲ検閲シ不都合ノ廉有之ヲ除シヘキ事カ、近時諸社会ノ瓦解スル原因ヲ視察スルニ、多クハ会社帳簿ノ不明瞭ヨリ起ルト思ヘリ、是等ハ金原氏ヨリ聚知スル所ニシテ君ハ巨額ノ私有物ヲ共有ニ付スル愛国無二公明清潔ノ君ナレハ此等ノ如キハ原ヨリ希望セラル、事ナルヘシ、但シ大小区ノ名義廃スルノ時ニ至レハ、別ニ流域組合ヲ可立事

この史料は、明治一一年一〇月に「天竜川西沿流域会議案」と題して認められた、七箇条からなる文書の一部である。ここでは、以下の点が述べられている。①治河協力社の社員は各小区から「差出」しているのだから会社は公的性格を帯びているはずである、②今般金原氏は、家産五万余円を寄付し、一〇年間の堤防修築及び治水事務一般を取り仕切る免許を受けた、③かくなる上は金原が社長として指揮をとるのは当然だが、本社がその社名にある通り「協力」して成立したものであれば、役員は公明正大を心がけ、資金管理においては各区より一、二名ずつ代理人を選出して毎年二度監査を受け、不正がないことを明らかにすべきである、④近頃の会社が倒産する要因を考えると、多くは資金管理が不明瞭な点に因ると考える、⑤これらは金原氏も周知するところであり、君は巨額の私有財産を公共のものにする「愛国無二」かつ「清廉潔白」な人物であれば、以上の点は是非とも実

行して欲しいことである。⑥また大区・小区の名称が消滅した折には、新たに流域組合を設立すべきである。

みられるように、松島は、治河協力社が公的性格を帯びていると考えていた。その論理は、治河協力社の社員は各小区より派遣して構成されている以上、会社の運営も天竜川沿岸住民の納得のいく形で行われるべきであるという、地域の共同性を訴えるものであった。しかしながら明善は、松島の要求に応えることなく事業を推進し、一方で皇居再建費用として多額の献金を行うなど、会社の透明性を充分に担保しようとはしなかった。こうした一連の不信感から、松島は明善を痛烈に批判し、明善の治河協力社構想には参加しなかったのである。

とはいえ松島は、当初から明善の取り組みに否定的だったわけではない。『奇人俳人松島十湖』によれば、「一度は協力社と共に治河の事を謀」った旨記載があることや、(62)前節で確認した寄付金の提供者に松島の名前があることから、一時は明善とともに治水事業にあたろうとしたことがうかがえる。だが、明善の治河協力社は、その運営方法が地域住民の生活を充分に顧みたものではなかったうえに、会社の経営も不透明であり閉鎖的だった。それ故に松島は、明善と袂を別ったのである。

治河協力社の公共性を指摘する声は、他の地域住民からも上げられていた。『天竜川流域組合沿革誌』には「同十二年中公立私立ノ論本川流域全般ニ紛起シ」(63)とあり、かなり広範囲にわたって治河協力社の公共性を疑う声が上がっていた様子がうかがえる。また、豊田郡のある村の戸長は、治河協力社の性格をめぐる「紛議」の経過を述べたうえで次のような「伺」を行っている。(64)

史料10

（前略）前ニ開陳スル如クニシテ未タ紛議ノ解ケサルニモ不拘、明治十四年中金原明善該社ノ規則ヲ製定シ、亦該社ノ名義ヲ以テ天竜川通ニ俣村已南掛塚村ニ至ル河身改修ノ受負ヲ請願シ、官之ヲ御許可相成ルハ如何ナル御施政上ヨリアタルモノナルヤ不解顧致候、右速ニ御指令奉仰候也

遠江国豊田郡池田村　熊岡安平

（外十一名省略）

静岡県令奈良原繁殿

年代が記されていないため、この「伺」が具体的にいつ書かれたものかは判然としない。だがここでは、熊岡をはじめとする流域住民たちが、自身らの声に耳を傾けることなく独断で治河協力社の事業を進める明善に対し不信感を抱くと同時に、一連の行動を許容する「官」に対しても強い不満を抱いていたことが分かる。その批判の根本は、治河協力社はあくまで「水下公衆ノ共立社タルコト明瞭」であって、「金原明善ノ篤行ノ義社」では断じてないという点にあった。[65] あるいは、こうした批判の根底には、中世以来「池田の渡船」を請け負ってきた池田村がもつ既存の地域利害が、治河協力社の出現によって著しく損なわれたことに対する反発も少なからずあったと思われる。[66] 両者の溝は、県が仲介に入っても埋まることはなかった。両者間で示談が成立するのは、一八八五年（明治一八）のことである。

史料11[67]

承諾書

天竜川流域弐百三十六ヶ村ト同川治河協力社トノ間ニ従来紛議アリシ所、今般示談方御談示之趣左之通

一天竜川治河協力社発起以来同社ニ対スル寄附金ノ内金弐千七百四拾七円流域村々江引渡ヲ受ケ村々ニ於テハ寄附金ヲ受ケタル旨趣ヲ継続スルヲ以テ該金ニ関スル権利義務ハ総テ負担ス

一東海道ニ架設アル天竜橋ハ已来流域村々ニ引受ケ、該橋ニ係ル経費金六千弐百八十九円ヲ治河協力社江出金シ、該橋及附属品共水下村々江引継ヲ受ル事

右之通御取扱相成候上者天竜川流域弐百三拾六ヶ村ヨリ従来治河協力社ニ対スル葛藤者更ニ解除シ、将来右件ニ関シ毛頭異議申立間敷候、因テハ後日異議無之為メ承諾書差上置候也

明治十八年一月廿五日

遠江国天竜川流域弐百三十六ヶ村

治河協力社沿革調理委員

豊田郡駒場村　相場長平㊞

同郡笹原嶋村　鈴木良平㊞

同　郡平間村　佐藤平治郎㊞

長上郡新貝村　大塚幸八㊞

立会人

豊田郡大見村外拾ヶ村戸長　伊藤範二郎㊞

同郡加茂西村外拾ヶ村戸長　鈴木浦八㊞

磐田豊田山名郡長　西尾伝蔵殿

静岡県三等属　松田寅卯殿

ここでは、流域の二三六ヶ村が治河協力社より、同社が受けてきた寄付金二七四七円と天竜橋（附属品含む）の引き継ぎを行っていることがわかる。そのうえで、治河協力社に対する「葛藤」を「解除」し、引き継ぎ内容についても異議申立を行わない旨約束している。この後、三月三日に村々と「示談証」[68]を取り交わした明善は、治河協力社を解散するに至る。明善の天竜川治水の取り組みは、沿岸住民たちの理解を充分に得られぬまま終止符が打たれたのである。

むすびにかえて

本章では、金原明善の治水構想と、それが地域社会に与えた影響について検討してきた。以下、本章で指摘したかったことを簡潔にまとめておこう。

第一節では、明善の天竜川治水構想の内容を確認した。そこでは明善が、治河協力社は自身の「篤志」にもとづいて設立した「篤行ノ義社」であると宣言したうえで、天竜川治水事業にあたっていたことを指摘した。併せて、そうした明善の取り組みは、水路の取り付けによる浜松平野の灌漑↓製茶などの商品作物の製造・出荷を計画していた点にみられるように、地域の経済構造に少なからぬ影響を及ぼすものであったことも指摘した。一連の計画は、充分な資金が得られなかったこと、および地域からの反発のために実現こそしなかったが、この壮大な計画から明善の治水構想が、単なる治水計画の枠内から大きくはみ出したものであり、そこに明善の治水構想の独自性が存在した点を明らかにした。

第二節では、明善が興した治河協力社が具体的にいかなる事業を展開していたのか、その経営実態を確認した。

そこではまず「治河協力社規則」の内容を分析し、社長である明善に強大な権限が付されていたことを確認した。その上で、治河協力社の財政状況を検討し、①治河協力社の運営が、行政からの補助金を主たる資金としてなされていたこと、②中央・地方を問わない広範なネットワークによって寄付金を集め、運営資金としていたことを明らかにした。とりわけ天竜川材木商会からの寄付行為の実態は、遠州地域における林業の近代化の道程に明善が早い段階から係わっていたことを指摘した。併せて、明善が、治水事業の担い手を育成すべく学校を開設し、後進の育成にも意を用いていたことを明らかにした。

そして第三節では、第一節および第二節で確認した明善の取り組みが、天竜川沿岸の地域社会に生きる人びとにとってどの様に受け止められ、また影響を及ぼしたかを検討した。そこではまず、明善の治水構想に参画した名望家の例として寺田彦太郎・彦八郎親子を分析し、参画の背景に彼ら自身の殖産興業計画の存在があり、明善と利害が一致していた点を明らかにした。その一方で、明善の構想に反対した松島吉平の検討を試み、治河協力社の運営方針が地域住民の存在を顧みずなされていたために明善を批判するという、地域利害を守るリーダー的側面を松島が有していた点を確認した。またその他の住民たちも、会社の性格が不明瞭であったこと、あるいは中世以来獲得してきた利益が損なわれることに対する反発から治河協力社に不信の目を向け、明善との間に「紛議」を起こしていたことを明らかにした。

以上の検討をふまえたとき、明善の治水構想をどのように評価できるであろうか。次の二点を指摘しておきたい。①金原明善の治水構想は、当初は近世以来の組合による治水方法を援用し、地域から人員と資金を集めたうえで自らの指揮のもと治水事業を展開しようとするものであった。だが、明善の予想に反して、地域住民からの協力は得られなかった。「挫折」を経験した明善は計画を変更し、自らの事業に積極的に参画する人びと（「有志」とともに事業を展開する方針を採った。彼が運営した治河協力社は、寺田彦八郎や熊谷三郎馬といった地方名望家たちの協力を得て運営され、資金面は国・県からの補助金を自身がもつ広範なネットワークのもと調達した。これは、天竜川沿岸の村々が組合をつくり共同して治水に取り組む近世以来のあり方とは根本的に異なる構想であり、明善は従来の治水方法から脱却し、「有志」が結社をつくって土木工事を担うという新たな治水事業のあり方を天竜川流域地域にもたらしたのであった。その限りでは、明善を既存の概念や方法に囚われず新たな事業を創造する「革新者」として位置づけることが出来よう。だが、そうした明善のやり方に対して、松島をはじめとする多くの地域住民たちは賛同しなかった。彼らの主張は、治河協力社の社員が地域住民によって構成されている公的な組織である以上、運営上不正がないよう努めるとともに、地域住民の存在をもっと意識した運営をなすべきというものであった。住民たちの治河協力社に対する批判は、そうした住民たちの天竜川治水における自信の表れでもあり、先行研究が指摘する松方デフレ期において困窮にあえぐ地域住民の羨望や疑心暗鬼によるものと断定するのは一面的な見方であろう(69)。

②明善は、中央政府の官僚や宮中とのコネクションを持ち、一方で地方の名望家たちとも繋がる広範なネットワークを駆使しながら、自身の構想に沿った治水事業を展開した。このネットワークによって、明善のもとには様々な利権が集中することとなった。それゆえに明善と治河協力社は、地域社会から不審な目で見られ、両者間には「紛議」が発生した。だが明善は、集まった利権を自己資産の増幅ばかりに使ったわけではない。次の史料をみてほしい。

史料12(70)

印紙　　月賦金借用証書

一金弐拾八円五拾銭也

右者為産業資本貴社御備金之内無利息月賦御仕法ニテ借用仕候所実正也、返済期限之義者明治十六年八月ヨリ同廿壱年四月迄五拾七ヶ月間毎月廿五日限リ金五拾銭宛屹度相納可申候、勿論不容易御仕法金之義ニ付仮令如何様之災害到来候共、聊無遅滞期限通必返納可仕候、為後日月賦金借用証書依テ如件

豊田郡萱場村

明治十六年八月十八日　　借用人　小池長五郎　印

同　同

同　小池周次郎　印

治河協力社々長

金原明善殿

これは、小池長五郎と周次郎なる者が明善より金二八円五〇銭を借用したことを示す史料である。注目すべきは長五郎らが借金をした目的である。冒頭にあるとおり、長五郎らは、何らかの事業を興すための「産業資本」を明善から借用したのである。長五郎らが具体的に何を企図していたのかは分からない。だが、少なくともここからは、治河協力社（明善）が殖産興業を志向する人びとに対して資金を融通するという、いわば起業支援の役割を担っていたと判断できよう。思い返せば、明善の治水構想に参画した遠州地域の名望家たちはみな、殖産興

業の実現を企図していた人びとであった。その限りにおいていえば、彼らは明善をひとつの核として、遠州地域の近代化、とりわけ殖産興業の勃興に傾注したのだといえよう。以上の観点から、明善の治水構想は、単に天竜川治水史における位置づけのみならず、経済史的な観点からも評価されるべきものであると考える。(71)

このように考えたとき、近代移行期の遠州地域における明善の存在をどの様に位置付けることが出来るであろうか。従来の研究史では、先にみた財産献納の「美談」などをもととして明善の精神性を高く評価するきらいがあった（それ故に明善は「偉人」として顕彰されつづけてきた）。確かに家産を処分して工費を工面するという行為は希有なものである。だが、明善の存在を歴史的に評価するに際しては、過度に明善の精神性を強調することなく、近世・近代移行期における諸主体のなかの一人として、中立的な視点から明善の営みを検討すべきだと考える。この観点にもとづき本研究では、明善を一人の名望家として捉え直したうえで検討したわけであるが、その結果当該期遠州地域で活躍していた名望家たちの中核となって、同地域の殖産興業の実現を図る明善の姿を確認することが出来た。この明善の姿を評価するうえで、谷本雅之氏の研究は示唆に富む。谷本氏は、富裕者である企業勃興期の「名望家」の企業への投資傾向を分析し、その結果利潤配当の大きい大手企業よりも地縁的関係性を有する地方企業への投資傾向の方が高かったことを明らかにした。(72)そこでは、企業勃興における「名望家」型資産家が果たした役割の大きさが指摘されているが、この指摘に鑑みれば、対象となる時期は企業勃興期よりやや前になるが、産業革命前夜の遠州地域において「名望家」としての役割を果たしたといえる明善は、近代移行期の遠州地域における産業革命のキーパーソンの一人として位置づけることが出来ると考える。(73)

以上、金原明善による治水事業の歴史的意味について検討を試みてきた。今後の課題としては、明善の治水構想がいかにして形成されたのか、その思想形成過程を明らかにすることが何よりも求められよう。明善の思想については、これまでにも多くの先行研究が言及してきたが、(74) 概してそれらは明善が残した「経歴及希望」など限られたテクストを分析することで言及されることが多かった。今後は、単なるテクスト分析に終始することなく、より精緻に、主体形成のプロセスを検討する必要があるといえよう。明善の「国益」思想が、いつ、いかなる契機のもとに形成されたのか、彼が触れたと思われる書物や事物を手がかりとして考える試みが必要といえよう。(75) また小室正紀は、江戸時代における「草莽」の「民間経済人」たちが、福澤諭吉に代表される明治啓蒙思想、すなわち欧米に端を発する経済思想とは全く異なった思想空間に存在しており、そうした思想的土壌があったからこそ明治啓蒙思想を受容し得たと指摘している。(76) この指摘に鑑みれば、「民間経済人」としての性格を色濃くもつ可能性がある明善もまた、江戸時代に存在した何らかの思想を淵源にもちながら、彼なりの経済思想を形成していたと考えられる。この点も、明善を研究するうえで極めて重要な論点といえようが、紙幅はもはや尽きている。今後の課題としたい。

注

（1）拙稿「金原明善の『偉人』化と近代日本社会――顕彰の背景とその受容」（『書物・出版と社会変容』一六号、二〇一三年）、同「越境する「偉人」金原明善――植民地支配における「偉人」の位置づけをめぐって」（『日韓相互認識』六号、二〇一五年）。

（2）具体的な事例として、中学校社会科の副読本に教材として使用されている点や、毎年一月一二日（明善の命日）に行われる明善祭の存在が挙げられる。

（3）宮崎安右衛門「金原明善翁」（『大法輪』二二編一二号、一九五五年）、村上龍太郎「国土開発の先駆者金原明善翁」（国土計画協会編『国土・総合開発・計画調査』六編六号、一九五六年）など。

（4）碧瑠璃園『金原明善翁』（興風書院、一八九〇年）、水野定治『天龍翁金原明善』（積文館、一九一七年）、同『金原精神』（実文館、一九三九年）、鈴木要太郎『金原明善翁と其思想』（和田尋常高等小学校、一九三七年）など。

（5）金原治山治水財団編『金原明善』（金原治山治水財団、一九六八年）、同編『金原明善資料』上下（金原治山治水財団、一九六八年）。

（6）土屋喬雄『日本経営理念史』（麗澤大学出版会、二〇〇二年、新装復刻版、初出は一九六七年）、老川慶喜「金原明善　その虚像と実像――天竜運輸会社の経営分析を通して」（『季刊輸送展望』二〇〇号、一九八六年）、永野弥三雄「金原明善の北海道殖民農場について」（『常葉学園浜松大学研究論集』四号、一九九二年）、町村敬志『開発主義の構造と心性――戦後日本がダムでみた夢と現実』（御茶の水書房、二〇一一年）など。

（7）斉藤新「金原明善　有志による天龍川改修事業の構想と頓挫」（静岡県近代史研究会編『近代静岡の先駆者』静岡新聞社、一九九九年）。

（8）斉藤新「松島吉平　「地域」の発想の誕生」（前掲注7書）。

（9）阿部武司・谷本雅之「企業勃興と近代経営・在来経営」（宮本又郎・阿部武司編『日本経営史2　工業化と経営革新』（岩波書店、一九九五年）。

（10）石田雄『近代日本政治構造の研究』（未来社、一九五六年）、藤田省三『天皇制国家の支配原理』（未来社、一九六六年）、筒井正夫「近代日本における名望家支配」（『歴史学研究』五九三号、一九八九年）など。

（11）山中永之佑『近代日本の地方制度と名望家』（弘文堂、一九九〇年）。

（12）石川一三夫『近代日本の名望家と自治――名誉職制度の法社会史的研究』（木鐸社、一九八九年）。

（13）高久嶺之介『近代日本の地域社会と名望家』（柏書房、一九九七年）。

（14）丑木幸男『地方名望家の成長』（柏書房、二〇〇〇年）。引用は一四頁。

（15）渡辺尚志『近世村落の特質と展開』（校倉書房、一九九八年）。

（16）渡辺尚志『豪農・村落共同体と地域社会』（柏書房、二〇〇七年）、同『東西豪農の明治維新』（塙書房、二〇〇九年）、同『幕末維新期の名望家と地域社会』（同成社、二〇一四年）など。

（17）渡辺尚志編著『近代移行期の名望家と地域・国家』（名著出版、二〇〇六年）。なお、本書の共著者である松沢裕作と福澤徹三は、ともに各々の研究を進展させ成果を発表している。松沢裕作『明治地方自治体制の起源――

近世社会の危機と制度変容』（東京大学出版会、二〇〇九年）、福澤徹三『一九世紀の豪農・名望家と地域社会』（思文閣出版、二〇一二年）。

（18）『金原明善資料　下』、史料番号六六九。

（19）『浜松市史　三』（浜松市、一九八〇年）九六頁。なお明善は、一八七三年二月に天竜川通総取締に任ぜられた際、天竜川東支流の締切り工事計画を県に提案している。これは「直流岩石」方式という、鹿島と掛塚間七里の川幅を定めて流路を直流化し、両岸を岩石でたたむことによる天竜川直流化計画の一環で、東支流を締め切って流路を直流化しようとしたものであった。県がこの案を採用して実地検分使の派遣を決定すると、掛塚港への水路を断たれることとなる掛塚村民は、明善宅襲撃を計画するほど激高したという（同書、九七―九八頁）。

（20）『浜松市史　新編史料編六』（浜松市、二〇一〇年）一九四―一九五頁。

（21）『金原明善資料　上』、史料番号六六一。なおこれに先立つ明治四年、明善は静岡藩に対しても「直流岩石」式工法を進言したという。藩はこの方針を採用し、明善を水利郡方掛附属各村堤防重立取付役に任命して工事の指揮を執らせる決定をした。だが結局は、担当役人福岡久の転任によって実施されなかった（『浜松市史　三』九七頁）。

（22）『金原明善』（金原治山治水財団、一九六八年）二二四頁。

（23）明治七年一一月二六日付金原明善宛熊谷三郎馬書簡。

（24）『金原明善資料　下』に所収されている同史料には、「我所有ノ財産ヲ挙ゲ悉ク官ニ献納シ随テ之ヲ治河協力社ニ御下渡奉願、而シテ天竜川堤防永世不朽ノ方法ヲ立申度、因テ又毎歳金弐万参千円宛ヲ弐拾ヶ年間該社へ御下渡奉願毎歳間断ナク実地水勢ヲ査察シ疎導法ケレープ等ヲ施シ堤防ヲ修築シ弐拾ヶ年ヲ過ル後ハ該費一切官費ヲ不奉仰仕法相立度且架橋ノ儀モ永ク御委任被成下度儀ニ付願書」という表題が付せられている。本稿では、一般的に用いられている「財産献納願書」を史料名として使用する。なお、本節において特にことわりがない場合は、同史料からの引用である。

（25）この時期の政治状況、および内務省の河川行政については、山崎有恒「内務省の河川政策」（高村直助編『道と川の近代』、山川出版社、一九九六年）を参照のこと。

（26）百里園については、『浜松市史　三』（浜松市、一九八〇年）を参照のこと。

（27）治河協力社の経営実態については、既に前掲注5『金原明善』において考察がなされている。しかしながら同書では、治河協力社が手がけた事業の内実を詳細に検討している一方で、収入については政府下付金を積み立てた資本金を元手とした利子収入や貸付金の利子等財産収入が主であるとし、のちに本論で検討する寄付金の存在とその意味については言及がなされていない。また、その他の研究史については、そもそも治河協力社の経営実態について検討を及ぼしているものは管見の限り存在しない。本節で治河協力社の経営実態を検討する所以は、以上の研究状況の克服を企図してのものであることを付言しておきたい。

(28)『金原明善資料　下』史料番号六六九。
(29)『金原明善資料　下』史料番号六六九。
(30)『金原明善資料　下』史料番号六六九。
(31)明善は、明治七年に皇居が焼失したことを受けて、有志とはかってその再建費用を献納したい旨宮内省に願い出ている（『金原明善資料　上』、史料番号六七九）。
(32)豊田郡山名郡磐田郡の郡長を務めた人物である。任期は一八八二年（明治一五）七月から一八八五年（明治一八）一〇月。
(33)静岡新聞社出版局編『静岡県歴史人物事典』（静岡新聞社、一九九一年）八頁。
(34)重蔵の父は河合弥八郎高重であり、「弥八」とは父親の可能性もある。
(35)『静岡県歴史人物事典』、一五八頁。
(36)静岡県木材協同組合連合会編『静岡県木材史』（静岡県木材協同組合連合会、一九六八年）九一頁。
(37)『天竜市史　下巻』（天竜市、一九八八年）四九六頁。
(38)明善が著した「天龍川堤防始末」によれば、一八七九年（明治一二）中の輸出総額は一九万一七四八円七八銭五厘であったという（『金原明善資料　上』、史料番号七七七）。
(39)前掲『天龍川木材史』一五四―一五五頁。付言すれば、天竜川材木商会が明善に協力した背景として、先述の天竜川分水計画の存在が考えられる。仮にこの計画どおり分水路が実現すれば、掛塚港を経由せずに木材を市場に流通させることが可能となる。これは、掛塚の廻船問屋と木材価格の主導権を巡って対抗関係にあった材木商会にとってもメリットがあったと考えられる。ここに、治水業務の責任を負いながらも資金が乏しかった治河協力社と、掛塚港以外の輸送拠点を築きたい材木商会との利害が一致し、材木商会からの寄付金へと繫がったと判断できよう。なお同書によれば、この組織が明治中期以降、東海道線開通による輸送革命を契機として流通機構に一大転機をもたらすことになったという。東海道線の開通に伴って、天竜川沿岸に天竜川駅を設置する際に中心的役割を果たしたのが明善だったことを考えると、両者の関係性は明治初年から脈々と保たれていたと考えてよかろう。今後、両者の関係性を丹念に分析する必要がある。

（40）『金原明善』二八七―二九四頁。

（41）『金原明善』二八四頁。

（42）通行料は大人一人の通行料が九厘、牛馬が三銭であったという（『金原明善』二九七頁）。なお同書によれば、明治十一年から十七年までの通行人員百九十九万余、荷車十四万四千余輌、人力車二十二万余挺、馬車九千八百余輌、牛馬六万五千余匹を数えたといい、通行料収入は莫大なものだったと考えられる。後述する地域社会における治河協力社への不満は、このことも一つの要因となって醸成されたと考えられる。

（43）『金原明善資料　下』史料番号八三二。

（44）『静岡県歴史人物事典』一八三頁。

（45）松島十湖編『天竜川流域組合沿革誌』（一九二五年）六頁。この水害が発生した時熊谷は、自ら濁水のなかに入って女性や子どもたちを救助したという（同頁）。

（46）明治一一年に、彦太郎は福田港改修に関する建言書を県令大迫貞清に宛てて作成している（「〔福田港の改修につき寺田彦太郎の建言書〕」『福田町史　資料編Ⅴ　近現代』史料番号一七）。

（47）『明治廿五年公文雑纂　内閣四』（国立公文書館所蔵、配架番号2A-13-242）。

（48）福田町史編さん委員会編『福田町史　資料編Ⅴ　近現代』（福田町、二〇〇〇年）史料番号一。

（49）前掲注47に同じ。

（50）この点については、前掲注5書、または前掲注7斉藤論文を参照のこと。

（51）福田町史編さん委員会編『福田町史　資料編Ⅵ　近世・近現代（続）』（磐田市、二〇一四年）史料番号五八。

（52）新寺谷用水誌編纂委員会編『新寺谷用水誌――寺谷用水土地改良区』（寺谷用水土地改良区、一九八六年）五八頁。

（53）同前掲注52書、五五―五七頁。

(54) 前掲注48に同じ。
(55) 新磐田用水誌編纂委員会編『新磐田用水誌』(磐田用水東部土地改良区、二〇〇三年)四五―四六頁。
(56) この手がかりとして、明善が治河協力社にいる彦八郎に宛てて出した書簡(『金原明善資料　上』史料番号二七)が挙げられる。この書簡は、在京中の明善が彦八郎に対し事務的な連絡事項などを記したものであるが、そのうちの一条に「太田川原之谷川件も承知仕候猶よろしく両川共御注意相成候様熊谷君へ御通知被下候」とある。史料上の制約から、両者間で具体的にいかなる話がなされ、何を明善が「承知」したのかは詳らかに出来ないが、自村を流れる河川に関わる案件を明善に相談し何らかの事業を進めんとした彦八郎の動向がうかがえよう。
(57)『浜松市史　三』(浜松市、一九八〇年)二〇五頁。
(58) 山田万作編『岳陽名士伝』(一八九一年)二二五頁。
(59) 大橋又兵衛編『奇人俳人松島十湖』(一九〇九年刊)二二頁。本文中に記したとおり、同書は松島の還暦を祝って編さんされた書物であるため、必ずしも史料の中立性が充分に担保されているとは言い切れない。だが、数点の行政文書を含めても、松島に関する一次史料は極めて少なく、現段階でその人となりを他の史料によって明らかにすることは困難である。また注8斉藤論文や、松島の伝記をはじめとする先行研究も、同書に収録された諸史料をもとに松島の人となりを描いている。以上の理由から本稿も、松島に関しては同書に収録された史料を手がかりとして記述した。
(60)『浜松市史　新編史料編二』(浜松市、二〇〇二年)史料番号一八。
(61) 松島吉平「天龍川流域会議案」(市民ミュージアム浜北所蔵)。
(62)『奇人俳人松島十湖』二二頁。
(63)『天竜川流域組合沿革誌』一七頁。
(64)「明治十七八年　天龍川治水関係　戸長委員」(静岡県歴史文化情報センター所蔵史料、史料番号16015-g22)。
(65) 同前掲注64。
(66) 豊田町誌編さん委員会編『豊田町誌　別冊Ⅰ　東海道と天竜川池田渡船』(豊田町、一九九八年)。
(67)『金原明善資料　下』史料番号六九六。
(68)『金原明善資料　下』史料番号七〇〇。

(69)『金原明善』二九八頁。
(70)『金原明善資料　下』史料番号六八三。
(71) 明善の治水構想およびその具現化を経済史的な観点から評価するとき、近代化を推進したというポジティヴな側面だけを強調するのは誤った見方であろう。本章で触れた池田村のように、明善たちの取り組み＝川の近代化によって生業が奪われ、あるいはそれによって自らの生活・生存を脅かされたであろう人びとが存在したことを踏まえれば、明善の取り組みを過大に評価することは厳に謹むべきである。本章では、ひとまず明善の立場にたって彼の取り組みの歴史的位置を検討したが、ひるがえって今度は地域の側（例えば池田村や掛塚湊）にたって明善の取り組みを再評価する必要がある。本章では及ばなかったが、明善の取り組みを正確に、より客観的に捉えるためにも、改めて地域＝一般民衆の視点から検討を試みる必要があることを強調しておく。
(72) 谷本雅之「戦前期「資産家」の諸活動とその背景」（『日本労働研究雑誌』五六二号、二〇〇七年）。
(73) この点に関して言えば、第一節でみた百里園の検討も同時に考える必要があると考える。明善が百里園の経営に携わっていた時期は、大久保政権が殖産興業と士族授産とを強力に推し進めていたときであった（落合功『大久保利通　国権の道は経済から』日本経済評論社、二〇〇八年）。こうした政治・経済史的動向のなかで、明善の経済活動をどのように位置づけることができるか、今後の課題と言えよう。
(74) 前掲注5『金原明善』、あるいは前掲注6土屋著書など。
(75) 書物や「読書」という視点から人びとの思想形成過程を考える方法とその有効性については、若尾政希の一連の研究を参照のこと（若尾政希『「太平記読み」の時代』平凡社、一九九九年、同『安藤昌益からみえる日本近世』東京大学出版会、二〇〇四年など）。若尾は、この方法で様々な「近世人」の思想形成のプロセスを明らかにしているが、その視角は近代以降の諸主体の思想形成過程を問う際にも有効であると考える。
(76) 小室正紀『草莽の経済思想』（御茶の水書房、一九九九年）。

あとがき

ここでは、編者自身の研究の歩みという角度から、本書の成立事情を述べておきたい。

私が初めて豆州内浦を訪れたのは、大学時代のゼミ合宿の時だったらしい。当時の私はパワーリフティングに青春を捧げていたから、学業には必要最低限の時間しか割いていなかった。したがって、内浦についても「行ったらしい」という程度の記憶しかない。

月日は流れて、二〇〇一年から池上裕子氏を代表者とする共同研究（「中世近世移行期における土豪と村落に関する研究」）のメンバーに加えていただき、再び内浦を訪れることになった。このときは私もすでに四十代の研究者になっており、豆州内浦の名前くらいは知っていた。しかし、当時の私は、自分が村落史研究者であるという自覚はありながら、漁村は専門外だと思って完全に視野の外に置いていた。そのため、現地では昼の調査よりも夜の飲み会のほうに力点を置いており、こと昼間の調査に関してはまったくの戦力外であった。

その後、五十代に入って、遅まきながら、村落史研究者という以上は、内陸平野部の農村だけではなく、バラエティに富んだ村々を研究対象にすべきことにようやく思い至った。そこで、二〇〇九年から内浦をフィールドとした共同研究を始め、このときは主体的に調査にも取り組んだ。本書第三章の中村論文は、その成果の一部である。私自身も、本書第二章として内浦長浜村を対象とした論文を書いたが、これを足掛かりにこれから数年かけて、中世・近世移行期から近世・近代移行期までを見通した内浦の歴史を一書にまとめてみたい。

第二編で取り上げた遠江国西部地域は、私にとってはここ数年の間に取り組み始めた比較的新しいフィールドである。初めは、本書第七章の執筆者である地元出身の夏目琢史氏に連れられて、「お客さん」として何度か現地調査に行っていたが（その時の成果が、渡辺尚志編『戦国時代浜松市内の山城及び家康に関する古文書調査業務報告書』浜松市、二〇一四年、である）、内浦での反省を踏まえて、行く以上はもっと主体的に取り組むべきだと考え直し、今では主要な研究フィールドの一つと位置付けている。

二〇一六年には、縁あって、第八章で考察されている金原家文書の一部が一橋大学に寄贈された。同文書は「近世・近代転換期の地域社会と名望家」というテーマを考えるための好個の素材であり、現在共同研究グループをつくって文書整理と分析を続けている。その成果は、数年のうちに論文集として公刊したい。

以上、私にとっては伊豆の漁村も遠江西部の農村も現在進行形の研究フィールドだが、この間蓄積されてきた研究成果をここで一度まとめておくことには充分な意味があると考えて、本書を刊行することにした。本書の執筆者は皆、私の一橋大学大学院ゼミナールの新旧のメンバーであり、二〇一七年に還暦を迎える私にとっては、ゼミ生たちによる還暦記念論文集という意味合いもある。

本書の刊行にあたっては、勉誠出版の吉田祐輔氏にたいへんお世話になった。ここに記して、厚く御礼申し上げたい。

二〇一六年一〇月

渡辺尚志

執筆者一覧

編者

渡辺尚志（わたなべ・たかし）

一九五七年生まれ。一橋大学大学院社会学研究科教授。

専門は日本近世村落史。

著書に『近世百姓の底力』（敬文舎、二〇一三年）、『幕末維新期の名望家と地域社会』（同成社、二〇一四年）、『百姓たちの水資源戦争』（草思社、二〇一四年）、編著に『生産・流通・消費の近世史』（勉誠出版、二〇一六年）などがある。

執筆者（掲載順）

水林　純（みずばやし・じゅん）

一九八九年生まれ。一橋大学大学院社会学研究科博士後期課程、日本学術振興会特別研究員ＤＣ２。

専門は戦国期、中世・近世移行期の地域社会史。

中村只吾（なかむら・しんご）

一九八一年生まれ。富山大学人間発達科学部准教授。

専門は日本近世漁村史。

論文に「日本近世漁村における『生業知』の問題について──伊豆国内浦地域を対象に」（『歴史の理論と教育』一三五・一三六合併号、二〇一一年）、「日本近世漁民の知」（『歴史評論』七六四、二〇一三年）、「地域経済との関係からみた近世の漁村秩序──伊豆国内浦地域を事例として」（『関東近世史研究』七六、二〇一四年）などがある。

松本尚之（まつもと・たかゆき）

一九八七年生まれ。一橋大学大学院博士後期課程。

専門は日本中世史（村落史）。

論文に「今堀郷における惣村の成立にかんする一考察」（民衆史研究会『民衆史研究会会報』第八一号、二〇一六年）がある。

糟谷幸裕（かすや・ゆきひろ）

一九七五年生まれ。一般財団法人歴史科学協議会事務書記。

専門は日本中世史。

論文に「戦国大名今川氏の特別賦課」（池享編『室町戦国期の社会構造』吉川弘文館、二〇一〇年）、「戦国大名今川氏の寄親寄子制・再考」（『静岡県地域史研究』五、二〇一五年）などがある。

荒木美緒知（あらき・びおち）

一九八六年生まれ。群馬県立榛名高校教諭。

専門は中近世移行期流通経済史。

夏目琢史（なつめ・たくみ）

一九八五年生まれ。一橋大学附属図書館助教。

専門は日本社会史。

著書に『アジールの日本史』（同成社、二〇〇九年）、『近世の地方寺院と地域社会』（同成社、二〇一五年）、『文明・自然・アジール』（同成社、二〇一六年）などがある。

伴野文亮（ともの・ふみあき）

一九八九年生まれ。一橋大学大学院社会学研究科博士後期課程。

専門は日本近世・近代史。

論文に「金原明善の『偉人』化と近代日本社会――顕彰の背景とその受容」（『書物・出版と社会変容』一六、二〇一四年）、「越境する「偉人」金原明善――植民地支配における「偉人」の位置づけをめぐって」（『日韓相互認識』六、二〇一五年）などがある。

編者略歴

渡辺尚志（わたなべ・たかし）

1957年生まれ。一橋大学大学院社会学研究科教授。

専門は日本近世村落史。

著書に『近世百姓の底力』（敬文舎、2013年）、『幕末維新期の名望家と地域社会』（同成社、2014年）、『百姓たちの水資源戦争』（草思社、2014年）、編著に『生産・流通・消費の近世史』（勉誠出版、2016年）などがある。

移《い》行《こう》期《き》の東《とう》海《かい》地《ち》域《いき》史《し》

——中世・近世・近代を架橋する

編者 渡辺尚志
発行者 池嶋洋次
発行所 勉誠出版㈱
〒101-0051 東京都千代田区神田神保町三―一〇―二
電話 〇三―五二一五―九〇二一㈹
二〇一六年十一月十八日 初版発行
印刷 太平印刷社
製本 若林製本工場

ISBN978-4-585-22166-1 C3021

生産・流通・消費の近世史

近世経済社会における具体的な「モノ」の移動に着目し、その生産・流通・消費のありようを一貫して把握。近世の人びとの多種多様な生活をリアルに描き出す。

渡辺尚志 編・本体八〇〇〇円（+税）

書籍流通史料論 序説

貸本屋や絵草紙屋、小間物屋等の営業文書や蔵書書目・看板・仕入れ印など、書籍流通の実態を伝える諸史料を博捜。書籍文化史の動態を捉える。

鈴木俊幸 著・本体一〇〇〇〇円（+税）

戊辰戦争の史料学

明治政府が編纂した史料集「復古記」やその編纂材料を精査し、様々な史料にも着目。戊辰戦争を多角的に解明するための方法を模索する。

箱石大 編・本体三五〇〇円（+税）

国葬の成立
明治国家と「功臣」の死

個人の死が「公」の儀式へと変わっていく様相を体系的に検証し、近代国家形成の装置として導入された「国葬」の歴史的展開を明らかにする。

宮間純一 著・本体三二〇〇円（+税）